대공황과 뉴딜혁명

미국사 산책 6

미국사 산책 6 : 대공황과 뉴딜혁명

ⓒ강준만, 2010

1판 1쇄 2010년 7월 5일 펴냄 1판 2쇄 2017년 11월 9일 펴냄

지은이 | 강준만 펴낸이 | 강준우 기획편집 | 박상문, 박효주, 김예진, 김환표
디자인 | 최진영, 최영원 마케팅 | 이태준 관리 | 최수향 펴낸곳 | 인물과사상사
출판등록 | 제17-204호 1998년 3월 11일 주소 | (121-839) 서울시 마포구 서교동 392-4 삼양빌딩 2층
전화 | 02-471-4439 팩스 | 02-474-1413 홈페이지 | www.inmul.co.kr | insa@inmul.co.kr
ISBN 978-89-5906-149-5 04900 ISBN 978-89-5906-139-6 (세트)
값 14,000원

이 저작물의 내용을 쓰고자 할 때는 저작자와 인물과사상사의 허락을 받아야 합니다.
파손된 책은 바꾸어 드립니다.

대공황과 뉴딜혁명

미국사 산책 6

강준만 지음

인물과
사상사

제1장 라디오 · 자동차 혁명과 세계 대공황
라디오 시대의 개막 NBC · CBS · 라디오법의 탄생 •9
대서양 횡단 비행 쇼 미국인의 영웅이 된 린드버그 •15
'건강한 두 팔' 과 '스카페이스' 사코 · 반제티와 알 카포네 •26
"포드냐 마르크스냐" 자동차 혁명 •36
"월스트리트 흥행에 실패하다" 세계 대공황 •48
'생산의 우상' 에서 '소비의 우상' 으로 담배와 페미니즘 •58

제2장 루스벨트의 뉴딜혁명
'도덕적 인간과 비도덕적 사회' 라인홀드 니부어와 마커스 가비 •75
"두렵게 생각해야 할 것은 두려움 그 자체" 제32대 대통령 프랭클린 루스벨트 •87
'인간의 얼굴을 가진 파시즘' 인가? 루스벨트의 뉴딜혁명 •102
"히틀러는 예수 그리스도"? 히틀러의 권력 장악 •112
이탈리아의 에티오피아 침공 무솔리니 · 히틀러의 경쟁과 밀월 •139

제3장 뉴딜은 파시즘인가?
'국가의 힘' 을 위하여 미국의 파시즘과 우생학 •151
FBI 신드롬 루스벨트와 후버의 유착 •162
'미국사의 일대 전환점' 뉴딜은 파시즘인가? •169

'친구를 얻고 사람을 움직이는 방법' 조지 갤럽과 데일 카네기 •184
'누구를 위하여 종은 울리나' 스페인내전 •194

제4장 1930년대의 대중문화

대공황과 대중문화 영화와 텔레비전의 명암 •207
야구·농구·권투 붐 1930년대의 스포츠 •225
문고본과 나일론 1930년대의 여가·소비문화 •239
"기생충보다 못한 놈들" 존 스타인벡의 '분노의 포도' •247

제5장 2차 세계대전과 태평양전쟁

'30만 명 대도살' 중일전쟁과 난징 대학살 •257
파시즘에 대한 오해와 착각 2차 세계대전 •264
"20세기는 미국의 세기" 미국의 무기대여법 •274
"진주만을 기억하라!" 일제의 하와이 진주만 폭격 •289
'백인종 대 황인종의 인종전쟁'인가? 조선의 '의식 분열현상' •310
'교쿠사이 광란' '미드웨이 해전'과 '과달카날 전투' •319
한국의 신탁통치? 카이로회담 •327

참고문헌 •333   찾아보기 •349

• 일러두기

외국인의 인명은 생존한 경우 괄호 안에 본래 이름만 넣었고, 사망한 경우 본래 이름과 생몰연도를 함께 실었다. 그 외에 인명과 연도를 괄호 안에 함께 묶은 것은 책의 끝에 있는 참고문헌의 길라잡이로 밝히고자 함이다.

제1장

라디오 · 자동차 혁명과 세계 대공황

라디오 시대의 개막
NBC · CBS · 라디오법의 탄생

라디오 보급률의 급증

1920년대는 재즈시대일 뿐만 아니라 엔지니어의 전성시대이기도 했다. 효율성을 숭배하는 테일러 혁명이 지속되면서 엔지니어는 사회적 존경의 대상이 되었다. 이미 1922년 미국 고교 졸업반 6000여 명을 대상으로 한 조사에서 3명 중 거의 1명꼴로 엔지니어를 가장 선호하는 직업으로 꼽았다. 이는 1930년대까지 지속돼 헨리 루이스 멩켄(H. L. Mencken, 1880~1956)은 『미국 언어(The American Language)』(1936년 제4판)에서 미국 국민 전체가 엔지니어가 돼버렸다고 개탄하기도 했다. 매트리스 제조자는 '수면 엔지니어', 미용사는 '외모 엔지니어', 쓰레기 수거인은 '공중위생 엔지니어'가 되고 있다는 것이다.

엔지니어의 전성시대에 라디오 기술이 제자리걸음을 하고 있었겠는가. 앞서(4권 2장) 보았듯이, RCA(Radio Corporation of America) 참여에서 소외된 웨스팅하우스는 독자적으로 라디오의 실용화에 골몰한 끝에 1920년 11월 2일 펜실베이니아 주 피츠버그에 방송국 KDKA를 개국했다. 개국기념으로 하딩(Warren G. Harding, 1865~1923)과 콕스(James M. Cox, 1870~1957)가 대결한 대통령 선거결과를 보도했으며, 웨스팅하우스 악단을 조직하여 비교적 깨끗한 음질로 음악방송을 개시했다. KDKA의 음악방송이 각광을 받게 되자 웨스팅하우스는 RCA진영에 참여할 수 있게 되었다.

새로 형성된 GE-AT&T-UF-웨스팅하우스 파트너십은 라디오 수신기의 대량생산과 판매를 포함한 이른바 '방송계획'의 추진에 박차를 가하는 동력이 되었다. 1921년에 라디오 수신기를 소유한 가정은 미국 전체가구의 0.2퍼센트에 지나지 않았지만 이 '방송계획'으로 인해 보급률은 1925년에 10퍼센트, 1927년에 20퍼센트, 1929년에 30퍼센트, 1930년에 40퍼센트, 1931년에 50퍼센트를 넘어섰다.

1922년 미국 내의 라디오 방송국 수는 570여 개에 이르렀다. 소유주체별로 보면 라디오·전자업체 231개, 신문사 70개, 교육기관 65개, 백화점 30개 등이었다. 라디오 방송국의 수는 많아졌지만, 당시의 방송국 규모나 방송내용은 전반적으로 매우 원시적인 단계에 머물러 있었다. 주로 노래를 하겠다는 사람들이 아마추어, 프로를 막론하고 스튜디오로 몰려들었다. 방송국은 노래가 시원찮으면 방송 도중에 노래하는 사람을 끌어내는 사람을 따로 고용하기도 했다. 노래하는 사람들은 그 누구도 출연료를 요구하지 않았으며, 방송에 사용되는 레코드판과 신문기사에 대해서도 비용을 전혀 지불하지 않았다.

그러나 라디오 방송에 대한 일반인들의 호기심이 줄어들자 노래 지원자들도 감소하기 시작했으며 출연료를 요구하는 사람들도 나타나

1921년 데이비드 사르노프(왼쪽에서 네 번째)는 RCA에 재편된 뉴저지 섬머셋에 위치한 마르코니무선전신연구소를 시찰하기 위해 전문위원단을 구성했다. 알베르트 아인슈타인, 니콜라 테슬라, 찰스 스타인메츠 등 저명한 과학자들도 함께했다. ⓒ Franklin Township Public Library Archive

게 되었다. 1923년 8월 미 법원은 대부분의 라디오 방송국이 백화점에서 방송함으로써 구경꾼이 몰려드는 효과를 거두고 있기 때문에 라디오 방송은 "자선용"이 아니라 "상업용"이라는 판결을 내림으로써, 방송의 근본적인 문제를 부각시켰다. 즉, 방송을 무슨 비용으로 할 것인가 하는 문제를 제기한 것이었다.

당시 미국 라디오 방송계에는 대강 4가지 방안이 제시되었다. ①자선기금 ②학교나 박물관처럼 정부보조 ③수신기에 세금을 매기는 영국식 ④AT&T의 "유료방송(toll broadcasting)" 방식 등이었다. 이 가운데 가장 현실적인 방안은 그 누구든 전화를 걸듯 스튜디오에 들어가

하고 싶은 이야기나 장기자랑을 늘어놓되, 방송국은 시설 유지비로 전화요금을 받듯 방송이용료를 받는다는 AT&T 방식이었다. 당시 "라디오 전화(radio-telephone)"로 불린 이 방식은 초기의 시행착오를 거친 끝에 제법 큰 인기를 얻게 되었으며, 곧 프로그램과 광고를 구분하여 광고주는 프로그램 제작비용을 부담하는 대신 '광고(ether advertising)'만을 내보내는 방식으로 발전하게 되었다.

NBC · CBS · 라디오법의 탄생

1923년 캘빈 쿨리지(John Calvin Coolidge, Jr., 1872~1933) 대통령의 취임연설은 라디오 중계를 통해 1500만 명이 청취했다. 이 이벤트가 시사하듯, 1920년대 후반은 라디오가 본격적인 대중매체로서 성장하는 도약기였다. 1926년 RCA는 당시 매우 인기가 높던 AT&T의 뉴욕 WEAF 방송국을 사들여 NBC(National Broadcasting Company)를 출범시켰다. 26개 방송국으로 네트워크를 형성한 NBC는 1927년 1월 'red' 네트워크와 'blue' 네트워크의 2원체제로 운영되면서 1927년 9월에 탄생한 CBS(Columbia Broadcasting System)와 함께 미국 라디오 방송의 선두주자로 맹활약을 하기 시작했다.

라디오 방송의 활성화에 따라 방송규제도 변화를 겪지 않을 수 없었다. 1927년 '1927년 라디오법'이 제정되고 이 법에 근거하여 탄생한 FRC(Federal Radio Commission)는 라디오 방송을 관장하는 미연방정부 최고기구로서의 위상을 갖게 되었다. '1927년 라디오법'은 전파는 공중의 소유라는 전제하에 방송국의 등록을 요구했으며 방송검열권은 없어도 면허갱신을 결정하는 권한을 FRC에게 부여하고 면허기준으로는 "공익, 편의 또는 필요(public interest, convenience or necessity)"를 제시했다.

그러나 "전파는 공중의 소유"라는 전제는 얼른 보기엔 그럴듯해도 실제로는 방송참여의 자격을 자본력 기준으로 극도로 제한하는 효과를 낳고 말았다. 대자본의 소유자만이 방송사업에 진출하게 됨에 따라 미국의 라디오는 이미 1920년대 후반부터 철저한 자본논리의 지배 하에 놓이게 되었다. 1920년대 말에는 청취율조사가 본격적으로 도입되어 프로그램의 운명을 결정하게 된다.

텔레비전의 탄생

1900년 8월 25일 파리에서 열린 '국제전기기술총회'에서 '텔레비전'이라는 말이 처음 사용된 이래로 텔레비전은 수십 년간 실험실에만 있었다. 1922년 12월 1일 에두아르 블랭(Édouard Belin, 1876~1963)이 파리에서 '텔레비전' 시범을 보였던 것도 몇 피트 정도 빛을 방사하는 장난감 수준에 지나지 않았다. 대자본의 참여를 목마르게 기다리던 텔레비전은 1923년 이젠 RCA의 부회장이 된 데이비드 사르노프(David Sarnoff, 1891~1971)가 텔레비전을 라디오처럼 사업적 도구로 만들겠다고 선언하면서 후일 일대 전기를 맞게 되었지만 1920년대는 아직 RCA의 시대는 아니었다.

1920년대 후반, 텔레비전을 실용화하기 위한 독립적인 과학자들의 연구성과는 비약적인 발전을 목격하게 되었다. 1925년 6월 13일 찰스 젠킨스(Charles F. Jenkins, 1865~1951)는 워싱턴에서 5마일(약 8km)이나 떨어진 곳의 움직이는 영상을 전달하는 성공을 거두었으며, 4개월 후

런던에서도 존 베어드(John L. Baird, 1888~1946)가 비슷한 실험에 성공했다. 이러한 성과들에 힘입어 1927년 4월에는 뉴욕-뉴저지-워싱턴을 연결하는 텔레비전 실험에서 당시 상무장관 허버트 후버(Herbert C. Hoover, 1874~1964)의 축하 메시지를 방송하는 데에 성공을 거두었다. 4월 8일자 『뉴욕타임스(The New York Times)』 1면 머리기사 제목은 다음과 같이 그때의 감격을 전했다. 「멀리 있는 연사가 여기서 들릴 뿐만 아니라 보이다: 마치 사진이 살아 움직이는 것 같아(Far Off Speakers Seen as Well as Heard Here: Like a Photo Comes to Life)」

1928년 1월 GE와 RCA는 텔레비전 수상기 3대를 생산하여 일반에게 공개했으며, 5월에는 GE의 뉴욕 스케넥터디(Schenectady) 방송국이 일주일에 3일간 하루 3분씩 최초의 텔레비전 방송을 시작했다. 1929년 가을에는 런던에서도 텔레비전 방송이 시작되었으며 미국에는 이미 26개의 텔레비전 방송국이 존재했다. 그러나 1929년 10월에 발생한 대공황은 막 일기 시작한 텔레비전 붐에 찬물을 끼얹고 말았다. 1930년 사르노프가 RCA의 사장이 되면서 NBC도 1932년에 텔레비전 방송국을 설립했지만 텔레비전은 라디오의 보조매체로서 아직 실험단계에서 벗어나지 못하고 있었다. 1920년대와 1930년대는 라디오의 전성시대로 라디오의 힘을 알아야 이해할 수 있는 사건들이 많이 일어나게 된다.

참고문헌 Barnouw 1982, Castleman & Podrazik 1982, Czitrom 1982, Rifkin 2005, Sterling & Kittros 1978

대서양 횡단 비행 쇼
미국인의 영웅이 된 린드버그

린드버그 우상화

비행기를 타고 대서양을 횡단하는 것은 미국인은 물론 유럽인들의 오랜 꿈이었다. 뉴욕-파리 간 무착륙 최초 비행에 현상금 2만 5000달러가 걸릴 정도로 양 대륙의 사람들은 누군가가 나타나서 그 꿈을 이뤄주길 간절히 바라고 있었다. 드디어 찰스 린드버그(Charles A. Lindbergh, 1902~1974)라는 미국인이 나타났다.

린드버그는 자신이 직접 설계한 '스피릿 오브 세인트루이스(Spirit of St. Louis)' 호를 타고 1927년 5월 20일 아침 8시 직전 뉴욕 롱아일랜드에서 파리를 향해 출발했다. 샌드위치 몇 조각과 물 1리터 그리고 파리에 도착했을 경우에 대비한 소개장과 함께 3만 6000마일(약 5만 7936km) 비행이라는 대장정에 돌입한 것이다. 출발하던 날 뉴욕의 한 야구장에서는 4만을 헤아리는 군중이 모여 린드버그의 성공을 기원했다.

대서양 건너 유럽에서는 이륙한 비행기의 연락 두절 소식에 런던,

베를린, 암스테르담 주식시장의 거래가 한때 중단되는 소동이 벌어지기도 했다. 뉴욕을 출발한 지 이틀째 되는 밤, 파리에서는 7~8만 정도로 추산되는 자동차 소유자들에게 한 장의 호소문이 배포되었다. 린드버그의 착륙 예정지인 르 부르제(Le Bourget) 공항으로 달려가 헤드라이트를 켜고 두 줄로 늘어서서 안개 낀 밤이라도 활주로를 알아볼 수 있도록 도와달라는 내용이었다.

이렇듯 호들갑스러운 주목을 받은 가운데 비행을 시작한 지 36시간 후 린드버그는 대서양 횡단 비행에 성공했다. 그가 가져간 소개장은

찰스 린드버그는 직접 설계한 '스피릿 오브 세인트루이스' 호를 타고 최초로 대서양 무착륙 횡단에 성공했다.

필요 없었다. 파리 시민뿐만 아니라 전 세계가 열광했기 때문이다. 가장 열광한 사람들은 두말할 필요 없이 미국인이었다. 린드버그의 성공을 미국적 창의성과 대담함의 상징으로 간주한 미국인들은 문자 그대로 열광의 도가니에 빠져들었다. 『뉴욕타임스』는 5면에 실은 약간의 광고를 제외하곤 처음 5페이지를 린드버그 기사로 도배했다. 다른 신문들은 그 이상을 할애했다. 『뉴욕 이브닝 월드(New York Evening World)』는 "인류 역사상 한 사람이 해낸 일 중 가장 위대한 임무"라고 허풍을 쳤다. 허풍을 칠수록 신문은 더 잘 팔렸다. 신문들은

뉴욕에서 열린 린드버그 환영 만찬 프로그램을 소개하는 리플릿 커버. ⓒ the Bruce C. Cooper Collection

평소보다 수만 부씩 더 팔았다. 라디오도 신문 이상으로 열광했다.

대중의 열광이었던가, 미디어의 열광이었던가? 역사가 프레더릭 알렌(Frederick L. Allen, 1890~1954)에 따르면 "과대선전 시대의 대중적 흥분과 열광의 기록들은 그 후 수주일 사이에 모두 갱신되었다. 신문이나 신문 독자들에게 린드버그와 그에 대한 이야기 이외의 것은 전혀 의미가 없는 듯했다."(Allen 2006)

정치인은 열광에 약한 법. 쿨리지 대통령은 린드버그와 그의 비행기를 프랑스에서 수송해오기 위해 미 해군 순양함을 파견했다. '럭키 린디(Lucky Lindy)'라는 별명을 얻은 린드버그의 귀국을 축하하는 전보문 5만 5000통을 실은 트럭이 워싱턴 시가행진 중 린드버그의 뒤를 따랐다. 뉴욕 시 청소국은 6월 13일 환영행사 때 빌딩 창문에서 뿌려진 오색종이를 1800톤이나 회수했다. 다음 날 아침 『뉴욕타임스』는 첫 16페이지를 거의 전적으로 그에 대한 뉴스에 할애했다.

워싱턴 환영집회에서 쿨리지는 "의회에 보내는 연두교서 이래 가장 길고 감동적인 연설"을 했다. 린드버그는 육군 대령으로 임명되었고 공군 무공십자훈장과 의회 명예훈장, 명예회원 자격을 얻었다. 돈도 무더기로 쏟아졌다. 그는 비행상금으로 250만 달러를 받았으며 영화에 모습을 비추고 70만 달러를 받았다.

왜 린드버그는 우상이 되었나?

생각해보면 좀 이상한 일이었다. 비행거리는 린드버그보다 훨씬 짧았지만 이미 1919년 영국인 두 명이 뉴펀들랜드(Newfoundland; 캐나다 래브라도 반도 남쪽에 있는 섬)에서 아일랜드까지 비행한 적이 있었다. 다만 린드버그는 혼자 해냈고 정확한 목표에 도착했다는 것뿐, 최초의 비행횡단도 아니었고 이런 탐험이 가져다주는 현실적인 이득이란 거의 없었다. 그럼에도 왜 린드버그는 우상화되었을까?

알렌(Allen 2006)은 "설명은 간단하다. 값싼 영웅, 스캔들, 범죄에 식상하고 환멸을 느낀 국민들은 스스로 즐겼던 인간 본성의 낮은 기대치에 반란을 일으키고 있었다. 여러 해 동안 미국민은 영적으로 굶주려왔다"며 다음과 같이 말한다.

"그들은 종래의 이상 환상 그리고 희망이, 사건과 사상의 영향으로 좀먹은 탓에, 전쟁 후의 실망으로, 종교적 토대를 무너뜨리고 그들의 감상적 부분을 웃음거리로 만든 과학적 교리와 심리학설로, 정치부패와 도시에서 일어나는 범죄로, 마지막에는 외설과 살인으로 뒤덮인 신문으로 차례로 무너져가는 것을 보았다. 로맨스, 기사도, 자기희생은 비난당했고 역사 속 영웅들은 그 결점이 들춰졌으며 역사적 성인들은 기묘한 콤플렉스를 가진 인간이었음이 밝혀졌다. 숭배할 대상으로 기업신이 있었으나 그 신은 모조품일 거라는 의심이 늘 맴돌았다. 과대선전은 대중이 머리를 숙일 일시적 영웅을 제공했지만 유령이 쓰는 연합 신문기사와 영화 계약으로 두둑한 이익을 취하는 이 동시대 영웅들을 완전히 신뢰하기란 어려웠다. 사람들이 자신과 그리고 세계와 평화를 이루고 살아가는 데 필요한 무언가가 그들의 삶 속에서 사라져버렸다. 그런데 갑자기 린드버그가 그것을 가져다주었다."

이어 알렌은 린드버그의 처신도 한몫 거들었다고 말한다. "린드버그는 굴러들어온 영화 출연 제의를 수락하지 않았고 체험 수기를 팔지 않았으며 뽐내지도 스캔들에 휩싸이지도 않았고, 바르게 행동했으며 잘생긴데다 용감하기까지 했다. 과대선전의 기제들은 모든 사람이 볼 수 있는 곳까지 린드버그를 치켜세울 준비를 갖추고 기다리고 있었다. 린드버그에 대한 대중의 환영이 대규모 종교부흥회의 면모를 띠었다는 것은 전혀 이상하지 않다."

이런 우상화에 힘입어 린드버그는 2년 후인 1929년 5월 27일 금융 재벌 모건(J. P. Morgan, 1837~1913)의 동업자로 재벌이며 주(駐)멕시코 대사인 드와이트 모로(Dwight W. Morrow, 1873~1931)의 딸인 앤 스펜서 모로(Anne S. Morrow, 1906~2001)와 결혼했다. 이것도 엄청난 뉴스거리가 되었다. 그는 항공회사의 고문으로 상당한 재산을 축적하면서 국가적 영웅으로 계속 군림할 수 있었다.

알렌(Allen 2006)에 따르면 "그의 비행 이후 3~4년이 지난 후에도 주말이면 뉴저지 주에 있는 그의 농장 주변도로에 그를 보려는 숭배자들이 쇄도하는 바람에 도로를 막아야 했고, 그는 심지어 셔츠를 세탁소에 보내지도 못한다는 소문이 돌았다. 린드버그의 셔츠란 너무나 값진 기념품이어서 되돌아오지 않았기 때문이다. 수백의 학교 교실과 수천의 가정집 벽에 그의 얼굴이 걸렸다. 살아 있는 미국인 가운데 어느 누구도 (작고한 사람 가운데서도 에이브러햄 링컨 말고는) 이렇게 확고한 충성을 받은 사람은 없었다."

린드버그와 포드의 반유대주의

린드버그 우상화 덕분에 항공사업도 비약적인 발전을 이룩했다. 1930년 보잉 247여객기는 시속 240킬로미터의 속도로 한 번에 10명의 승객을 실어나를 수 있었다. 자동차로 한 달이 걸리던 미 대륙 횡단이 불과 20시간 이하로 줄어든 것이다. 1937년 5월 6일 독일의 대형 비행선 힌덴부르크(Hindenburg)가 공중폭발하면서 36명이 사망하는 사건으로 비행선의 시대는 끝이 나고 이제 여객기의 시대가 열리게 된다.

린드버그 이후 새로운 비행기록에 도전한 이는 '괴짜' 억만장자 하워드 휴즈(Howard R. Hughes Jr., 1905~1976)다. 1930년 영화 〈지옥의 천사들(Hell's Angels)〉을 감독하고 1948년 메이저급 영화사 RKO의 대주주가 되기도 한 그는 자신이 설립한 휴즈 에어크래프트(Hughes Aircraft)사가 1935년에 개발한 H-1 기로 시속 567킬로미터 세계신기록을 수립하고 1936년 단독 미 대륙 횡단 무착륙 비행에 성공한 뒤에, 1938년 7월 14일 4명의 승무원과 함께 91시간 8분에 걸쳐 세계일주 최단 비행기록을 세우는 등 화제의 인물이 되었다.

1932년 5월 린드버그의 아들 찰스 주니어가 유괴되어 살해됐다. 범인 하우프트만은 결국 사형에 처해졌는데 반외국인 감정으로 억울하게 희생됐다는 음모론이 떠돌았다.

1930년대의 린드버그는 어떠했던가? 여기서 이야기를 다 해보자. 1932년 5월, 19개월 된 그의 아들 찰스 주니어가 유괴되는 사건이 발생했다. 범인의 요구대로 몸값 5만 달러를 지불했으나 아이는 죽은 채로 발견되었다. 이 유괴사건으로 린드버그는 다시 한번 신문의 머리기사를 도배했다. 1936년 범인 브루노 하우프트만(Bruno R. Hauptmann, 1899~1936)이 아이 살해죄로 전기사형에 처해졌지만 반(反)외국인감정으로 억울하게 희생됐다는 음모론이 떠돌았다.

비행기 영웅 린드버그는 자동차 영웅 포드(Henry Ford, 1863~1947)와 헨리 포드는 『디어본 인디펜던트』에 연재한 유대인 비난 기사들을 묶어 책으로 출간했다.

한 가지 공통점이 있는데, 그것은 이들이 1930년대 말 보수주의, 고립주의, 반유대주의를 외치는 전사로 맹활약했다는 점이다. 이미 1920년부터 반유대주의 운동을 펼친 포드는 디트로이트에서 발간한 주간지 『디어본 인디펜던트(The Dearborn Independent)』를 통해 유대인을 사회악의 근원으로 몰고 유대계 금융인들을 흡혈귀에 비유하는 등 유대인을 비난하는 특집을 100여 회 연재했다. 그는 이 기사들을 묶어 『따로 노는 유대인(The International Jew: the World's Foremost Problem)』 (1920)이란 단행본을 출간해 대량 유포시켰다.

반유대주의의 바이블이라고 할 수 있는 『시온 장로의 의정서(The Protocols of the Elders of Zion)』(1903)가 제정 러시아 장교에 의해 미국으로 반입된 시기는 1920년대였다. 이 책은 제정 러시아의 비밀경찰이

20세기 초에 날조한 가짜였지만 포드는 이를 진짜로 받아들여 널리 퍼뜨렸다. 포드가 혐오하는 과격 좌익노조 간부의 대부분이 유대인이라는 점도 포드의 반유대 성향을 부추긴 주요 원인이었다. 포드는 히틀러(Adolf Hitler, 1889~1945)의 『나의 투쟁(Mein Kampf)』에서 격찬받은 유일한 미국인이었는데, 히틀러는 포드에게 존경을 표하기 위해 1938년 7월 그의 75세 생일 때 감사의 말과 함께 제3제국 최고의 훈장인 독일독수리최고대십자장을 보냈고 포드는 두 가지 모두 흔쾌히 받아들였다.

생각해보면 이상한 일이었다. 1880년부터 1924년까지 미국으로 이주한 유대인은 400만 명에 이르렀고 1927년 뉴욕의 변호사 2만 명 중 3분의 2가 유대인이었으며 그중 수천 명이 학문, 음악, 희곡, 언론, 의료, 작곡, 연예 등 자신들에게 제약이 없는 모든 활동 분야에서 두드러진 활약을 보이고 있었다. 그럼에도 그들은 여전히 소외되었고 린드버그와 포드 같은 사람들의 공격 대상이 되었으니 말이다.

이를 설명해줄 수 있는 개념이 '5시 반유대주의(five-o'clock anti-semitism)'라는 신종 표현이었다. 낮 시간 동안에는 유대인들과 함께 일할 수 있어도 밤에 그들과 어울리는 것은 어림도 없다는 뜻이다. 유대인들은 1960년대까지도 유대인 금지 골프장, 대학의 남학생과 여학생 클럽 등 비유대인들의 요새에 진입하겠다는 희망을 버려야 했다.

유대인이라고 해서 다 같은 유대인은 아니었다. 일찍 이민을 와 성공한 사람들이 많았던 독일계 유대인은 나중에 온 러시아·동유럽 유대인들과 거리를 두고자 했다. 이들의 이름이 'ky'나 'ki'로 끝나는 사실을 염두에 두고 그들을 '카이크(kike)'라 부르며 경멸하기까지

했다. 이 호칭은 나중에 모든 유대인들을 경멸하는 호칭으로 바뀌지만 독일계 유대인들은 '유대 와스프(WASP; 앵글로색슨계 미국 신교도)'의 의식을 갖고 러시아·동유럽 유대인들과 자신들을 구별하기 위한 배타적 클럽을 만들기 시작했다.

미국에서의 유대인 배척은 화폐 문제를 모든 악의 근원이라고 생각한 민중주의와 밀접한 관련을 맺고 있었다. 민중주의자들은 유대인 자체를 비난한 것이 아니라 월스트리트 금융계를 비난한 것이지만, 유대인의 금융업 종사 비중이 높은 상황에서 그 차이는 사실상 무의미한 것이었다.

린드버그의 반유대주의 활약상을 보자. 1938년 나치 돌격대 대장 헤르만 괴링(Herman Göring, 1893~1946)으로부터 명예훈장을 받기도 했던 그는 독일에서 돌아와 부인 앤과 함께 포드의 자금지원을 받아 미국의 2차 세계대전 참전을 막는 고립주의 운동을 전개했다. 그는 1차 세계대전의 경험이 입증한 것처럼 미국의 자유는 외국의 전쟁에 참여함으로써가 아니라 미국 국내 정치를 개혁함으로써 신장될 수 있다고 주장했다. 그는 이런 주장을 하는 과정에서 "미국 유대인들은 '입 닥치고' 가만있으라"는 경고를 하는가 하면, 미국을 전쟁에 끌어들이려 하는 것은 바로 '유대인 소유의 언론들'이라고 비난했다.

전쟁 개입을 결심한 루스벨트 행정부에게 린드버그는 어떻게 해서건 제거해야만 하는 골치 아픈 존재였다. 내무장관 해럴드 이키스(Harold L. Ickes, 1874~1952)는 린드버그가 미국에서 활동하는 '나치 협력자 가운데 넘버원'이라고 공개적으로 낙인을 찍었으며, 이어 루스벨트(Franklin D. Roosevelt, 1882~1945)도 1940년 12월 린드버그파에게 미국 정부를 전복하려는 '사악한 세력'을 대변하는 자들이라고 공개적으로 비난하고 나섰다.

이렇듯 '정치적 폭격'이 가해지고 시간이 흐르면서 이전의 린드버그 우상화는 '미디어 이벤트' 였음이 분명해졌다. 그는 1940년대엔 거의 잊혔고 1950년대엔 사람들의 뇌리에서 완전히 지워진 것처럼 보였다. 1957년 제임스 스튜어트(James M. Stewart, 1908~1997)가 주연한 〈스피릿 오브 세인트루이스〉란 영화도 흥행성적은 형편없었다. 그렇다고 해서 린드버그가 욕을 먹는 건 아니다. 그는 반유대주의로 오점을 남겼지만 여전히 미국인들의 가슴속에 살아있는 영웅이다. 이유는 단 하나, 그는 미국적 개인주의의 화신이기 때문이다.

참고문헌 Allen 2006, Bryson 2009, Davis 2004, Hunt 2007, Kolko 2009, Leuchtenburg 1958, Means 2002, Panati 1997, Schröder 2000, 민웅기 1999, 박재선 2002, 안윤모 2006, 오치 미치오 1999, 오치 미치오 외 1993, 유종선 1995

'건강한 두 팔'과 '스카페이스'
사코·반제티와 알 카포네

'20세기판 미국의 마녀재판'

1920년 4월 15일 미국 매사추세츠 주의 소도시 사우스 브레인트리(South Braintree)의 한 신발 공장에서 대낮에 현금가방 강탈 사건이 일어나 경리 등 직원 2명이 살해됐다. 목격자들은 강도들이 이탈리아계로 보였다고 증언했다. 경찰은 총과 총탄을 갖고 있던 이탈리아 이민자인 니콜라 사코(Nicola Sacco, 1891~1927)와 바르톨로메오 반제티(Bartolomeo Vanzetti, 1888~1927)를 용의자로 체포했다. 반제티에겐 전해 겨울, 인근 지역에서 발생한 강도사건 혐의까지 씌워졌다. 그들은 아나키스트인 것으로 드러났다.

1921년 5월 시작된 재판에서 두 사람은 줄곧 무죄를 주장했다. 증인들은 엇갈리는 증언들을 내놓았고 검찰이 제시한 증거들은 허점이 많았다. 반제티는 감옥에서 응한 인터뷰에서 "우리는 지금 관용을 위해, 정의를 위해, 사람이 사람을 이해하는 날을 위해 싸우고 있다"고 말했

사코(왼쪽)와 반제티(오른쪽) 사건은 20세기 미국의 마녀재판이라 불리며 세계인의 이목을 집중시켰다.

다. 사코는 아들에게 "행복한 유희 속에서 젊음을 보내기보다 박해당하고 희생하는 이들을 도우라"고 쓴 편지를 보냈다. 법정 밖에선 사코와 반제티가 아나키스트라는 이유만으로 엉뚱한 사건에 기소돼 공정하지 못한 재판을 받고 있다는 항의와 시위가 끊이지 않았다. 전 세계가 항의의 물결로 들끓었지만 배심원들은 유죄라고 판단했다.

항소가 기각되자 재심이 청구됐다. 그 사이 사코와 반제티의 무죄 입증에 결정적 역할을 할 수 있는 사실들, 예를 들어 자신을 비롯한 일당이 범행을 저질렀노라는 다른 살인범의 자백 등이 새롭게 나왔다. 그러나 재판부는 받아들이지 않았다. 노벨문학상 수상자 아나톨 프랑스(Anatole France, 1844~1924), 철학자 버트런드 러셀(Bertrand Russell, 1872~1970), 극작가 버나드 쇼(George Bernard Shaw, 1856~1950)를 비롯한 전 세계 지식인과 노동자들의 재심 요구에도 불구하고 1927년 4월

1921년 영국 런던에서도 사코와 반제티의 구명운동이 이어졌다.

9일 사형이 선고됐다.

이 사건은 '20세기판 미국의 마녀재판' 또는 '미국판 드레퓌스 사건'으로 불리며 전 세계인의 이목을 집중시켰다. 그들의 처형이 임박해지자 미국은 물론 전 세계 노동자와 지식인들이 사형 반대운동에 나섰다. 런던, 시드니, 베를린, 로마, 도쿄, 부에노스아이레스 등에서 시위가 있었고 동맹파업이 일어났다. 프랑스, 러셀, 쇼 외에도 마리 퀴리(Marie Skłodowska Curie, 1867~1934), 알베르트 아인슈타인(Albert Einstein, 1879~1955), 업턴 싱클레어(Upton Sinclair, Jr., 1878~1968), 로맹 롤랑(Romain Rolland, 1866~1944), 이사도라 던컨(Isadora Duncan, 1877~1927) 등 명망가들이 두 사람의 구명에 나섰지만 허사였다. 1927년 8월 23일 두 사람에 대한 사형이 집행될 당시 사코는 서른다섯, 반제티는 서른아홉 살이었다.

'끝나지 않은 사건'

사코는 제화공, 반제티는 생선장수였다. 이들에게 동정적인 어느 기자는 '선한 제화공과 불쌍한 생선장수'라는 표현을 만들어냈다. 이들이 체포될 때 무장하고 있었던 것에 대해 사코는 공장에서 야간 순찰자로 일했고 반제티는 생선을 팔 때 돈을 지녔기에 무장하고 있었다는 변명도 나왔다. 이에 대해 애브리치(Paul Avrich, 1931~2006)는 다음과 같이 말한다.

"그들이 보복행동을 믿고 국가에 순순히 복종하기를 거부하는 투사였기 때문에 총을 휴대했다는 설명이 차라리 더 그럴싸하다. 어쨌든 두 사람의 특징을 정의하던 '선한 제화공과 불쌍한 생선장수'라는 이미지는 바뀔 필요가 있다. 마지막까지도 사코와 반제티는 아나키스트로, 심지어 감옥에서도 자신들의 활동을 계속했던 헌신적인 아나키스트로 남았다."(Avrich 2004)

이들이 실제 범인인지 여부는 지금도 알 수 없다. 다만 분명한 것은 그들이 공정한 재판을 받지 못했다는 점이다. 『사코와 반제티(Sacco and Vanzetti)』의 저자인 왓슨(Watson 2009)은 이 사건을 제대로 파악하기 위해선 1920년대 미국 사회 내부 분위기를 이해해야 한다고 말한다. 1차 대전이 끝나고 돌아온 참전용사들은 일자리가 부족했고 종종 문제를 일으키는 이민자 집단에게 화살이 돌아갔다. 러시아에서 일어난 볼셰비키 혁명에 충격을 받은 '적색공포'에 휩싸여 미국은 내부의 혁명분자 분쇄에 열을 올리고 있었다.

사코와 반제티는 미국 사회가 혐오하는 두 가지 부류에 모두 속했다. 특히 그들이 속한 정치그룹은 요인을 상대로 폭탄 테러를 시도해

당국의 추적을 받고 있었다. 체포될 당시 그들은 정치범으로 체포될 때에 대비해 자신과 친구들이 만든 문건과 신문 등을 폐기하거나 숨기려고 나선 참이었다. 이런 사실이 사코와 반제티가 강도사건의 범인이라는 증거가 될 수는 없었지만, 사건을 맡았던 판사 웹스터 테이어(Webster Thayer, 1857~1933)는 사석에서 지인들에게 "이 '아나키스트 악당들'이 어떻게 되는지 두고 보라"고 여러 차례 말한 것으로 드러났다. 또 재판의 배심원들에게는 '공정한 판단을 위한 외부와의 격리'라는 원칙을 깨고 신문을 읽는 것이 허락되기까지 했다.

이 사건은 그림, 소설, 시, 노래, 드라마, 연극, 오페라, 영화, 다큐멘터리 등으로 되살아났다. 널리 알려진 것 몇 개만 소개하자면 1928년 업턴 싱클레어의 소설 『보스턴(Boston)』, 1931년 화가 벤 샨(Ben Shahn, 1898~1969)의 그림 '사코와 반제티의 수난(The Passion of Sacco and Vanzetti)', 1946년 우디 거스리(Woodrow W. Guthrie, 1912~1967)가 작곡하고 부른 노래 '사코와 반제티의 발라드(Ballads of Sacco & Vanzetti)', 1963년 텔레비전 드라마 〈애드버킷(The Advocate)〉, 1969년 두 사람의 변호인이었던 허버트 어먼(Herbert B. Ehrmann, 1891~1970)의 책 『끝나지 않은 사건(The Case That Will Not Die)』 등이 있다.

사형이 집행되고 50년이 지난 1977년, 마이클 듀카키스(Michael S. Dukakis) 미국 매사추세츠 주지사는 공식적으로 두 사람의 명예회복을 선언했다. 듀카키스는 사코와 반제티 사형 기념식에 참석해 "지금 이 사람들이 유죄냐, 무죄냐를 판결하려는 것이 아니다"라며 사면까지는 하지 않았지만 "우리가 말하려는 것은 매사추세츠 주민이 자랑스럽게 여기는 높은 수준의 정의가 사코와 반제티에게는 실현되지 않

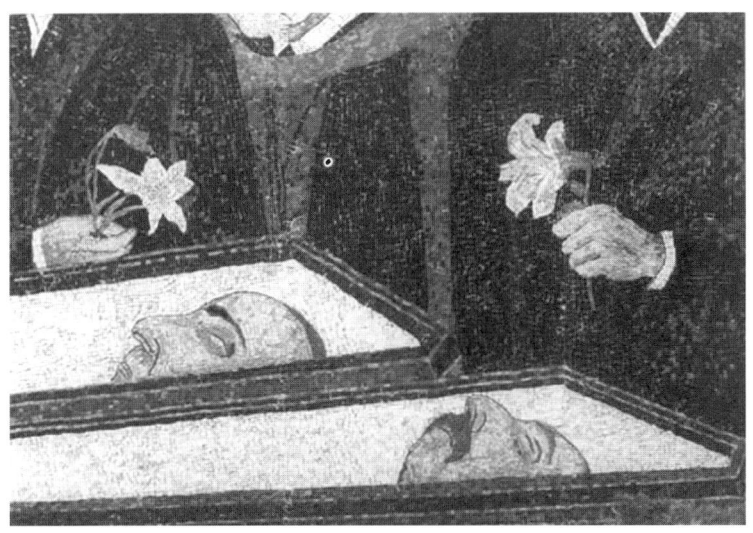

벽화로 새겨진 벤 샨의 '사코와 반제티의 수난' 일부분. ⓒ Einarsson Kvaran

왔다는 것"이라고 강조했다.

   2000년 연극 〈바람에 실려오는 목소리(Voices on the Wind)〉가 로스앤젤레스에서 공연되었는데 이 연극을 위해 듀카키스는 극중 사면발표 장면의 목소리를 직접 녹음하기도 했다. 2001년 프랜시스 코폴라(Francis F. Coppola)의 삼촌인 안톤 코폴라(Anton Coppola)가 제작한 오페라 〈사코와 반제티(Sacco and Vanzetti)〉가 무대에 올랐으며 안톤은 2007년에도 이 오페라를 지휘·감독했다. 2007년 두 사람의 80주기를 기려 만든 피터 밀러(Peter Miller)의 다큐멘터리 영화 〈사코와 반제티〉는 미국역사협회가 우수한 역사영화에 수여하는 존 오코너 상(John E. O'Connor award)을 받았다.

'스카페이스' 알 카포네

반제티는 죽기 전 "건강한 두 팔로 도둑질하거나 살인하지 않고 잘살수 있다"고 항변했는데 이 말에 주목한 찰리 킹(Charlie King)은 1977년 그들을 기념하는 저항가요를 작곡해 '건강한 두 팔(Two Good Arms)'이라는 제목을 붙였다. 사코와 반제티는 '건강한 두 팔'로 상징되었지만 같은 이탈리아 이민자면서도 전혀 다른 방식으로 살아가는 사람들도 있었다. 사코와 반제티의 반대편엔, 금주법 시대에 활약한 마피아로서 시카고 갱단의 두목인 알 카포네(Al Capone, 1899~1947)가 있었다.

1893년 나폴리에서 미국으로 이주한 부모의 아홉 자녀 중 넷째로 태어난 카포네는 유년기를 빈민가에서 보냈다. 이미 13세 때 담임교사와 교장을 폭행해 퇴학당할 정도의 폭력성을 드러내 갱단 두목의 자질을 보였다. 그는 왼쪽 뺨에 칼 맞은 상처가 있어 '스카페이스(scarface; 흉터난 얼굴)'라는 별명으로 불렸다. 카포네를 다룬 브라이언 드 팔마(Brian R. De Palma) 감독의 영화 〈스카페이스〉(1983)도 바로 여기서 비롯된 제목이다.

암흑가의 두목 조니 토리오(Johnny Torrio, 1882~1957)의 보디가드로 출발한 카포네는 1925년 토리오의 후계자가 되어 1000명의 부하를 거느리며 '밤의 황제' 노릇을 했다. 왜 뉴욕이 아닌 시카고였던가? 마피아 내부에도 등급이 있었다. A급인 시실리 출신이 장악하고 있는 뉴욕에서는 나폴리 출신은 명함을 내밀기 어려웠다.

1927년 정부 관리들은 카포네 갱단이 주류 취급으로 연간 약 6000만 달러의 수입을 올리는 것으로 추정했다. 알렌(Allen 2006)의 말마따나 "1920년대 시카고에서 일어난 타락과 범죄의 폭발이, 미국의 가정에서 술의 유혹을 추방해버리려고 한 시도에 직접적으로 기인했다는 건 역설적이게도 사실이었다."

1927년 10월 11일부터 1929년 1월 15일까지 15개월이 조금 넘는 기간 동안 시카고 구역에서 적어도 157건의 폭탄이 터졌지만 이 모든 사건의 가해자들 가운데 벌을 받은 사람은 한 사람도 없었다. 오히려 사업가들은 카포네의 보호를 요청할 정도였다. 뉴욕은 시카고의 무법천지를 비웃을 정도로 더 형편없었는데 흥미롭게도 "타블로이드 신문 독자들은 갱들의 살인 이야기에 심취하여 그 속에서 모험과 영광과 낭만을 맛보고 있었다."(Allen 2006)

왜 그랬을까? 온 세상, 특히 공직자들이 썩었기 때문이었다. 그간 약화돼가던 부정부패는 금주법 시대에 되살아나 악화되었다. 무엇보다도 조직범죄집단이 상습적으로, 일상적으로 공직자들을 매수했기 때문이다. 무허가 술집을 눈감아주는 대가로 돈을 받지 않은 공직자들을 찾아보기 어려울 정도였다.

그런 상황에서 카포네는 실업자를 위해 무료 급식소를 차려주고 가난한 사람을 위해 파티도 열어주는 등 자선사업을 많이 해 시카고의 대중들에게 인기가 높았다. 심지어 그는 자신이 좋은 일을 한다고 주장했다. "만일 사람들이 술을 원하지 않고 술을 마시지 않는다면 그것을 팔려고 하는 놈은 미친놈일 것이다. 나는 좋은 술을 공급하는 게 사람들에게 좋은 일을 하는 것이라고 생각하고 있다."

카포네는 어느 인터뷰에서 자신의 악명(惡名)에 대한 질문을 받자 언론에게 화살을 돌렸다. "뉴스 갱들은 아마 영원히 나를 팔아먹을 거요. 꼭 내가 이 나라에서 벌어지는 모든 범죄에 대해 책임이 있는 것처

수많은 사람을 살해하고 강력범죄를 저질러온 알 카포네가 연방경찰에 걸려든 죄목은 우습게도 '연방소득세법 위반' 이었다.

럼 말이오. 당신도 내가 무한정한 권력과 엄청난 재력을 가졌다고 생각합니까? 글쎄요. 내가 권력을 가진 건 사실입니다. 하지만 이 어려운 시대에 내 재정 형편 역시 다른 사람들 못지않게 어려운 상태입니다. 내가 지불해야 하는 돈은 언제나 엄청나죠. 하지만 이익금은 계속 줄어들고 있어요. 아마 내가 돌봐줘야 하는 사람들 가운데는 당신이 들으면 깜짝 놀랄 이름도 많을 겁니다."

1930년 알 카포네와 사이가 좋지 않았던 『시카고 트리뷴(Chicago Tribune)』의 기자 제이크 링글(Jake Lingle, 1891~1930)의 살해 사건 이후에 저널리스트 클라우드 콕번(Claud Cockburn, 1904~1981)은 『런던 타임스(The Times of London)』의 요청을 받고 카포네를 인터뷰했다. 인터뷰를 통해서 콕번은 엉뚱하게도 '미국체제' 가 가진 미덕을 칭송하는 강의를 들어야 했다. 카포네는 자유와 기업정신과 개척자들을 칭송하면서 사회주의와 전체주의에 대해 경멸적인 혐오감을 표출했다. 그는 자신의 범법 행위마저 철저하게 미국적인 방식에 따라 이루어지고 있다고 주장하면서 이렇게 말을 맺었다.

"우리들의 이런 미국적인 방식은 (그는 소리 높여 말했다.) 그걸 '아메리카니즘' 이라고 부르든 '자본주의' 라 부르든 아니면 뭐라 부르든 간에, 우리 모두에게 기회를 던져주는 겁니다. 우린 다만 양손으로 그

걸 꽉 붙잡아서 충분히 활용하기만 하면 되는 거죠."

카포네 갱단은 250명에 달하는 사람들을 살해했지만 카포네는 건재했다. 그가 엘리어트 네스(Eliot Ness, 1903~1957)를 비롯한 연방경찰에게 걸려든 죄목은 우습게도 연방소득세법 위반이었다. 그는 그 혐의로 1931년 기소돼 11년간 징역살이를 했으며 출감 후 플로리다 주에 있는 자신의 농장에서 은둔생활을 했다. 그는 죽을 때까지 암살에 대한 공포에 시달리다가 매독으로 사망했다.

흥미롭게도 1990년 미국주류업소협회는 카포네의 탈세에 대한 모의재판을 열었는데 여기서 나온 결론은 카포네의 변호사들이 그들의 의무를 충실히 이행하지 않았다는 것이었다. 카포네의 변호인단은 연방정부가 자신들의 고객에 대한 반대증인으로 내세운 이들 중 일부가 강요로 출두한 사람들이었다는 것조차 몰랐다는 것이다.

더욱 흥미로운 건 알 카포네가 이탈리아계 출신임을 꺼려 자신의 이름을 와스프(WASP; White · Anglo-Saxon · Protestant) 풍으로 앤서니 브라운으로 부르게 했으며 아들 앤서니도 와스프 일류교육을 받도록 예일대학에 입학시켰고 결혼도 그런 식으로 하게끔 했다는 사실이다. 방법론의 차이일 뿐, 알 카포네도 나름 아메리칸 드림을 추구했던 셈인데, 그 드림의 본질은 주류사회에 진입하는 것이었다. 역설이지만 이게 바로 미국의 힘은 아닐까? 모든 이들이 주류사회 진입을 열망함으로써 체제가 굳건해지는 이치에 주목한다면 말이다.

참고문헌 Allen 2006, Avrich 2004, Davis 2004, Regan 1996, Sylvester 1994, Watson 2009, Zinn 2003 · 2008, 김재중 2009, 박광희 2009, 손세호 2007, 연동원 2001, 오치 미치오 1999, 오치 미치오 외 1993, 유종선 1995

"포드냐 마르크스냐"
자동차 혁명

A형 포드차의 등장

포드 자동차의 번영은 1920년대에도 지속되었다. 1924년 '포드T'라고 하는 한 모델의 생산이 200만 대를 돌파하는 전무후무한 기록을 세웠는데, 1920년에 이어 이해에도 헨리 포드를 대통령으로 추대하려는 대중운동이 광범위하게 일어났다. 이미 1918년 공화당이 주도권을 잡고 있던 미시간 주에서 민주당 후보로 상원위원 선거에 출마했다가 5000표 미만의 차이로 낙선한 바 있는 포드는 대통령 출마를 거부했지만, 그는 현직 대통령을 능가하는 정치적 인기를 누렸다.(Means 2002)

포드는 정치적으론 정말 묘한 인물이었다. 그의 반유대주의 운동을 보자면 극우인 것 같지만 좌파 성향도 농후했다. 그는 히틀러의 격찬을 받았을 뿐만 아니라 러시아 볼셰비키 지도자들의 숭배 대상이기도 했다. 혁신주의 저널리즘의 대표주자인 링컨 스테펀스(J. Lincoln Steffens, 1866~1936)와 아이다 타벨(Ida M. Tarbell, 1857~1944)도 포드에게

깊이 매료되었다. 그는 심각한 정치학적 연구대상임에 틀림없다 하겠다.(Smith 1985)

자동차가 미국 제조업 통계에 처음으로 포함된 건 1899년이었는데, 당시 제품 가치 기준으로 150개 산업 중 꼴찌를 했다. 그로부터 4반세기가 지난 1925년 자동차산업은 고용자 수의 면에서는 3등이지만 나머지 분야에서는 1등을 차지함으로써 미국 최대의 산업으로 떠올랐다. 1925년 포드T는 전 세계 승용차의 절반을 차지하는 표준 자동차가 되었다.

이런 놀라운 변화와 관련, 야코프 발허(Jacob Walcher, 1887~1970)는 『포드냐 마르크스냐(Ford oder Marx)』(1925)라는 제목의 책을 썼다. 사회주의자들에게 미국의 자동차 문화는 점점 더 열악해지는 노동조건과 그것에 입각해서 이루어지는 무자비한 자본주의의 고도 발전이었는데 이는 매력적이면서도 그만큼 위험한 것이라는 내용이었다.

포드주의는 유럽으로 수출되었다. 1920년대에 포드의 회사는 19개국에 공장을 설립했다. 어디 그뿐인가. 뫼저(Möser 2007)에 따르면 "포드의 권위적인 성격은 전체주의 권력자로부터 호감을 사기도 했다. 스탈린이나 히틀러는 포드에게 경탄했을 뿐 아니라 그에게서 배우기도 했다. 그들은 직접 포드에 협력하여 사업을 벌이거나 그의 자동차 이념을 자국민들을 위해 적용하기도 했다."

1924년 듀폰사가 '듀코'라는 도장 도료를 내놓음으로써 그간 대부분 거무칙칙했던 자동차의 색깔이 밝아지고 다양해졌다. 이제 자동차의 성능뿐만 아니라 스타일과 아름다움을 추구하는 시대가 열렸다. 1926년 여름 모델 T형이 시장에서 밀리자 헨리 포드는 공장의 문을 닫

포드 전성기의 정점을 찍은 A형 포드. 이후 GM과 클라이슬러의 추격으로 업계서열 3위로 밀려난다.

고 새로운 차를 시장에 내놓겠다고 발표했다. 모델 T형은 1928년 단종될 때까지 총 1600만 대를 생산했다.

1927년 12월 드디어 A형 포드차가 선을 보였다. 순서대로 가자면 새로운 모델의 이름은 T 다음인 U V W X Y Z 중 하나여야 했지만 포드 마음대로 A를 붙인 것이다. 신문의 1면은 온통 A형 포드차 뉴스로 가득 찼다. 이에 보답하겠다는 듯, 포드사는 2000종의 일간지에 5일 연속 전면광고를 실었다. 이런 극단적 마케팅 덕분이었는지 A형 포드차에 대한 사람들의 관심은 광적이었다. 100만 명이 이 차를 보기 위해 뉴욕에 있는 포드 본사로 몰려들었다. 거리에 이 차가 나타나도 사람이 몰려들었다. 주문이 폭주했다.

그러나 영원한 승자는 없는 법이다. 다음 해인 1928년 GM이 6기통 시보레(Chevrolet)로 반격을 해왔기 때문이다. 포드는 1923년 미국 자동차의 절반을 생산하던 절정기 이후 1920년대 말에는 GM에 추격당한다. 1936년에는 다시 크라이슬러에까지 뒤져 3위로 떨어진다. 2차 세계대전 발발 시 포드의 시장점유율은 이전의 60퍼센트에서 20퍼센트로 떨어진 반면 경쟁사인 GM은 12퍼센트에서 50퍼센트로 상승한다. 왜 이런 일이 벌어진 걸까?

GM의 회장 앨프리드 슬론(Alfred P. Sloan, Jr., 1875~1966)의 '분권화된 관리'의 위력이었다. 이런 관리 혁신에 따라 GM은 의사결정을 철도시대의 매우 집중화된 수준에서 생산 부문과 거대한 조립 라인과 지원 서비스 부문과 같은 기능적인 수준으로 이동시키고, R&D 부문에서 생산 부문, 마케팅 부문, 판매 부문, 서비스 부문으로 계속 이동시킴으로써 의사결정 과정을 단순화시킬 수 있었다.(Dent 2005)

뒤퐁(Pierre S. du Pont, 1870~1954)에 이어 1923년부터 1946년까지 GM을 지휘하고 1956년까지 이 회사의 이사회 회장을 지낸 앨프리드 슬론의 소비자관이 포드의 소비자관을 눌렀다는 점도 간과할 수 없다. 슬론은 고객의 다양한 기호에 부응하는 다품종정책을 쓴 반면, 포드는 시종일관 가격 중시 전략을 쓰느라 변화된 사회상을 따라잡지 못한 것이다.(Allen 2006, Gardner 1997)

자동차회사의 도로 건설 로비

미국인들의 자동차 신앙은 저절로 이루어진 건 아니었다. 그건 집요한 로비의 산물이기도 했다. GM을 비롯한 자동차회사들은 정유회사 · 타이어회사와 손잡고 대규모 로비군단을 조직해 연방정부와 주정부에게 도로를 건설하도록 압력을 가했다. 1920년대 도로 건설비는

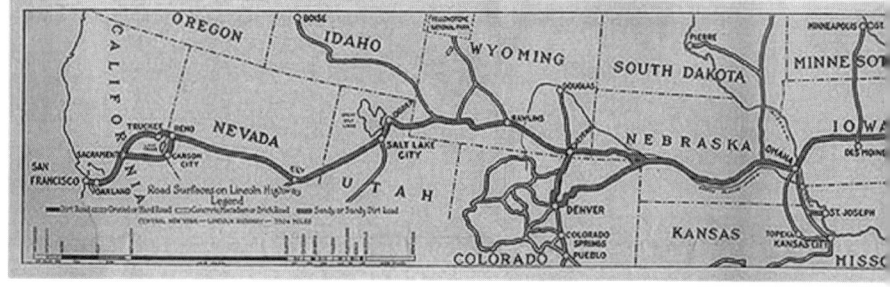

미국 정부의 공적 지출에서 두 번째로 큰 항목이었다.(Alvord 2004)

1923년 세계 최초의 대륙횡단도로인 링컨 하이웨이(Lincoln Highway, 후일 U.S. Route 30)가 개통되었다. 칼 그레이엄 피셔(Carl G. Fisher, 1874~1939)가 뛰어난 수완으로 모은 기부금에 의해 착공 8년 만에 완성한 것이다. 돈을 모으기 위한 표어가 "먼저 미국을 보라(See America First)"였다. 이후 연방정부가 각 주를 연결하는 고속도로 건설 비용을 대기로 결정했다.

최초의 다차선 고속도로는 1920년대에 개통된 24킬로미터 길이의 브롱크스 리버 파크웨이(Bronx River Parkway)다. '파크웨이'는 의미심장한 말이다. 그것은 중산층이 여가를 즐길 목적으로 만든 도로이기 때문이다. 상업용 차량은 운행할 수 없었고 트럭과 버스의 통행을 막기 위해 엄격하게 통행 제한을 했다. 넉넉한 숲, 부드러운 곡선, 나무를 심은 중앙분리대 등 도로 미학의 완성체라 할 만했다. 도로변의 광고판도 배제되었다.

이후 많은 파크웨이가 건설되었지만 1950년 이후 미국인들이 더 이상 운전을 재미있는 활동으로 보지 않으면서 그저 목적지에 빨리 갈 수 있는 슈퍼 고속도로 건설에 심혈을 기울였다. 1940년 10월 1일에

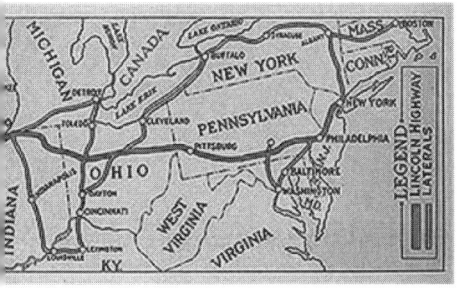

1923년 개통된 세계 최초의 대륙횡단도로 링컨 하이웨이.

개통된 펜실베이니아 턴파이크(Pennsylvania Turnpike)는 그 선구자다. 해리스버그 서쪽에서 피츠버그 동쪽을 연결하는 260킬로미터 길이의 도로인데, 처음 6개월간은 속도제한이 없었다. 운전자들은 1.5달러의 요금을 내고 두 시간 반 만에 주파했다.

그로부터 두 달 후에 로스앤젤레스에서 최초의 진정한 프리웨이가 개통되었다. 주 상원의원 랜돌프 콜리어(Randolph Collier, 1902~1983)는 프리웨이 건설을 장려하는 건 물론 철도교통에 대한 지원을 막음으로써 1950년대 중반까지 캘리포니아 대부분의 지역에 프리웨이가 깔리게 만들었다. 얼마 지나지 않아 모든 도시에 프리웨이가 생겼다. 오늘날 로스앤젤레스 전체 부지의 3분의 1은 자동차를 위한 부지로 넘어갔고 로스앤젤레스 카운티 교통위원회는 시 당국보다 더 많은 예산을 가져가고 있다.(Bryson 2009)

도로 건설은 국립공원을 잠식해 들어갔다. 1908년 레이니어산, 1913년 요세미티, 1915년 옐로스톤이 자동차에 개방되었다. 1922년에는 옐로스톤 관광객의 3분의 2가 자동차를 이용했다. 국립공원에 들어간 차는 1920년 12만 8000대에서 1940년 200만 대, 1947년 700만 대로 폭발했다. 갈수록 도로 면적만 넓어졌다. 1994년 옐로스톤 주차 공간은 1만 2000대분, 요세미티는 도로가 350마일(약 563km)에 주차 공간은 7000대분에 이르렀다.

자동차회사의 '전차 죽이기'

자동차회사들은 도로 건설만으론 모자라다는 판단을 내렸다. 왜? 전차 때문이다. 1902년 뉴욕 전차는 연간 10억 명의 승객을 나르고 있었다. 1922년 2만 킬로미터 이상의 전차 노선이 운영되었으며, 전국에 걸쳐 전차가 대중 교통수단의 총아로 자리 잡고 있었다. 전차를 그대로 두고서 자동차가 늘 수 있을까? 자동차회사들은 자동차 증가를 가로막는 최대의 적이 전차라는 판단을 내리고 1920년대 후반부터 '전차 죽이기' 작전에 돌입했다. 대장 노릇을 한 GM의 지도하에 이들은 전차 시스템(회사)을 사들여 전차를 폐기처분하고 선로와 전선을 제거함으로써 일반 시민들이 자동차를 타지 않고선 움직일 수 없게끔 만들고자 한 것이다.(Schlosser 2001)

1932년 GM은 이 작전을 좀 더 체계적으로 실행하기 위해 도시자동차대중교통연합(UCMT)이라는 회사를 설립했다. 이 회사의 목적은 각 지방자치단체가 전차들을 사들여 설비를 해체하고 대신 버스를 투입케 하는 것이었다. 이런 시도 끝에 1935년 뉴욕 시의 전차 시스템이 자동차로 대체되었다.

여기서 한 걸음 더 나아가 1936년 GM과 석유, 고무회사 들로 구성된 연합회사인 전국도시교통(NCL; National City Lines)은 직접 전차 노선을 사들여 버스 노선으로 바꾸기 시작했다. 이 회사는 1950년 로스앤젤레스, 필라델피아, 볼티모어, 세인트루이스를 포함한 100여 개 도시의 전

자동차회사의 공작으로 전차 운행이 중단되면서 폐기된 전차들이 쌓여 있다. ⓒ Los Angeles Times

차 운행을 중단시켰다. 이는 중대 범죄행위였지만, 적발된다 해도 새 버스 한 대 값도 안되는 5000달러 벌금으로 끝나곤 했다. GM 회계 담당자이자 음모의 주요 획책자였던 H. C. 그로스먼은 벌금 1달러를 냈다. 이렇게 해서 1955년 전국 전차망의 88퍼센트가 사라졌다.

GM이 만든 홍보영화는 거의 예술 수준이다. 한 홍보영화는 차량으로 꽉 막힌 운전자들이 경적을 울려대는 것을 보여준 뒤 이런 내레이션을 내보낸다. "시민은 무엇을 해야 하겠습니까? 경적을 울려대지 마십시오. 목소리를 높이십시오. 더 나은 도로와 더 많은 주차공간을 요구하십시오. 이 나라의 주인은 당신입니다. 녹색신호를 찾으십시오."(Norberg-Hodge 2000)

'세븐 시스터스'의 지원

게다가 자동차회사들은 이해관계를 같이하는 석유회사라고 하는 든든한 우군을 갖고 있었다. 하딩 대통령 시절 엄청난 부패사건인 '티포

트돔 스캔들(Teapot Dome Scandal)'이 말해주듯이, 미국 정부와 석유회사들은 상호의존을 넘어서 뜨거운 유착을 하고 있었으니 정책방향이 어디로 갈지는 뻔한 일이었다.

그간 석유회사들은 주체할 수 없을 정도로 엄청난 거물이 돼 있었다. 석유회사들이 본격적으로 미국 이외의 곳에서 공급원을 구하기 시작한 것은 1차 세계대전 무렵부터였다. 유럽도 마찬가지여서 두 대륙의 석유회사들은 중동에 눈독을 들이기 시작했다.

1차 세계대전은 석유의 중요성을 실감케 한 전쟁이었다. 프랑스의 수상 클레망소(Georges B. Clemenceau, 1841~1929)는 "석유 한 방울은 피 한 방울에 못지않게 중요하다"고 주장했다. 연합군 총사령관이었던 프랑스의 포쉬(Ferdinand Foch, 1851~1929) 원수 또한 "우리는 어떠한 희생을 무릅쓰고서라도 석유를 확보해야만 한다. 그렇지 못하면 오직 패배가 있을 뿐이다"라고 단언했다. 영국의 두 평론가 대븐포트와 쿠크는 1923년 미국에서의 석유의 위력을 다음과 같이 묘사했다.

"미국을 잠깐이나마 여행해본 사람은 누구나 그 근대 문명의 원천이 석유에 있다는 인상을 받을 것이다. 미국에서 석유는 영국의 석탄과도 같은 지위를 점하고 있다. 유전탑은 영국 탄광의 노동자를 위한 채광장치와 마찬가지로 미국인에게 정다운 풍경이 됐다. 철도의 석유수송 화차는 영국의 석탄화차처럼 어디서나 볼 수 있다. 가솔린관은 쓰레기장에 흩어져 있다. 도로 주변에는 주유소가 듬성듬성 박혀 있고 밤이 되면 네온사인이 거리를 아름답게 수놓는다. 석유수송용 파이프 라인망이 지하에 펼쳐 있고 그것은 영국의 철도망보다 광범하다. 미국인은 말하자면 석유 속에 묻혀 생활하고 있다. 사실 미국인은 석유가 없으면 움직일 수도 없다."

미국계 5사, 영국계 1사 그리고 영국-네덜란드 합작 1사 등 모두 7개 석유회사는 1920년대에 거대세력으로 성장했다. 엑슨, 모빌, 셰브런, 걸프, 텍사코, 브리티시 석유, 로열-더치셸 등이 바로 그들이다. 이 7대 메이저는 종합석유회사로 생산·수송·유통·판매를 모두 장악했다. 전능의 신 제우스에 의해 7개의 별로 변신한 그리스 신화의 7자매(아틀라스의 일곱 딸)같이 이들은 불사신의 생명을 가진 것처럼 보인다고 해서 '세븐 시스터즈'라는 별명을 얻었다. 비록 이 별명은 1950년대에 엔리코 마테이(Enrico Mattei, 1906~1962)라는 이탈리아 정치가가 처음 사용하긴 했지만, 이들은 적어도 1928년 이후 '세븐 시스터즈'로서의 손색이 없는 거대 권력이었다.(Sampson 2000)

철도 재벌들의 자해(自害)

자동차회사와 석유회사들의 로비와 음모가 먹혀든 데엔 철도 재벌들에 대한 미국인들의 뿌리 깊은 반감도 적잖은 역할을 했다. 신문들은 철도 재벌들의 부패와 오만과 사치를 고발했다. 철도 재벌 윌리엄 밴더빌트(William H. Vanderbilt, 1821~1885)는 이런 기사에 분노했다. 『뉴욕타임스』의 기자가 뉴욕과 뉴헤이븐을 오가는 철도를 대중의 이익을 위해 그대로 유지할 것인지 물었을 때 그는 이렇게 대답했다. "그놈의 대중들, 지옥에나 가라지!"

그러면서 그는 기자에게 자본주의에 대해 강의를 했다. "나는 누구를 위해 일한다는 이 웃기는 이야기에 관심이 없소. 우리는 우리를 위해서 일할 뿐이오. 철도는 낭만으로 운행되는 것이 아니라 사업을 위

해서, 돈을 벌기 위해서 운행되는 것이오."(Reich 2008)

그런 자해(自害)를 당당하게 범했으니, 반(反)철도 정서가 강해진 것은 철도 재벌들의 자업자득(自業自得)인 셈이었다. 많은 사람들이 철도는 악덕 자본가가 운영하는 악당의 도구로 본 반면, 자동차는 그 반대 이미지를 풍겼다. 자동차업계는 이 이미지를 부각시키는 데에 필사적인 노력을 기울였다. 이는 정부정책에도 반영돼 '철도엔 규제, 자동차는 지원'이라는 원칙이 자리 잡았다.

이는 다른 나라들의 철도정책과는 정반대의 길을 걸은 것이었다. 영국과 캐나다는 공영, 다른 유럽 국가들은 국영으로 간 반면, 미국은 모든 걸 민영화했다가 그 부작용에 된통 당한 뒤 이를 바로잡을 생각을 하기보다는 자동차라는 대안으로 복수를 한 꼴이었다.(Alvord 2004)

그리하여 1919년 미국에는 677만 대의 승용차가 운행되고 있었으나 1929년에는 2312만 대로 늘었다. 문자 그대로 '자동차혁명'이었다. 자동차는 거주 패턴에서 성(性)문화까지 생활의 거의 모든 것을 바꾸어버렸다. 1929년 자동차산업은 1900년에 존재하지 않았던 400만이 넘는 일자리를 만들어냈으며 이는 1929년 평균 고용비율의 10분의 1이나 차지했다.

부의 순위도 변했다. 헨리 포드는 존 록펠러(John D. Rockefeller, 1839~1937)의 뒤를 이어 미국의 두 번째 10억 달러대 부호가 되었으며, 연방정부가 처음이자 마지막으로 고액 소득세 납세자를 발표했을 때 포드와 그의 아들 에셀(Edsel B. Ford, 1893~1943)은 2위와 3위로 랭크되었다. 1920년대 초 포드에 이어 두 번째로 인기가 높았던 닷지(Dodge) 차를 생산한 닷지 가문의 호레이스 닷지(Anna T. Dodge, 1871~1970) 부인은 9위를 기록했다. 이 리스트의 상층부는 석유와 자동차 왕국의 소유자들로 구성되었다.(Phillips 2004)

앞서 여러 이유를 설명하긴 했지만, 이런 혁명의 가장 중요한 이유는 역시 자동차가 미국인들의 개인주의에 가장 잘 어울리는 교통수단이라는 데서 찾아야 할 것이다. 전차나 기차는 이용할 뿐 소유할 수는 없지만, 자동차는 자신이 직접 소유해서 원하는 때에 원하는 곳으로 갈 수 있지 않은가. 그런 소유를 가능케 하는 월부판매술이 도입되었고 광고와 마케팅의 발전도 한몫 거들었다.

물론 그 혁명의 비용은 만만치 않았다. 다른 건 다 제쳐놓더라도 자동차로 인한 사망자가 급증했다. 1924년 미국에서만 2만 명 이상이 사망했고 70만 명이 부상을 당했는데, 사망자의 거의 절반이 아동이었다. 1930년 자동차 사고로 인한 사망자 수는 3만 2000명 이상이었으며, 이 수치는 1940년대 후반까지 지속된다. 그러나 미국인들에게 그건 통계수치일 뿐 별 의미는 없었다. 1938년 잡지 『포천(Fortune)』이 미국인들은 어떤 산업이 대중적인 욕구에 가장 잘 부합한다고 생각하는지를 조사한 결과, 4위는 영화산업으로 9.5퍼센트, 3위는 항공산업으로 9.8퍼센트, 2위는 라디오로 29.2퍼센트였다. 1위는? 물론 자동차였다. 43.1퍼센트를 기록했다. '포드냐 마르크스냐'라는 말이 나옴 직하다.

참고문헌 Allen 2006·2008, Alvord 2004, Beatty 2002, Bryson 2009, Chomsky 2000, Crosby 2009, Dent 2005, Gardner 1997, Means 2002, Möser 2007, Nace 2008, Norberg-Hodge 2000, Panati 1997, Phillips 2004, Reich 2008, Sampson 2000, Schlosser 2001, Smith 1985, 문원택 외 1998

"월스트리트 흥행에 실패하다"
세계 대공황

1928년 대선-허버트 후버

1927년 봄, 주식에 대한 열광이 커지면서 쿨리지 대통령은 『메인스트리트와 월스트리트(Main Street and Wall Street)』라는 책을 출간한 하버드대학의 윌리엄 리플리(William Z. Ripley, 1867~1941) 교수를 초청했다. 메인스트리트는 실물경제를 담당하는 실업계, 월스트리트는 금융계를 뜻했다. 리플리는 다우지수 상승 이면에 있는 "허풍 떨기, 감언이설, 사기, 거짓말"을 설명했다. 쿨리지가 대통령으로서 무엇을 할 수 있는가를 묻자, 리플리는 이 문제는 국가적 문제가 아니라 주의 문제라고 답했다. 뉴욕 증권거래소는 백악관이 아니라 뉴욕 주 관할이라 손대기가 어렵다는 말이었다.

무엇인가를 강하게 느꼈던 걸까? 7월 하순 쿨리지는 인디애나 주의 연설에서 주식시장은 급등하는데도 미숙련 노동자는 여전히 저임금 상태에 있음을 지적하고, 며칠 뒤 "1928년 대선에 출마하지 않기로 했다"고 발표했다. 그의 불출마가 대공황의 도래가 두려워서였는지는 알 수 없지만 쿨리지 개인만을 놓고 보자면 현명한 결정이었다.

리플리와 쿨리지 그리고 극소수의 사람만 빼놓곤 곧 미국 경제에 다가올 어두운 그림자를 아무도 눈치채지 못하고 있었다. 1927년에 일어난 미시시피 대홍수가 그 전조일 리는 없었지만, 이 참사의 비극은 대공황의 고통을 예고하는 듯했다. 약 1000명 사망, 100만 명의 수재민, 20억~78억 달러 손실 등을 기록한 이 참사의 피해자는 대부분 흑인이었다. 백인 승객을 절반가량 태운 증기선 한 척은 안전을 이유로 아예 흑인을 태우지 않은 채 떠났으며, 그때 선상 밴드는 흑인들을 비꼬며 '검은 새여, 안녕(Bye-Bye, Blackbird)'이란 곡을 연주했다. 이 대홍수를 다룬 책 『조류 상승(Rising Tide)』(1997)의 저자인 존 M. 배리 (John M. Barry)는 "흑인들은 버려졌다고 느꼈으며 실제로 버려졌다"고 말했다. 그간 공화당의 굳건한 보루였던 흑인 표가 민주당으로 이동하는 조짐이기도 했다. 비록 그 이동의 가시성은 프랭클린 루스벨트의 등장 이후에야 나타나지만 말이다.

1928년 대선에서 주요 쟁점은 주식시장이 아니라 금주법이었다. 캘빈 쿨리지 내각에서 상무장관을 지낸 공화당 후보 허버트 후버는 금주법을 지지한 반면, 민주당 후보인 뉴욕 주지사 앨 스미스(Alfred E. Smith, Jr., 1873~1944)는 법 개정을 주장했다. 독실한 퀘이커 교도인 후버에게 금주법은 '숭고한 동기와 원대한 목적을 지닌 위대한 사회·경제적 실험'이었다.

스미스는 가톨릭 신도로서는 처음으로 주요 정당에서 배출된 대통령 후보였다. 그는 이 선거 이전인 1926년 '오프 더 레코드(off the

1925년 온타리오 엘크호에서 당국의 불시 검문으로 색출된 술통들이 버려지고 있다. 금주법은 1928년 대선의 주요쟁점으로 스미스가 금주법 폐지를 주장하자 후버는 '술독에 빠진 가톨릭 교도'라고 비난했다.

record; 비보도)'라는 말을 만들어낸 사람이기도 하다. 가톨릭 신도가 대통령이 되는 것이 가능할까? 후버 측은 "스미스에게 표를 주는 것은 교황에게 표를 주는 것과 같다"를 유세 슬로건으로 내세웠다. 스미스의 금주법 폐지 주장엔 스미스의 당선은 '럼, 가톨릭, 파멸'을 가져올 것이라는 또 다른 슬로건으로 대응했다. 이 두 가지를 합쳐 스미스를 '술독에 빠진 가톨릭 교도'로 비난하는 게 후버 측의 주요 선거전술이었다.

후버는 외교정책에선 선린정책(Good Neighbor Policy)을 펴겠다고 공약했다. 그간의 간섭정책으로 라틴 아메리카의 반감이 커지자 중남미 국가들과의 우호관계를 강화하겠다는 것이었다. 그도 그럴 것이 미국은 1915년 두 번째로 아이티에 개입하여 군대를 주둔시켰고, 1916년 네 번째로 도미니카 공화국에 개입하여 군대를 주둔시켰으며, 1926년엔 니카라과 혁명을 분쇄하기 위해 5000명의 해병을 파견해 군대를 주둔시키는 등 중남미 전역에서 거센 반감의 대상이 되고 있었던 것이다. 이 선린정책은 당파를 초월한 문제였기에 나중에 루스벨트 행정부에 의해서도 계승된다.

1928년 10월 22일 후버는 선거 유세에서 "우리는 평화 시인데도 불구하고 한편으로는 거친 개인주의(rugged individualism)라는 미국적인 체제와 다른 한편으로는 그와 정반대되는 온정주의(paternalism) 내지는 국가사회주의(state socialism)라는 유럽적인 이론 가운데서 어느 하나를 선택해야만 하는 도전에 직면해 있다"고 말했다.

유권자들이 그런 어려운 말에 신경을 썼겠는가? 그가 외친 "미국인들의 모든 차고에는 자동차를, 미국인들의 식탁에는 닭고기를"이라는 슬로건이 훨씬 더 먹혀들었을 것이다. 후버는 2139만 1000표를 얻어 1501만 6000표에 그친 앨 스미스에게 압승을 거두었다. 선거인단에서도 444대 87로 일방적인 승리였다. 후버의 당선으로 금주법은 지속되었다.

아이오와 주 디모인(Des Moines) 출신인 후버는 미시시피강 서쪽에서 나온 최초의 대통령이었다. 스탠포드대학 졸업 후 광산기사가 되어 세계 40여 개국을 돌아다녔던 그는 세계 최고의 광산기사로 명성이 높아 1898년 청 황실 광산국의 수석기사로 초빙돼 만주 일대는 물론 조선을 여행하기도 했다. 그는 "미국인들에게 종교 다음으로 영향을 끼친 것은 야구다"라는 말을 남길 정도로 야구를 좋아했으며, 낚시 책을 낼 정도로 낚시도 좋아했다. 그는 낚시는 민주주의의 교훈이라면서 "모든 인간은 물고기 앞에서 평등하게 창조됐다"는 명언(?)을 남겼다.

"빈곤에 대한 최후의 승리가 눈앞에 다가왔다"

1928년 대선 결과에 대해 알렌(Allen 2006)은 이런 질문을 던진다. "선거결과는 여전히 불식되지 않는 의심의 여지를 남겨두었다. 동부 출신의 활기찬 투사(앨 스미스)가 패배한 것은 그가 금주법 반대론자였기 때문인가, 또는 로마가톨릭 신자였기 때문인가, 아니면 그가 쿨리지 번영시대가 안겨준 무한한 기쁨의 연속에 대한 위협으로 간주되었기 때문인가, 그도 아니면 민주당이었기 때문일까?"

역사가 데이비스(Davis 2004)는 후버의 승리엔 종교적 요인도 컸지만 결정적 이유는 전반적인 번영이라고 답한다. 사실 그랬다. 자동차와 건설을 비롯하여 전 분야에 걸쳐 생산이 폭발적으로 증가했다. 1921년 이후 8년 동안 주가는 계속 올라갔다. GM의 주가는 치솟았고 골드만삭스와 같은 투자신탁회사가 월스트리트에 앞다퉈 등장했다. 멈출 줄 모르는 주가상승은 사람들을 주식시장으로 모여들게 했고 돈 좀 가진 미국인들은 재산의 대부분을 주저 없이 주식에 투자했다. 상당수 미국인은 주식을 사기 위해 은행과 증권회사로부터 돈을 빌렸다.

미국 예일대학의 첫 번째 경제학 박사로 미국이 낳은 최고의 경제학자로 불린 어빙 피셔(Irving Fisher, 1867~1947)는 "주가는 영원히 높은 고원처럼 보이는 곳에 도달했다"며 1929년 미국 경제의 장밋빛 미래를 낙관했다. 실제로 1921년 8월 24일 63.9였던 다우존스산업 평균지수는 1929년 3월 9일 6배 가까이 급등하며 사상 최고치인 381.17에 올라섰다. 1929년 3월 제31대 대통령 취임사에서 허버트 후버가 "빈곤에 대한 최후의 승리가 눈앞에 다가왔다"고 큰소리친 것도 무리는 아니다.

그러나 후버도 불길한 징조는 감지하고 있었던 걸까? 그는 대통령 취임 직후 신문 발행인들에게 투기를 반대하는 내용의 사설을 싣도록 촉구했으며, 연방준비제도이사회(Federal Reserve Board)에도 그의 우려를 전했다. 또 하딩 대통령 때부터 쿨리지 대통령을 거쳐 계속 재무장관을 맡아온 앤드루 멜런(Andrew W. Mellon, 1855~1937)을 설득하여 투자자들에게 신중하도록 경고했고, 부통령 찰스 커티스(Charles Curtis, 1860~1936)를 뉴욕 증권거래소에 보내 과열을 자제할 것을 요구했다. 물론 아무 효과도 없었지만 말이다. 게다가 후버는 대공황이 일어나기 불과 두 달 전의 연설에서 "이제 가난은 우리 사회에서 자취를 감춰가고 있다"고 말하는 등 오락가락했다.

'암흑의 목요일'

1929년 10월 24일 목요일 오전 11시, 뉴욕 월스트리트 '뉴욕 주식거래소'에서 이상한 징후가 감지됐다. 매도 주문이 갑자기 늘어나더니 이는 곧 눈덩이 사태로 변해 너 나 할 것 없이 "팔아. 빨리 팔아. 얼마라도 좋다. 팔기만 하면 된다"고 외쳐대기 시작했다. 다우존스지수는 이날 20퍼센트 이상 하락해 299.47까지 떨어졌다. 이날 하루 동안 거래된 주식은 종전 하루 최대 거래량인 400만 주의 3배가 넘는 1290만 주였다. 시카고와 버펄로 주식거래소는 낮 12시 반에 아예 문을 닫아버렸다.

피셔의 공언은 공언(空言)이 되어버렸다. 피셔는 명예만 잃은 것이 아니었다. 그도 사업을 통해 번 전 재산을 주식에 투자하고 있었다. 검은 목요일의 공포에도 주식을 팔지 않았던 그는 결국 며칠 뒤 계속

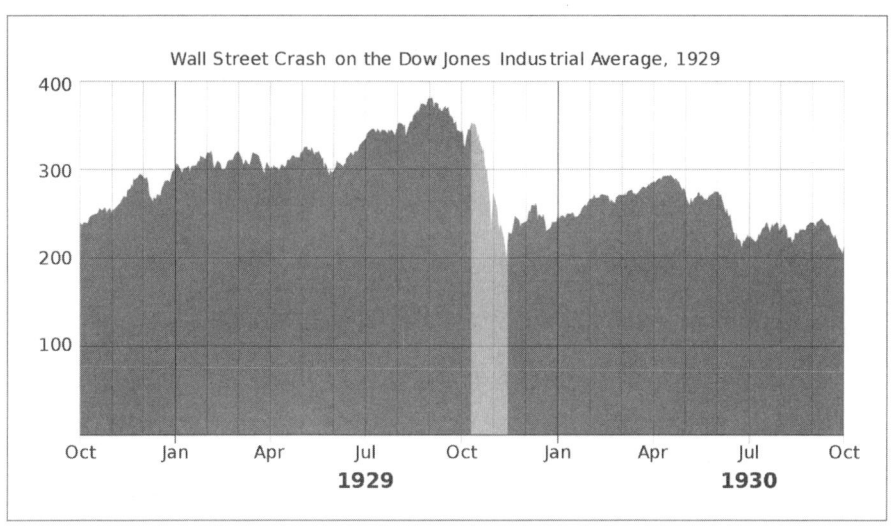

1929년 10월 다우존스지수 그래프가 급격하게 추락하고 있다.

이어진 '검은 월요일'과 또 한번의 '검은 목요일'을 거치면서 거의 모든 재산을 잃었다. 그가 잃은 재산은 1000만 달러로 추산됐다.

연예전문지인 『버라이어티(Variety)』의 1929년 10월 30일자 헤드라인은 미국 언론사상 가장 유명한 헤드라인으로 손꼽힌다. 가장 희극적으로 비극을 묘사했다고 평가되는 그 제목은 "월스트리트 흥행에 실패하다(Wall St. Lays an Egg)"였다.

흥행 실패의 여파는 계속되는데도 후버는 대책 없는 낙관주의만을 피력했다. 아니, 그런 낙관주의가 사태를 수습할 수 있는 길이라고 생각했던 것 같다. 그는 1930년 1월 "경기와 기업은 이제 고비를 넘겼다"고 했다. 5월엔 "최악의 상태는 지나갔다"고 했다. 그러면서 실업자와 굶주린 자들을 정부구제책으로 해결하자는 의견엔 반대했다. 그것은 사회주의나 공산주의 정책이라는 이유에서였다. 뒤늦게 공공사

1929년 10월 24일 목요일 주가지수가 폭락하자 충격을 받은 사람들이 주식 거래소로 몰려들고 있다.

업정책을 수립하고자 했지만 그땐 너무 늦은 시점이었다.

후버는 1931년에도 "지금 미국에서 필요한 것은 활달하고 즐겁게 웃는 일"이라면서 "만약 사람들이 열흘에 한 번씩이라도 재미난 농담을 할 수 있다면 어떤 어려움이라도 극복할 수 있다고 생각한다"고 주장했다. 후버와 그의 언론 참모들은 언론보도마저 낙관주의로 가길 희망했다. 그래서 기자들에게 심지어 '재정 위기(financial crisis)'나 '실업(unemployment)'이라는 말을 쓸 때엔 꼭 백악관에 사실 여부를 확인해달라고 요구할 정도였다. 후버의 낙관주의에 대한 집착과 관련, 데이비스(Davis 2004)는 당시의 한 풍경을 이렇게 묘사한다.

"대공황으로 몸살을 앓고 있는 와중에도 후버 대통령과 부인은 나팔수들이 트럼펫으로 식사 시간을 알려주고 흰 장갑을 낀 하인들이 시중을 드는 7코스 정찬을 들었다. 후버 대통령은 제왕의 체통과 깔끔한 풍모를 유지하는 것이 국민의 사기 진작에도 좋을 것으로 생각했다. 백악관 밖에서는 미국인들이 쓰레기통 속의 먹을 것을 서로 차지하려고 아귀다툼을 벌이고 있었다."

주가는 1930년 초 회복되는 듯했지만 1930년 말 다시 폭락세가 이어지며 결국 1932년 대공황으로 빠져들어 간다. 증권시장 붕괴의 원인으로 전문가들은 투기 만연, 부채를 창출할 수밖에 없는 지주회사와 투자신탁회사의 확신, 청산이 불가능한 대규모 은행대부의 증가 등을 꼽았지만, 버스 떠난 뒤에 손 흔드는 격이었다. 수십 명의 주식 브로커들이 뉴욕 맨해튼의 고층빌딩에서 떨어져 자살함으로써 끔찍하게 상징된 '검은 목요일' 또는 '암흑의 목요일'은 그렇게 시작되어 이후 10년간 세계 경제를 지배하게 된다.

대공황이 모든 사람들에게 재앙인 것은 아니었다. 이성형(2003)은 "대공황은 흑인 소작농들에게 재앙이 아니라 차라리 축복에 가까웠다. 수출용 면화 생산은 중단되었고 면화밭은 자영농들이 지배하는 옥수수와 대체작물의 공급지로 바뀌었다. 농민들의 먹을거리는 이전보다 풍부해졌다"고 말한다. 문제는 도시였다. 1880년에는 절반 이상의 미국인이 농업에 종사했지만 1930년대에 이르러 농업 종사 인구는 전체 인구의 20퍼센트 이하로 크게 줄었다. 공장 노동자나 사무실 근무자들은 농부와는 달리 경제 침체기엔 기댈 곳이 전혀 없었다. 대공황을 맞아 산업화·도시화의 부메랑이 미국인들을 덮친 셈이다.

1929년 미국은 세계 총생산량의 42퍼센트를 생산하는 초강대국이었기에 유럽을 비롯한 다른 나라들의 경제까지 연쇄적으로 무너지기 시작했다. 1929~1932년 대공황 기간 동안에 실업률은 미국 22퍼센트, 독일 17퍼센트로 상승했다. 일본도 1930년 한 해 동안 823개 기업이 도산하고 300여만 명의 실업자가 발생했다. 미국은 1934년까지 실업률은 25퍼센트에 달했고 GNP는 30퍼센트나 떨어졌다.

훗날 학자들은 대공황의 근본원인이 경제 시스템인가, 우발적 사건인가 하는 논쟁을 벌이게 되지만, 그게 어찌 양자택일 할 수 있는 문제랴. 모든 요인들이 복합적으로 작용했다고 보는 게 옳으리라. 대공황은 사회적 우상이 '생산의 우상'에서 '소비의 우상'으로 바뀌는 결정적 계기가 됨으로써 자본주의 유지에 유리한 '소비 이데올로기 효과'를 얻게 되는바, 대공황은 자본주의 저주만도 아닌 셈이다.

참고문헌 Allen 2006, Boorstin 1991, Bryson 2009, Davis 2004, Dole 2007, Gordon 2002, Halberstam 1979, Halstead & Lind 2002, Howard & Louis 2000, Kindleberger 1998, Mark 2009, Mason 2009, Panati 1997, Phillips 2004, Thomas 2005, Watkins 1997, Zinn 1986, 김봉중 2006, 김용관 2009, 나윤도 1997-1998, 박한용 2000, 이선민 1999, 이성형 2003, 이준호 1999, 이현두 2008, 홍윤서 2003

'생산의 우상'에서 '소비의 우상'으로
담배와 페미니즘

축복으로 다시 태어난 소비주의

1929년의 대공황은 인류문명사에도 한 가지 큰 변화를 몰고 왔으니, 바로 소비(consumption)라는 개념의 재탄생이었다. '소비'는 14세기 초에 만들어진 단어로 동사 'consume'의 뜻은 파괴하고, 약탈하고, 정복하고, 소진시킨다는 의미였다. 1900년대 초반까지만 해도 '소비(consumption)'라는 단어는 낭비, 약탈, 탕진, 고갈 등과 같은 부정적인 뜻으로 쓰였으며 심지어 폐병을 뜻하는 말이기도 했다. 그러나 '소비'에 대한 이런 부정적인 이미지는 대공황 이후 대중광고와 마케팅이 본격적으로 도입되면서 긍정적 이미지로 돌아서기 시작했다. '소비'라는 단어는 '선택'과 동일시되면서 '축복'으로 다시 태어난다.

제러미 리프킨(Jeremy Rifkin 2001)에 따르면 "아메리칸 드림을 가지고 미국 땅으로 몰려든 이민자들이 못내 부러워한 것은 교실과 공식 석상에서 찬양하던 시민적 참여의 이상이 아니라 탐나는 물건들이 잔뜩 쌓여 있는 궁전처럼 으리으리한 백화점에 가서 원하는 물건을 마음껏 사는 것이었다. '참여'는 정치적 영역의 고매한 횃대에서 굴러떨어져 상업적 영역에서 소비자로서 마음껏 선택할 수 있는 기회로 격하되었다."

사회학자 장 보드리야르(Jean Baudrillard, 1929~2007)는 "자동차를 만드는 일보다 파는 일이 더 어렵게 되었을 때에야 비로소 인간 자체가 인간에게 과학의 대상이 되었다"(Baudrillard 1991)고 말했는데, 이는 대공황을 기점으로 소비의 시대가 열린 것과 맥을 같이한다. 소비에 대한 이미지와 더불어 영웅도 바뀌었다. 1929년 대공황 이전엔 대중잡지에서 대부분 '생산의 우상'이 다뤄졌으나 이후엔 주로 '소비의 우상'이 다뤄졌다. 어떻게 상품을 생산할 것인가에서 어떻게 상품을 소비할 것인가 하는 문제가 제기되었기 때문이다. 이 시기에 '소비자문화'라는 말이 처음으로 등장한 것도 우연이 아니다.

1920년대엔 생산만 하고 소비는 하지 않았다고 오해하면 안 된다. 1920년대에도 흥청망청 대는 소비 잔치판이 벌어졌지만, 대공황 이후 그 잔치판이 더욱 흥청댈 수 있게끔 과학과 더불어 정당화·미화 이데올로기가 더욱 열심히 동원되었다는 것을 말하는 것뿐이다.

이는 미국에게 뜻하지 않은 또 한번의 행운이 되었으니, 그건 바로 소비와 소비를 유도하는 광고의 사회통합 효과다. 이미 1920년대부터 미국의 광고는 사회적 분열을 극복할 수 있는 '보편적인' 문화를 제공하는 것처럼 보였다. 예컨대, 누구든 코카콜라를 마심으로써 미국인이 될 수 있었던 것이다. 이와 관련, 훗날 팝 아티스트 앤디 워홀(Andy Warhol, 1928~1987)은 다음과 같이 말한다.

"이 나라, 아메리카의 위대성은 가장 부유한 소비자들도 본질적으로는 가장 빈곤한 소비자들과 똑같은 것을 구입한다는 전통을 세웠다는 점이다. 이렇게 생각해보자. 즉 여러분은 텔레비전을 시청하면서 코카콜라를 볼 수 있는데, 여러분은 대통령 또는 리즈 테일러가 그것을 마신다는 것을 알고 있으며 여러분도 마찬가지로 그것을 마실 수 있다. 콜라는 그저 콜라일 뿐, 아무리 큰돈을 준다 하더라도 길모퉁이에서 건달이 빨아대고 있는 콜라와는 다른, 어떤 더 좋은 콜라를 살 수는 없다. 모든 콜라는 똑같은 것으로 통용된다. 리즈 테일러도 거렁뱅이도 그리고 여러분도 그 점을 알고 있다."

담배와 페미니즘

에드워드 버네이스(Edward Bernays, 1891~1995)와 같은 PR전문가들은 이미 대공황 이전부터 '소비자문화'를 관리와 심지어 조작의 대상으로까지 삼는 묘기를 연출해왔다. 1920년대 말 벌어진 묘기를 감상해보기로 하자.

1928년 아메리칸토바코(American Tobacco)사 사장인 조지 워싱턴 힐(George W. Hill, 1884~1946)은 자사의 주력 브랜드인 럭키 스트라이크(Lucky Strike)의 판촉을 위해 "달콤한 것 대신 럭키를 찾으세요"라는 슬로건을 정해놓고 이의 실행을 버네이스에게 의뢰했다. 버네이스는 자신의 주특기인 '전문가 이용' 수법을 썼다. 전문가들로 하여금 마른 몸매를 치켜세우는 말을 하게끔 했고, 특히 영국 보건의료계연합전 의장 조지 뷰캔을 포섭해 "식사를 바르게 끝내는 방법은 과일, 커피 그리고 담배 한 개비다", "담배는 구강 내를 살균하는 효과를 가지

럭키 스트라이크 광고. 20,679명의 의사가 담배의 신경안정 효과를 얘기했다는 문구가 적혀 있다. ⓒ 연합뉴스

며 신경을 진정시킨다" 등의 발언을 하게 만들었다.

호텔에는 디저트 목록에 담배를 추가하도록 촉구했다. 주부들을 앞세워 선반 제조업자들에게 담배를 넣을 특수한 공간도 마련하도록 압력을 넣었다. 이에 코코아, 땅콩버터, 사탕 제조업자들이 분노하자 버네이스는 오히려 이 논쟁을 홍보에 역이용했다. 그해 럭키는 다른 모든 담배 브랜드를 합친 것보다 많은 판매 증가량을 보였다.

1929년 초 힐은 버네이스에게 "어떻게 하면 여자들이 길거리에서도 담배를 피우게 할 수 있을까"라는 숙제를 던졌다. 그렇게만 되면 여성의 담배 소비량이 두 배로 늘 수 있다는 게 아메리칸토바코사의 생각이었다. 프로이트의 조카였던 버네이스는 삼촌의 제자인 에이브러햄 브릴(Abraham A. Brill, 1874~1948) 박사에게 담배를 여성해방과 연결시키라고 조언했다. 즉, 담배를 여성해방이라고 하는 '자유의 횃불'로 만들라는 것이었다.

이에 따라 버네이스는 '자유의 횃불'을 밝히는 퍼레이드를 구상했다. 퍼레이드에 나설 사교계의 젊은 여성들을 섭외했고 퍼레이드를 알리는 광고를 여러 신문에 게재했다. 1929년 3월 31일 부활절에 미국 뉴욕 시 맨해튼 5번가에서는 아주 이색적인 사건이 벌어졌다. 10명의 젊은 여성이 담배를 피우며 거리를 활보했던 것이다. 늘 진기한 사건에 굶주려 있는 신문들은 이 행진을 보도하기 위해 1면을 아낌없이 할애했다. 버네이스는 이어 보스턴, 디트로이트, 휠링, 샌프란시스코 등에서도 '자유의 횃불' 퍼레이드를 연출했다.

여성클럽들은 격분했지만 이 또한 뉴스가 되면서 화제는 더욱 만발했다. 버네이스는 배후에 아메리칸토바코사가 있다는 걸 철저하게 숨김으로써, 이 퍼레이드를 문화적 사건으로 만드는 데 성공했다. 이 사건 이후 여성이 공공장소에서 담배를 피우는 행위에 대한 사회적 반발은 점차 누그러지기 시작했다. 공공장소에서 여성 흡연에 대한 태도는 이 이벤트 이전부터 변하기 시작했다는 주장도 있지만 이 퍼레이드가 그런 흐름을 가속화한 건 분명했다.

버네이스는 1960년대 들어 "1928년에 알았더라면 담배회사의 의뢰를 거절했을 것이다"라고 말하며 담배의 위험성을 홍보하는 데 많은 노력을 기울였다. 그러나 너무도 때늦은 전환이었다. 1920년대 말 이제 영리하게 생긴 여성이 담배를 손에 들고 있는 사진이 광고판에 대담하게 등장했다. 일부 독자들의 빗발치는 항의에도 불구하고 어떤 잡지는 "이제 여성도 남편이나 형제들과 함께 맞담배를 즐길 수 있다"는 광고를 게재하기도 했다.

1918~1928년까지의 10년 사이에 미국의 담배 생산량은 두 배 이상 증가했다. 그러나 담배회사들은 아직도 배가 고팠다. 1929년 여성 흡연은 1923년에 비해 두 배 이상 늘어났지만 그건 전체 흡연 인구의 12퍼센트에 불과했다. 그래서 담배회사들은 여성 흡연 인구를 늘리기 위해 발버둥 쳤다. 1934년엔 버네이스가 주도한 또 다른 럭키 스트라이크 캠페인이 벌어졌다.

설문조사 결과 럭키 스트라이크의 붉은 황소 눈이 박힌 녹색 담뱃갑 색깔이 여성들이 좋아하는 옷 색깔과 잘 어울리지 않기 때문에 많은 여성들이 럭키를 피우지 않을 것이라는 게 밝혀졌다. 실제로 당시에는 초록색에 대한 거부감이 매우 컸다. 이미 엄청난 광고비를 쏟아넣었기 때문에 색을 다시 바꿀 수도 없었다. 버네이스가 내놓은 해결책은 초록색을 유행시키라는 것이었다. 그는 초록색을 유행시키기 위해 아메리칸토바코사의 PR비용을 익명의 독지가가 내놓은 자선기금으로 위장하여 그 돈을 각종 자선무도회에 기부했다. 단 조건은 무도회의 모든 색상을 초록색으로 해야 한다는 것이었다. 패션업계와 액세서리업계도 공략했고 심리학자, 미술학자 등을 동원한 녹색에 관한 강연회도 개최했다. 일종의 녹색 연구소를 만들어 관련 보도자료뿐만 아니라 자문에도 응하는 방식으로 언론매체에 녹색 관련 기사가 흘러 넘치게 만들었다.(Tye 2004)

이런 '녹색 캠페인'으로 재미를 본 아메리칸토바코사는 이어 '담배 피우는 산타클로스 캠페인'을 전개했다. 크리스마스를 맞아 산타가 담배를 선물로 주는 형식을 취해 담배의 선물화를 시도한 캠페인이다. 1936년 광고 속 카드에 쓰인 내용에 따르면 "나의 크리스마스 정신(선물 증정)은 곳곳에 퍼져 있다. 이러한 정신을 표현하고 모든 이들에게 기쁨을 선사해줄 선물은 크기에 상관없이 정말로 드물다. 나의 친구인 '럭키 스트라이크'가 바로 그러한 선물이다."(김관욱 2010)

줄리어스 로젠월드의 '공공기부의 원리'

기부도 PR의 대상인가? 당연히 그렇게 보아야 한다는 주장이 『월간 애틀랜틱(Atlantic Monthly)』 1929년 5월호에 '공공기부의 원칙(Principles of Public Giving)'이라는 제목의 글로 실렸다. 필자는 독일계 유대인인 줄리어스 로젠월드(Julius Rosenwald, 1862~1932)였다. 그는 이 글의 속편을 이 잡지 1930년 12월호에 또 기고했다. 로젠월드는 통신판매로 유명한 시어스 로벅(Sears Roebuck) 백화점의 설립자로 흑인의 교육과 유대인 구호에 크게 기여한 인물이다. 그는 다음과 같이 주장했다.

"우선 '자선'이란 말을 들으면 메스꺼움을 느낀다. 일반적으로 그것은 한 푼 없는 가난한 사람을 돕는 것으로 생각되고 있다. 그러나 나는 그러한 종류의 일에는 관심이 거의 없다. 나는 '눈시울을 적시게 만드는' 식의 자선을 싫어한다. 그러므로 내가 하고자 하는 것은 잘못되어 보이는 것을 바로잡는 일이다. 나는 불쌍한 사람을 돕는 것이 가치 없는 일이라고는 생각하지 않는다. 그러나 그것은 나의 주된 관심사가 아니다. 그것은 인과관계의 작용인 것이다. 나는 개인보다는 집단이나 대중을 도울 일을 하려는 것이다."

이런 정신의 원조는 벤저민 프랭클린(Benjamin Franklin, 1706~1790)

이다. 프랭클린은 자선을, 빈곤의 불행을 즉각 구제하기 위한 것이 아니라 정부에게 자극을 주고 창피하게 느끼게 함으로써 정부의 몫을 해내도록 유도하기 위한 것으로 보았다. 정부와 개인 모두 똑같이 지역사회의 대행자이며 결국 문제의 핵심은 지역사회에 있다는 것이다.

로젠월드는 1932년 사망 시까지 남부 15개 주의 883군에서 5357개의 공립학교와 공장 및 교사용 주택을 건설하기 위해 총 2840만 달러

시어스 로벅의 설립자로 흑인의 교육과 유대인 구호에 크게 기여한 줄리어스 로젠월드.

를 기부한 것으로 집계되었는데, 흥미로운 것은 그 가운데 그가 개인적으로 기부한 액수는 436만 달러였다는 사실이다. 로젠월드의 기부 액수는 전체의 15퍼센트지만 흑인 자신들이 기부한 액수는 그보다 많은 17퍼센트였다. 어느 누구도 스스로를 도우려는 노력이 없는 한 로젠월드로부터 도움을 받지 못했다. 즉, 자신의 기부를 다른 사람들로 하여금 더욱더 많이 기부하게 만드는 '펌프의 마중물'로 이용했다는 데 그의 기부 방식의 묘미가 있다. 1916년에서 1917년에 이르는 겨울에 앨라배마 주 볼리지(Boligee)의 흑인 지역사회에서 벌어진 교육기금 모금집회의 한 장면을 보자. 한 참가자의 증언이다.

"연설이 끝나자 우리는 돈을 내기 위해 줄을 섰다. 사실 나는 이날 참석자들의 주머니에서 10달러 정도만 나오면 많이 모금하는 것이라

고 생각하고 있었다. 그러나 사회를 맡았던 윌리스 목사가 기부금을 내도록 청중에게 호소하자, 추위와 비를 무릅쓰고 작은 노새를 타고 먼 곳에서 온 청중들은 반응을 보이기 시작했다. 가난한 사람들이 연단 위로 올라가 주머니를 털어 건립기금을 내는 장면은 말문이 막힐 정도로 감격적인 것이었다. 노예생활의 경험이 있는 어떤 흑인 노인이 일생동안 번 돈을 기름때가 묻은 주머니로부터 천천히 꺼내 단상에 몽땅 쏟아놓는 장면은 감격적이었다. 5센트짜리 동전, 1센트짜리 동전, 10센트짜리 동전 그리고 1달러짜리 지폐가 뒤섞여서 단상에 수북이 쌓였다. 그러한 장면을 나는 평생 본 적이 없었다. 그 흑인 노인은 자기의 전 재산인 38달러를 내놓았다."

바로 이런 이치 때문에 로젠월드는 남모르게 하는 은밀한 자선에 반대했다. 그는 건물에 자기 이름을 붙이거나 명예박사 학위를 주는 것은 단호히 거절했지만, 기부를 할 때에 자신의 이름은 꼭 밝히라는 요구조건을 내걸었다. 자선활동의 목적 가운데는 다른 사람들이 기부하도록 부추기는 것이 있어야 한다는 이유에서였다.

사실 익명의 자선은 아름답거니와 신비롭기까지 하지만, 그건 그 개인의 자선으로 끝나고 만다. 익명의 자선은 워낙 영웅적이기 때문에 찬탄은 불러일으킬망정 다른 평범한 보통사람들에게 선뜻 기부에 참여할 수 있는 자극을 주진 못한다. 자선·기부 행위에 반드시 지역사회를 광범위하게 개입시켜야 한다는 로젠월드의 자선 철학이 가슴에 와 닿는 이유다. 로젠월드 방식은 미국 자선·기부 행위의 표준이 되었다. 미 전역에 수천 개의 도서관을 지어준 '철강 왕' 앤드루 카네기(Andrew Carnegie, 1835~1919)도 지역사회가 상당한 액수를 내놓는다는 보장이 있을 때에만 기부금을 냈다.

이런 풍토에 대해 역사학자 부어스틴(Daniel J. Boorstin, 1914~2004)은 미국에선 지역사회가 정부보다 먼저 생겨났다는 점에 주목한다. 유럽인들이 미국에 와서 자주 놀라는 것 중의 하나가 미국인들의 성실한 세금납부라고 한다. 부어스틴은 "이것은 미국인들이 정부를 자기들의 주인으로 생각하는 것이 아니라 하인으로서 생각하는 경향이 있다는 사실을 생생하게 보여주고 있는 것이다"(Boorstin 1991)라고 주장한다. 요컨대, 미국에선 지역사회 우선주의가 투철하다는 것이다. 이게 바로 미국이 대공황을 이겨내고 다시 번영을 누리게 된 이유 중 하나일 것이다.

라스베이거스와 엠파이어스테이트 빌딩

대공황이라고 해서 전 미국 사회가 활동을 중지한 건 아니었다. 1931년 오늘날 우리가 알고 있는 의미에서의 환락가인 라스베이거스의 토대가 구축되었다. 라스베이거스의 역사는 1829년으로 거슬러 올라간다. 당시 뉴멕시코 주의 샌타페이(Santa Fe)에서 캘리포니아의 로스앤젤레스로 가던 60명의 스페인계 탐험가들과 상인들이 무더운 모하비 사막 한가운데서 오아시스를 발견했는데, 그들은 이곳을 '초원'이라는 뜻을 가진 스페인어 '라스베이거스'로 불렀다. 라스베이거스에 정착한 최초의 백인 거주자들은 몰몬교도들이었지만 이들은 3년 만에 유타 주로 되돌아갔다.

철도정거장이 들어선 1905년을 라스베이거스가 탄생한 해로 보기도 하지만 오늘의 라스베이거스를 낳게 한 두 가지 중요한 사건은

후버댐의 건설은 라스베이거스의 비약적인 발전에 큰 기여를 하게 된다. ⓒ Ansel Adams

1931년에 일어났다. 그것은 바로 도박의 합법화와 후버댐(처음엔 볼더 댐) 건설이다. 네바다 주는 불법적인 도박이 만연하자 도시 성장과 세수 증대를 위해 미국 최초로 도박을 합법화한 것이다. 후버댐 건설은 경제공황으로 인한 대량실업 사태를 해소하고 미국 남서부의 홍수 통제와 수자원 확보를 위해 추진된 것인데, 후버댐에서 40킬로미터 떨어진 라스베이거스가 그 혜택을 가장 크게 누리게 된 것이다. 콜로라도강의 수력을 이용하여 세 개 주에 전력을 공급하는 후버댐은 150만 에이커(약 60만m^2) 규모의 세계 최대 인공호수인 미드호(Lake Mead)를 탄생시켰다. 1935년 9월 30일 프랭클린 루스벨트 대통령은 후버댐 완

공식 자리에서 댐의 건설을 '20세기의 불가사의'라고 표현했다.

이후 라스베이거스가 환락가로 발전한 데에 가장 기여한 세력은 영화 〈벅시(Bugsy)〉(1991년, 감독 베리 레빈슨)를 통해 알려진 갱단의 두목 벅시 시걸(Bugsy Siegel, 1906~1947)을 비롯한 마피아다. 1931년 도박 합법화가 이루어지자마자 마피아는 라스베이거스를 '개방된 도시'로 선언했고, 이에 따라 24개의 마피아 패밀리들이 뛰어들어 다양한 사업을 분할 관리하기 시작했다. 1940년대 중반 벅시가 지은 플라밍고 호텔은 사막 위의 오아시스 같은 공간으로 화려함의 극치를 보여주었다. 쿠바의 카스트로(Fidel Castro)는 카지노와 창녀촌을 폐쇄해버림으로써 미국 관광객들과 마피아들에게 큰 충격을 안겨주었는데, 라스베이거스는 쿠바의 아바나(Havana)를 대체하는 도박의 도시로 급성장한다.

1920년대 플로리다 개발 붐에 이어 전국에 걸쳐 부동산 붐이 불면서 고층건물 붐도 일어났다. 1930년 77층에 높이 319미터에 달하는 크라이슬러 빌딩이 지어졌지만 최고의 지위를 누린 수명은 매우 짧았다. 바로 다음 해인 1931년에 뉴욕 맨해튼 34번가에 102층 381미터의 엠파이어스테이트(Empire State) 빌딩이 세워졌기 때문이다. 한 층의 평균 높이가 3.8미터인 건 아니고, 68미터에 이르는 TV탑을 합한 높이다. 86층과 꼭대기 층인 102층에는 전망대가 있어 맨해튼 시가를 한눈에 내려다볼 수 있었다. 슈립 람하먼(Shreve, Lamb and Harmon)사가 설계한 이 빌딩은 수용인원 1만 8000명 규모였다. 이 빌딩은 1972년 맨해튼 남쪽에 417미터 높이의 세계무역센터 빌딩이 들어설 때까지 41년간 최고기록을 보유한다. 세계무역센터 빌딩은 1974년 시카고에 110층 443미터의 시어스타워(Sears Tower)가 건립될 때까지 겨우 2년

엠파이어스테이트 빌딩의 구조물 작업을 하고 있는 모습. 뒤편으로 맨해튼 시가가 한눈에 펼쳐진다.

간 세계최고기록을 누린다.

1931년 4월 30일 해질 무렵 후버 대통령이 백악관 집무실에서 스위치를 누르자 엠파이어스테이트 빌딩 전체에 환하게 불이 켜졌다. 거리를 가득 메운 군중은 고개가 아프도록 빌딩을 올려다보며 박수를 쳤다. 비록 대공황의 고통을 당하고 있는 가운데 완공 직후 건물은 절반쯤 비어 있어 한동안 '엠프티(Empty)스테이트 빌딩'으로 불리기도 했지만, 이 빌딩은 뉴욕 자부심의 표현이자 미국 번영의 상징이 되었다.

이 빌딩을 세운 GM 사장 존 래스콥(John J. Raskob, 1879~1950)과 재벌 피에르 뒤퐁은 전 뉴욕 주지사이자 대선 후보였던 앨 스미스를 엠파이어스테이트빌딩회사의 사장으로 영입함으로써 언론의 더 큰 주목을 받았다. 그래서 이 빌딩은 한동안 '스미스 빌딩(Smith's Building)'으로 불리기도 했다.

이런 일화가 얽혀 있는 탓인지, 나중에 더 높은 빌딩들이 나타났을 때에도 엠파이어스테이트 빌딩의 상징성은 건재했다. 1991년 엠파이어스테이트 빌딩을 일본인 요코이 히데키(橫井英樹, 1913~1998)가 구입하자 미국인들이 자존심에 상처를 입었다는 말이 나온 것도 바로 그런 이유 때문이었다.

도시계획가, 역사가, 사회주의자인 루이스 멈퍼드(Lewis Mumford, 1895~1990)는 1920년대에 자동차와 초고층건축물의 쇄도로 인해 뉴욕이 훼손될 것이라고 주장했지만, 뉴욕 시민들은 달리 생각했던 것 같다. 그는 『기술과 도시화(Technics and Civilization)』(1934), 『도시의 문화(The Culture of Cities)』(1938), 『역사상의 도시(The City in History)』(1961) 등의 저서를 통해 미국 도시 문제를 심층적으로 다루었다. 인류사는 전쟁사인 동시에 도시사이기도 하다는 걸 뉴욕을 비롯한 미국의 대도시들이 입증하고 있다.

참고문헌 Allen 2006, Baudrillard 1991, Bernays 2009, Boorstin 1964 · 1991, Bryson 2009, Corrigan 2001, Foster 2001, Francis 1987, Land & Land 2009, Rifkin 2001, Tirman 2008, Tye 2004, Walker 1987, 김관욱 2010, 사루야 가나메 2007, 양건열 1997, 조선일보 문화부 1999, 황의봉 2003

제2장
루스벨트의 뉴딜혁명

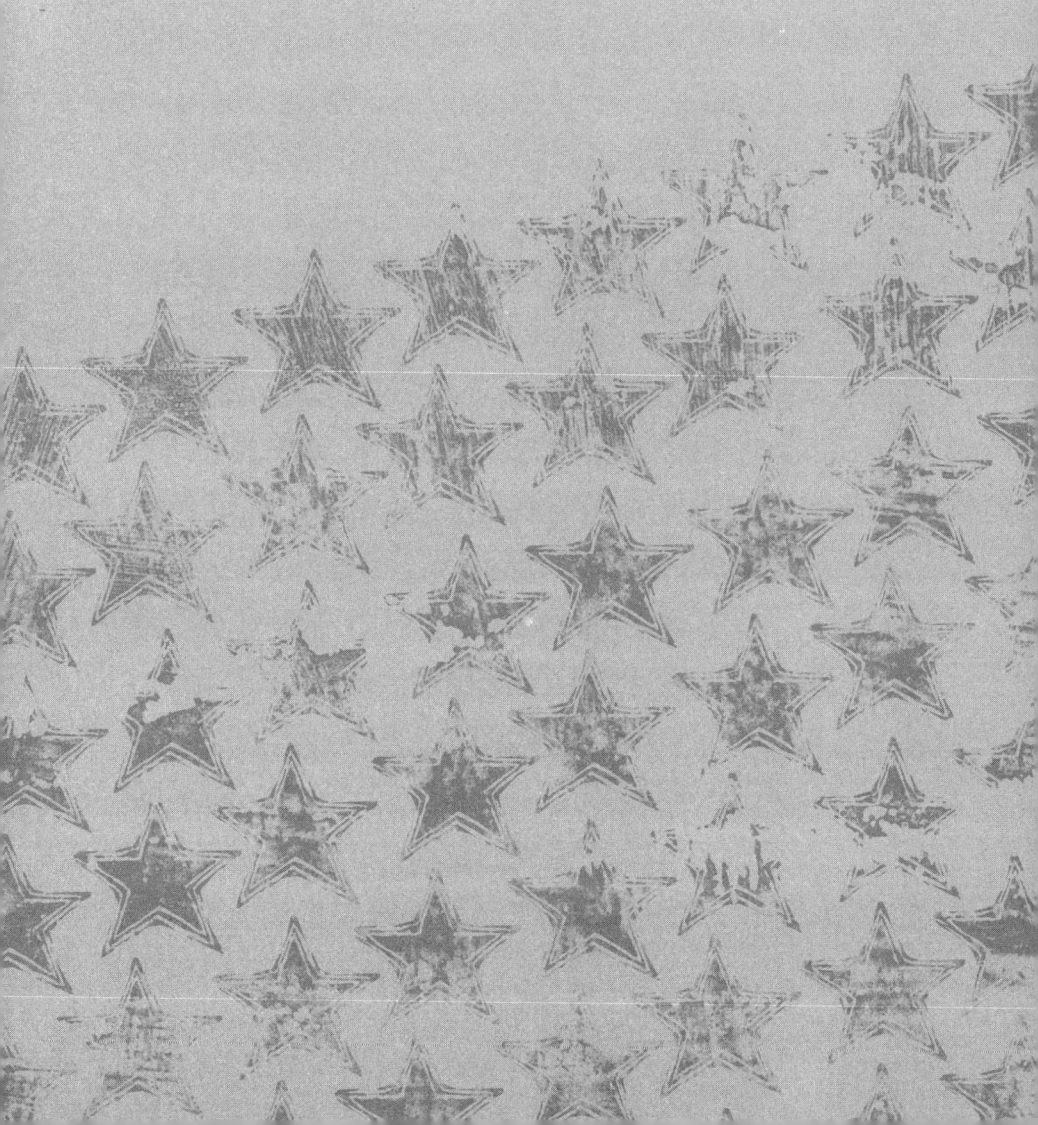

'도덕적 인간과 비도덕적 사회'
라인홀드 니부어와 마커스 가비

미국의 만주사변 외면

1931년 9월 18일 밤 일본군은 봉천(지금의 심양) 교외의 유조호(柳條湖) 부근에서 남만주 철도의 일부를 폭파하고 이를 중국군의 소행으로 돌리며 공격을 개시했다. 이게 바로 이른바 '만주사변(9·18사변)'의 서막이다. 일본의 만주점령에 대한 중국인들의 저항의 물결은 전국으로 확대되었다. 1931년 9월 하순에는 전국의 주요도시에서 항의집회가 열리고 대일단교(對日斷交)와 일본상품 불매운동이 결의되었다. 중국인들은 굴욕감을 느껴 시위 혹은 예술작품을 통해 그들의 분노를 표출하기도 했다. 그러나 일본을 자극할까 봐 두려워한 장제스(蔣介石, 1887~1975)는 이러한 소요를 막았다. 그에겐 공산당 세력 척결이 우선이었다. 장제스의 이런 판단은 훗날 중국에 엄청난 재앙을 불러오게 된다.

만주사변이 발생하자 1931년 9월 24일 미 국무장관 헨리 스팀슨

1931년 9월 18일 일본군이 봉천으로 진격해 들어오고 있다.

(Henry L. Stimson, 1867~1950)은 전쟁 중단을 촉구했지만 일본은 듣지 않았다. 1931년 12월 스팀슨은 일본에 대한 경제 제재를 대통령 허버트 후버에게 제안했다. 일본은 미국의 석유에 의존해왔고 또한 미국 수출품을 수입하는 국가 중 세 번째로 규모가 큰 나라이며, 또 미국이 일본의 수출품 40퍼센트를 수입한다는 사실을 들어 경제적 압박이 먹혀들 것이라고 본 것이다. 그러나 후버는 일본을 자극하는 건 "호랑이에 바늘을 꽂는" 것처럼 위험하며 전쟁의 위험이 너무 크다고 스팀슨

의 제안을 강력 반대했다. 후버의 반대는 정확히 10년 후 일제의 하와이 진주만 기습을 초래하게 된다.

일제는 1932년 3월 1일 '마지막 황제'인 푸이(溥儀, 1906~1967)를 앞세워 중국의 동북 3성(요녕성, 길림성, 흑룡강성)에 괴뢰정권 만주국을 세웠다.(푸이는 처음엔 집정으로 있다가 1934년 3월 1일 황제가 되었다.) 수도를 신경(新京; 지금의 장춘)으로 삼은 만주국은 '오족협화(五族協和)'라는 구호에 잘 나타나듯이 중국인, 만주인, 몽골인, 일본인, 조선인 등이 뒤엉켜 살았다. 1940년 당시 만주국 인구는 4500만여 명(한족 3700만 명, 만주족 270만 명, 아랍인 200만 명, 조선인 150만 명, 몽골족 100만 명, 일본인 82만 명, 러시아인 7만 명)이었다.

중국과 미국이 일제의 만주 점령을 외면하는 가운데 죽어나는 것은 조선이었다. 조선은 일본의 전쟁기지로 전락한 가운데 가혹한 수탈과 탄압에 시달린다. 어찌 조선뿐이랴. 일본은 1937년 7월 베이징을 점령하고 12월에는 난징을 점령해 '난징학살 사건'을 일으킨다. 12월 13일 난징을 점령한 일본군 5만여 명은 다음 해 1월까지 40여 일간 무기를 들지 않은 일반 시민을 상대로 광란의 학살극을 연출했다. 무려 30만 명이 살해됐다. 총살, 난자, 생매장, 불태워 죽이기 등 살해 수법도 잔혹하기 이를 데 없었던바, 중국인은 이를 대도살(大屠殺)이라고 불렀다. 주변 국가들에게 엄청난 고통만 안겨주는 일본이란 나라는 도대체 어떤 나라란 말인가? 일본인의 유전자에 악마가 숨어 있는 건가? 아니면 약소국들을 괴롭히는 모든 강대국들의 국민들이 다 그런 것인가?

니부어의 '기독교 현실주의'

이런 의문에 답하는 책이 1932년 미국에서 출간되었다. 라인홀드 니부어(Reinhold Niebuhr, 1892~1971)의 『도덕적 인간과 비도덕적 사회(Moral Man and Immoral Society)』다. 신학자요 정치학자요 철학자인 니부어는 '반공 좌파'라는 별명을 얻은 독특한 인물이다. 공산주의를 단호히 반대하면서 좌파적 성향을 풍부하게 갖고 있었다는 뜻이다. 시간이 흐를수록 보수화되지만 1930년대는 니부어의 좌파 지향성이 가장 두드러진 시기였다. 그는 1935년 사회주의 기독인 모임의 중심인물로 참여해 그 기관지인 계간 『급진적 종교(Radical Religion)』(나중에 『기독교와 사회(Christianity and Society)』로 개명)의 편집자로 활약했으며, 그와 별도로 사회주의 정당의 중심인물로 활약하면서 그 기관지인 『내일의 세계(The World Tomorrow)』의 편집을 담당했다.

이 책이 나온 1932년은 니부어가 디트로이트에서 목격한 빈부격차 등 사회현실에 대해 다소 과격한 어조로 공격하고 나서던 해였다. 그는 자본주의뿐만 아니라 노동자를 착취하면서도 경건한 척하는 기독교인들의 위선, 노동착취를 보고도 노동자들에게 근면과 인내로 살아야 한다고 가르치는 기독교 등을 비판하면서 '기독교 현실주의'를 부르짖었다. 사회정의를 구현하기 위해서는 시대상황에 맞게 도덕원칙을 적용하는 데도 유연성을 보여야 한다는 원리였다.

이 책의 메시지를 아주 쉽게 풀어 설명하자면 이렇다. 일본이 국가적으로 아주 못된 짓을 저질렀을 때의 일본인들 개개인을 생각해보자. 하나하나를 보면 다 착하고 윤리적이다. 어떤 악행을 저지른 강대국의 국민 대부분이 개인적으로 보자면 다 그럴 것이다. 그런데 그런 개인들이 모여 집단이 되면 전혀 다른 특성이 나타난다. 집단으로서의 이익을 추구하는 새로운 논리, 새로운 생리를 갖게 되는 것이다. 그 집단은 나라일 수도 있고 거대조직일 수도 있다. 그래서 '도덕적 인간과 비도덕적 사회' 라는 거다. 그런데 어쩌자는 건가? 지나친 이상주의자들 또는 도덕주의자들이 그런 현실을 제대로 알아야 한다는 것이다.

우선 그렇게라도 이해하는 게 쉽다는 것일 뿐, 니부어가 이 책에서 말하고자 한 바는

라인홀드 니부어는 기독교의 위선과 노동 착취 등을 비판하면서 시대상황에 맞게 도덕원칙을 적용하는 데도 유연성을 보여야 한다고 주장했다. ⓒ 연합뉴스

개인의 도덕과 집단의 도덕을 구분해, 개인의 도덕에는 사랑이라는 규범이 적용되지만 집단 간의 도덕에는 정의의 규범이 적용되어야 한다는 주장이었다. 니부어는 처음으로 '집단 이기주의(collective egoism)' 라는 개념을 제시하고 그것이 개인의 이기적 충동보다 훨씬 더 강하다고 했다.

"모든 인간집단은 개인과 비교할 때 충동을 올바르게 인도하고 때에 따라 억제할 수 있는 이성과 자기극복의 능력 그리고 다른 사람들의 욕구를 수용하는 능력이 훨씬 결여되어 있다. 게다가 집단을 구성

하는 개인들이 개인적 관계에서 보여주는 것에 비해 훨씬 심한 이기주의가 모든 집단에서 나타난다."

아마도 책임감이 분산되기 때문일 것이다. 그는 이 집단 이기주의의 강력함을 알지 못하기 때문에 도덕주의자들은 이기심과 이타심의 조화를 기대하지만, 사회정의는 이기심의 하수인이 되기도 하는 이성의 힘만으로는 실현할 수 없으며 도덕적·합리적 설득만으로도 해결될 수 없다고 주장했다. 그래서 집단 간의 정의로운 관계의 수립은 윤리적이라기보다 현저하게 정치적이라는 것이다. 그는 도덕주의자들을 다음과 같이 비판했다.

"이들은 인간의 집단적 행동 속에서 자연의 질서에 속하면서도 이성이나 양심의 지배하에 완전히 들어오게 할 수 없는 요소들을 파악하지 못함으로써, 인간사회의 정의를 획득하기 위한 싸움에서 정치가 꼭 필요하다는 것을 완전히 간과했다. 또한 그들은 제국주의의 형태건 계급지배의 형태건 집단적 힘이 약자를 착취할 때, 그것에 대항할 세력이 형성되지 않는 한 그 힘은 결코 사라지지 않는다는 사실을 간파하지 못하고 있다. 이렇게 되면 양심과 이성이 그 투쟁에 끼어든다 하더라도 집단적 힘을 부분적으로 억제는 할지언정 완전히 파멸시키지는 못한다."

니부어는 이 책의 결론 부분에서 전제적인 차르 정부에 반기를 든 러시아 농민들을 향해 비폭력을 호소했던 톨스토이(Lev N. Tolstoy, 1828~1910)의 정치강령은 매우 비현실적이었다는 비판을 가했다. 이러한 비판은 그가 약 10년 후 2차 세계대전과 관련하여 외치게 될 현실적 메시지를 예고하는 것이었다. 그는 톨스토이가 테러리스트들의 지나친 행동을 너무 우려한 나머지 사랑이라는 종교적 이상만 강조함으로써 지배집단의 정치경제적인 억압에 대항해 일어나는 저항세력을 약화시켜 이후 러시아가 오랜 세월 수동성의 나락에서 헤어나지 못하게 하는 결과를 가져오는 데 기여했을 뿐이라고 비판했다.

니부어는 종교적으로 인간의 본성적 한계를 지적했지만 아니, 바로 그렇기 때문에 정치적으로는 철저한 실용주의자였다. 그래서 그는 유토피아주의자 또는 지나친 이상주의자를 공격했다. 그는 마르크시즘이나 과학에 대한 신뢰는 악의 근원이 인간의 외부 어딘가에 있다는 그릇된 믿음에 근거한다고 보았다. "합리적인 태도는 터득하기 매우 어려운 기술"이라는 게 니부어의 생각이었다.

유토피아주의와 냉소주의를 배격하면서 인간의 오류성과 실용주의를 결합시킨 니부어의 사상은 사회변화의 윤리와 방법론에 관한 철학이기도 하다. 그러한 철학에 근거해 본다면, 현실을 무시하면서 이상만을 역설하는 진보주의자들의 오류는 그들의 생각이 잘못된 것이 아니라 이상을 현실화시키겠다는 의욕과 계산이 모자란다는 점에서 비판받을 점이 있다.

실제로 니부어는 그간 사랑의 규범을 사회구조에 적용해온 평화적 자유주의자들, 사회주의자들을 조소주의, 염세주의, 패배주의라고 비난했다. 반대로 진보주의자와 사회주의자들은 그의 주장을 냉소주의, 비관주의, 패배주의라고 비난했다. 누가 옳건 그르건, 니부어의 다음과 같은 주장들엔 그냥 흘려 넘길 수만은 없는 지혜가 있다는 건 분명하다.

"집단이 크면 클수록 그 집단은 전체적인 인간집단에서 스스로를 이기적으로 표현한다." "인간의 집단은 도덕적으로 무디기 때문에 순수한 공평무사의 도덕을 집단에서 찾기란 거의 불가능하다." "개인이 하나의 명분이나 공동체를 위해 기꺼이 자신을 헌신하는 경우에도 권력의지(혹은 힘에의 의지)는 여전히 남아 있게 된다." "특권계급이 비특권계급에 비해 더 위선적인 이유는, 자신의 특권을 평등한 정의라고 하는 합리적 이상에 의해 옹호하기 위해 특권이 전체의 선에 뭔가 기여할 수 있다는 것을 증명하려 하기 때문이다."

'흑인은 누구이고 무엇인가?'

'도덕적 인간과 비도덕적 사회'의 원리는 인종문제에도 그대로 적용할 수 있다. 이 책이 나온 해에 "아프리카인을 위한 아프리카!"를 외쳐 온 마커스 가비(Marcus Garvey, 1887~1940)는 「흑인은 누구이고 무엇인가?(Who and What Is a Negro?)」라는 논쟁적인 글을 발표했다.

가비는 1916년에 미국으로 건너온 자메이카인으로 아프리카에 독립된 흑인국의 창설을 추진하기 위해 1914년 전세계흑인진보협회(The Universal Negro Improvement Association)를 조직한 인물이다. 가비의 조직은 곧 백만의 회원을 끌어들였는데, 이것은 미국 흑인 최초의 대중운동이다. 비록 목적 달성은 못했지만, 그는 의식적으로든 무의식적으로든 백인종과의 문화적 동화와 생물학적 융합을 추진했던 온건한 흑인 지도자들을 자신들의 인종에 대한 배신자로서 격렬하게 비난했다. 특히 전미유색인지위향상협회(NAACP)의 듀보이스(William E. B. Du Bois, 1868~1963)와 월터 화이트(Walter F. White, 1893~1955)가 집중적인 비난의 대상이 되었다. 가비는 결국 우편 사기로 기소되어 자메이

미국 흑인 최초의 대중운동을 조직한 마커스 가비.

카로 추방당했는데, 그는 위의 글에서 다음과 같이 주장했다.

"편견 없는 역사학도라면 누구나 흑인이 한때 세계를 지배했음을 안다. 그때 백인들은 동굴 속에 사는 야만인이자 미개인이었다. 또 편견 없는 역사학도라면 누구나 당시 학문의 중심지였던 알렉산드리아의 대학들에서 흑인 교수 수천 명이 가르쳤다는 것도 안다. 세계의 문명이 고대 이집트에서 탄생했다는 것도 안다. 그리스와 로마가 이집트에서 기술과 문자를 빼앗아 응당 이집트의 몫인 명예를 모두 가로챘다는 것도 안다."

정말 그런가? 이 주장에 대해 역사학자 맥밀런(MacMillan 2009)은 다음과 같이 반박한다. "아직도 거론되고 있는 그의 주장에 따르면, 문명이란 사하라 사막 이남의 아프리카에서 이집트로 전달됐다가 도둑질을 당해 그리스와 로마로 넘어간 횃불과 같다. 그것은 문명이 한 국민에서 다른 국민으로 전달될 수 있다고 하거나 오직 하나의 '문명'만 있다고 보는 괴상하고 정적인 문명관이다. 실제로는 많은 문명이 있고 과거에도 줄곧 있었으며 또한 유동적이어서 계속 변하고 있다. 이런 문명을 형성하는 힘은 안에서도 나오고 밖으로부터도 온다. 물론 그리스 문명이 외부의 영향을 받긴 했지만, 이집트의 영향보다는 동양의 영향을 더 받았을 것이다. 게다가 이집트 문명이 주로 사하라 사막 이남에서 유래했다는 증거도 거의 없다."

맥밀런의 반박이 훨씬 설득력이 높긴 하지만 당시의 역사적 상황을 살펴볼 필요가 있겠다. 1934년에 일어난 '닐의 음경 절단사건'은 오늘의 기준으로 1930년대를 평가하기 어렵게 만든다. 이 사건은 매우 엽기적이다. 닐이라는 한 흑인 노동자가 플로리다의 농촌지역 잭슨 카운티에서 고용주의 딸인 십대의 롤라 캐니디를 강간·살해 했다는 혐의를 받았는데, 그는 감옥에서 백인 자경단원들에 의해 납치되었다. 다음 날 지역신문에는 "플로리다 흑인 화형 예정. 브루턴 감옥에서 잡힌 성범죄자가 범죄행위에 대한 복수로 몸이 절단되어 화형에 처해질 예정"이라는 머리기사가 실렸다. 화형을 구경하기 위해 수천 명의 사람들이 집에서 숙성시킨 술을 마시면서 화형장으로 몰려들었다. 이후 벌어진 일에 대해 프리드먼(Friedman 2003)은 다음과 같이 말한다.

"닐을 데려온 '위원회'는 폭동이 일어날까 봐 두려워, 모여 있는 사람들 앞에 닐을 내놓지 못했다. 그래서 그들은 숲속에서 직접 그를 살해했다. 새벽 한 시 자동차에 매여 더러운 도로를 따라서 끌려 다니던 닐의 벌거벗은 몸이 농장에 도착했다. 롤라의 아버지는 세 발의 총알을 닐의 머리에 쏘았고 자식들은 시체에 날카로운 막대기를 쑤셔 박았으며 몇몇 어른들은 그 위로 차를 몰고 지나갔다. 다른 사람들은 귀와 손가락을 기념품으로 잘라냈다. 동틀 무렵 닐의 남은 부분이 법정 앞 나무에 매달려 있었다. 한 사업가가 그것을 사진으로 찍은 후 나중에 사진엽서를 50센트에 팔았다."

닐이 죽은 지 10일 후 전미유색인지위향상협회의 한 백인 조사관이 그 위원회 지도자 몇 명과 인터뷰를 가졌는데, 그들은 자랑하듯이 자신들의 행동을 이야기했다. 그 보고서에 따르면 닐이 겪은 최후의 몇 시간은 다음과 같았다. "그들은 그의 음경을 잘랐다. 그리고 그에게 그것을 먹도록 강요했다. 그리고 그들은 그의 고환을 자른 후 그것도 먹게 하고는 그것이 맛있다고 말하도록 시켰다."

너무도 예외적인 사건이 아니냐고 할 수도 있겠지만, 당시 흑인들이 백인들에게 사적 린치를 당하는 것은 흔한 일이었음을 감안할 필요가 있겠다. 이런 역사적 상황과 더불어 또 하나 중요한 것은 당시 인간으로서의 주체의식이 없거나 약했던 흑인들에게 자존감을 심어주기 위한 가비의 목적일 것이다. 목적이 정당하니 사실 왜곡이나 과장이 괜찮다는 게 아니다. 정도의 차이일 뿐 이 세상의 수많은 약자들이 좋은 목적을 위해 어느 정도의 사실 왜곡과 과장을 하고 있다. 약자가 하는 왜곡과 과장은 괜찮다는 게 아니다. 약자들이 절박한 상황에서 학술논문을 쓰듯이 역사에 엄정한 자세를 갖기를 기대하긴 어렵다는 것이다.

강한 집단은 부도덕한데 약한 집단이 꼭 도덕적이어야 할 이유가 있을까? 이런 의문에 대해 니부어의 다음과 같은 주장은 어떤가. "특권계급에는 유능한 사람들이 많기 때문에 자신들이 알게 모르게 저지르는 갖가지 협잡과 무능력을 그럴싸하게 둘러대거나 변호할 수 있다. 그러면서도 이 계급은 억압을 받는 계급의 타고난 소질과 능력을 계발할 수 있는 모든 기회를 차단해놓고 뻔뻔스럽게도 억압을 받는 계급의 결함과 무능을 언제나 습관처럼 비난하곤 한다."

그러나 약한 집단이 똑같이 한다고 해서 이길 수 있다는 보장은 없다. 니부어는 『빛의 자녀와 어둠의 자녀(The Children of Light and the Children of Darkness)』(1944)에선 '뱀의 지혜와 비둘기의 순진성'을 역설한다. "빛의 자녀는 어둠의 자녀가 갖고 있는 지혜를 갖추어야 하지만 그들의 사악함과는 무관하여야 한다. 빛의 자녀는 인간사회의 이기심의 힘을 알아야 하지만 그것에 도덕적 정당성을 주어서는 안 된다. 그들은 공동체를 위해서 이기심—개인적, 집단적 이기심—을 속이고 이용하고 억제하기 위해 그러한 지혜를 가져야만 한다."

말은 쉽지만 이 또한 지키기 어려운 일이다. '뱀의 지혜와 비둘기의 순진성' 사이의 균형을 취하기 어렵기 때문이다. 인간사의 비극은 늘 과유불급(過猶不及) 또는 본말전도(本末顚倒)라고 하는 불균형에서 빚어지게 마련이다. 이제 우리는 이 균형의 문제를 놓고 처절하게 몸부림치는 한 인물을 본격적으로 만나게 된다. 제32대 대통령 프랭클린 루스벨트다.

참고문헌 Altschull 1993, Chomsky 2003a, Friedman 2003, Katsiaficas 1999, MacMillan 2009, Niebuhr 1932 · 1992, Persons 1999, 고범서 2007, 김진기 1989, 안수찬 2005, 이상민 · 이주천 1999, 이상원 2006, 정명진 1994, 하종대 2007, 한홍구 2003

"두렵게 생각해야 할 것은 두려움 그 자체"
제32대 대통령 프랭클린 루스벨트

'후버촌'과 '보너스 군대'

1931년 한 해 동안 은행 약 2300개가 문을 닫았다. 1932년 3월 14일 롤 필름을 발명하고 코닥사를 설립한 거부 조지 이스트먼(George Eastman, 1854~1932)도 끝없이 발생하는 자살 대열에 참여했다. 권총자살이었다. 1932년 미국 노동 인구의 4분의 1에 해당하는 1300만 명의 실업자가 발생했으며 100만 명 이상의 무주택자가 생겨났다.

이제 후버라는 이름은 궁핍의 상징이 되었다. 뜨내기 일꾼(hobo)이나 빈민들이 추위를 쫓기 위해 둘러썼던 신문지를 '후버 담요', 텅 빈 호주머니를 '후버 주머니', 무주택자들의 달동네를 '후버촌', 돈이 없다는 것을 보여주기 위해 호주머니 속이 밖으로 나온 것은 '후버 깃발', 발바닥에 구멍이 난 신발은 '후버 신발', 닳아 해진 구두의 안을 대기 위해 사용한 골판지는 '후버 가죽', 휘발유가 없어 말이 끌고 다니는 자동차를 '후버 마차', 그렇지 않아도 부족한 식량을 먹어 치우는 야생 토끼는 '후버 돼지'라고 부르는 등 후버를 접두어로 한 많은 신조어들이 생겨났다.

이런 일련의 사태에 대해 기업이 져야 할 책임은 없는가? 이에 답하고자 쓴 책은 아니었지만 1932년 각각 변호사와 경제학 교수였던 아돌프 벌리(Adolf A. Berle, Jr., 1895~1971)와 가디너 민스(Gardiner C. Means, 1896~1988)가 출간한 『현대기업과 사유재산(The Modern Corporation and Private Property)』은 해답의 실마리를 제공했다. 이 책은 미국의 대규모 상장기업의 소유와 지배의 분리에 대해 분석한 것이었지만, 이들은 경영자가 개인적인 이익을 위해 기업을 운영하는 것을 방지하는 효과적인 규제방법이 없다는 사실을 걱정했다.

벌리와 민스는 이 책에서 미국 대기업들의 고위 경영자들은 심지어 주주들에게도 책임을 지지 않으며 자신들을 위해 회사를 운영하면서 자산의 상당 부분을 사적으로 유용한다고 비판하면서, 직원들과 소비자들의 힘을 키우는 것이 유일한 해결책이라고 주장했다. 그들은 미래의 대기업 지도자는 전문적인 경영자로서 투자자, 직원, 소비자 그리고 시민들의 주장을 고르게 반영하고 그에 맞게 혜택을 나눠주는 사람들이 되어야 한다며 다음과 같이 말했다.

"그것은 대기업이 살아남기 위해 거의 필수적인 것으로 보인다. 거대기업의 '통제력'은 순수하게 중립적인 실무적 방식으로 변해, 다양한 집단들의 다양한 주장을 조화롭게 반영하고 사적인 욕심이 아니라 공적인 정책에 기반하여 소득 흐름의 일정 부분을 각각의 집단들에게 배분해야 한다."

배분을 요구하는 목소리는 가장 먼저 퇴역군인들로부터 나왔다.

보너스 군대의 야영지. 진압을 맡은 맥아더 군대의 강경대응으로 판잣집이 불타고 100명 이상의 사상자가 발생했다.

1924년 의회는 1차 세계대전에 참전했던 퇴역군인들에게 1인당 1000달러, 총 24억 달러에 달하는 보너스를 지급하되, 1945년부터 지불한다는 내용의 법을 통과시켰다. 대공황으로 먹고살 길이 막막해진 퇴역군인들은 기한이 아직 되지 않은 정부불행증서를 바로 지급해달라는 내용의 보너스 법안을 1931년 의회에 제출했다. 이 법안은 하원은 통과했지만 상원에서 거부되었다.

이에 분노한 2만 5000명의 퇴역병이 1932년 여름 수도 워싱턴으로 밀어닥쳤다. 무일푼의 이들 유랑자 무리는 가족과 함께 백악관 앞 펜실베이니아 애비뉴에 늘어선 버려진 건물들을 무단 점거하고, 애나코

스티아 강변을 따라 허름한 판잣집과 텐트로 이루어진 야영지를 만들었다. 이들은 '보너스 원정대(Bonus Expeditionary Force)' 또는 '보너스 군대'라 불렸다.

후버는 이들의 간청을 묵살하고 군대를 동원했다. 보병 4개 중대, 기병 4개 중대, 기관총병 1개 중대, 전차 6대 등 엄청난 규모였다. 더글러스 맥아더(Douglas MacArthur, 1880~1964) 장군의 지휘 아래 드와이트 아이젠하워(Dwight D. Eisenhower, 1890~1969)와 조지 패튼(George S. Patton, Jr., 1885~1945)이 진압을 맡았다. 맥아더의 강경대응으로 100명 이상의 사상자가 발생했고, 사상자 중에는 가스공격으로 질식사한 아기 두 명도 있었다. 수도에서 쫓겨난 보너스 군대는 뿔뿔이 흩어져 200만 명의 다른 '방랑자' 무리에 합류했다. 전국 곳곳에서 시위와 폭동이 빈발했다.

"가장 허약한 후보자"의 등장?

보너스 군대에 대한 공격은 1932년 대통령 선거전이 한창일 때 이루어졌다. 민주당의 시카고 전당대회에선 1928년 후버에게 완패를 당했던 앨 스미스, 신문왕 윌리엄 랜돌프 허스트(William R. Hearst, 1863~1951)의 지지를 받으며 막강한 하원의장으로 활약하던 테네시 주의 존 낸스 가너(John N. Garner, 1868~1967), 앨 스미스가 뉴욕 주지사로 직접 엄선한 프랭클린 루스벨트가 격돌했다.

루스벨트는 첫 투표에서 1위를 차지했으나 후보 지명에 필요한 득표수에는 미치지 못했다. 허스트가 '막후 협상'을 벌인 끝에 가너가 부통령직을 보장받는 조건으로 루스벨트를 밀어줌으로써 결국 루스벨트가 대통령 후보로 지명되었다. 차악(次惡)으로 루스벨트를 택한 허스트는 11개 조항에 걸친 자신의 정책적 요구조건에 대한 루스벨트의 확약을 받고 일을 성사시켰지만, 둘은 나중에 적대관계로 변하게 된다.

1932년 7월 2일 시카고 민주당 전당대회장에서 대통령 후보 지명 수락연설에 나선 루스벨트는 "나는 여러분에게 맹세합니다. 또 나 스스로에게 맹세합니다. 미국민을 위한 '새로운 정책(New Deal)'을 펼 것을 말입니다"라고 외쳤다. 그는 선거운동 과정에서도 대공황 여파로 자신감을 상실한 채 무기력해

프랭클린 루스벨트(왼쪽)와 앨 스미스. 1932년 루스벨트는 자신을 직접 뉴욕 주지사로 엄선했던 스미스와 대선 후보 지명을 두고 격돌한다.

져 있는 미국민들을 향해 "어떤 방법이든 택하여 그것을 해봅시다. 만일 실패한다면 그것을 솔직히 인정하고 다른 것을 해봅시다. 그러나 무엇보다 중요한 것은 무엇이든 해보자는 것입니다"라고 말했다.

혼자 걸을 수 없는 루스벨트의 소아마비 때문이었을까? 루스벨트를 부정적으로 보는 이들이 많았다. 헨리 루이스 멩켄은 "가장 허약한 후보자"를 뽑았다고 했으며, 월터 리프먼(Walter Lippmann, 1889~1974)은 루스벨트를 "대통령직에 필요한 중요한 자질은 하나도 갖추지 못

한 귀여운 보이스카우트 단원"이라고 불렀다. 물론 그들의 판단이 오류라는 것은 곧 밝혀진다.

1882년 뉴욕 주 업스테이트의 허드슨 강변 동쪽 언덕에 위치한 하이드 파크(Hyde Park)에서 출생한 루스벨트는 부유한 가정형편 덕분에 개인교습을 받고 사립학교에 다녔으며 어려서부터 유럽여행을 다니는 등 풍족하고 귀족적인 분위기에서 성장했다. 특히 그의 성장기에 대통령으로 명성을 날리던 시어도어 루스벨트(26대)는 먼 친척 형(12촌)뻘로 정신적 지주가 되었다. 그는 하버드대학 학생 시절 당시 부통령이던 시어도어 루스벨트(Theodore Roosevelt, 1858~1919)와의 관계를 이용하여 뉴스거리를 얻어옴으로써 『하버드 크림슨(Harvard Crimson)』의 편집장이 되는 데 도움을 받기도 했다. 그의 부인이 된 엘리너 루스벨트(Anna Eleanor Roosevelt, 1884~1962)는 시어도어 루스벨트의 조카로 부친을 일찍 여의었기 때문에 1905년 그들의 결혼식에는 현직 대통령이 신부를 데리고 입장해 화제가 되기도 했다.

하버드대학과 컬럼비아대학 로스쿨을 나와 변호사로 활동하다 1910년 뉴욕 주 상원의원에 당선, 정계에 입문한 루스벨트는 각종 선거에서 여러 차례 낙선을 경험하는 등 초기에는 순탄치 않은 길을 걸었다. 28대 대통령 우드로 윌슨(T. Woodrow Wilson, 1856~1924)에 의해 해군성 차관보로 임명돼 1차 대전 당시 중요한 해군전략 수립에 관여했으며 탁월한 능력을 인정받았다. 그러나 그는 연방 상원의원 선거에서 패배했으며, 앞서(5권 4장) 보았듯이 1920년 38세의 젊은 나이로 제임스 콕스 대통령 후보의 러닝메이트로 출마해 고배를 마시는 등 중앙 정치 무대와는 인연이 없는 듯했다.

엎친 데 덮친 격으로 잠시 금융회사의 임원으로 정치를 떠나 있을 때 척수성 소아마비에 걸려 양다리를 못 쓰게 되었고 팔과 손에까지 부분 마비가 왔다. 당시 주변의 모든 사람들은 그의 정치적 생명은 끝난 것으로 생각했다. 그러나 그는 의지를 잃지 않았다. 조지아 주의 웜스프링스(Warm Springs)로 가서 3년 동안 기적적인 투병생활을 한 뒤 스스로 휠체어를 타고 움직일 정도로 회복되었다. 1924년 그가 휠체어를 타고 민주당 전당대회장에 나타났을 때 모든 사람들은 깜짝 놀랐으며 목발에 의지해 단상에 기대서서 연설할 때는 그의 인간승리 모습에 감동적인 환호를 보냈다. 그 후 1928년 뉴욕 주지사로 화려하게 정계에 복귀했고 결국엔 대통령 후보의 자리에까지 오른 것이다.

1932년 대선-프랭클린 루스벨트

자동차를 얻어 타면서 전국을 횡단하는 기록을 세운 사람이 나타났는데, 남의 차를 얻어 탄 비결은 그가 내세운 현수막 내용 때문이었다. "만약 나를 태워주지 않으면 대통령 선거에서 후버를 찍겠다." 해볼 것도 없는 선거였다는 걸 시사하는 에피소드다.

1932년 11월 8일 루스벨트는 뉴딜, 금주법 폐지, 공공사업 수립, 농민 구제책을 주요 공약으로 내세워 일반 투표의 57퍼센트 득표율과 선거인단 투표의 (전체 48개 주 중) 46개 주를 확보하면서 현직 대통령인 후버를 압도적 격차로 누르고 제32대 대통령에 당선되었다. 민주당은 상하 양원에서도 절대다수를 차지했다. 루스벨트는 1933년 3월 4일 취임연설에서 다음과 같이 말했다.

"지금은 무엇보다 진실, 있는 그대로의 진실을 솔직하고 거리낌 없이 말해야 될 때입니다. 현재 이 나라가 당면한 상황을 정직하게 직시하는 것 또한 회피해서는 안 됩니다. 이 위대한 나라는 지금까지 그래왔듯이 참아낼 것이고 소생할 것이며 번영할 것입니다. 그런 의미에서 본인은 먼저, 우리가 두렵게 생각해야 할 유일한 것은 두려움 그 자체라는 저의 확고한 신념부터 말씀드리고자 합니다. 후퇴를 진보로 바꾸는 데 필요한 노력을 무력화시키는 공포, 이름도 없고 이치에 닿지도 않고 정당화되지도 않는 그 공포 말이지요."

이후 "우리가 두렵게 생각해야 할 유일한 것은 두려움 그 자체다(The only thing we have to fear is fear itself)"라는 말은 불멸의 명언으로 인구에 회자된다. 말도 안 되는 말장난이라는 비판도 있다. 역사가 리처드 호프스태터(Richard Hofstadter, 1916~1970)는 루스벨트가 취임식 며칠 전에 헨리 데이비드 소로(Henry D. Thoreau, 1817~1862)의 글을 읽고 "두려움만큼 두려워해야 할 것은 아무것도 없다(Nothing is so much to be feared as fear)"는 글귀에서 영감을 받은 것이 분명하다고 주장했다.

누가 먼저 말했건 그게 무에 그리 중요하랴. 일반 대중이 그걸 알 리도 만무했다. 중요한 건 연설의 효과였다. 고든(Gordon 2007)에 따르면 "이 연설은 미국 국민들에게 거의 마법과도 같은 효력을 발휘했다. 단 한 주 만에 45만 통의 편지와 카드가 백악관으로 쏟아져 들어왔다. 후버 시절, 백악관으로 오는 편지를 관리하는 직원은 단 한 사람이었다. 반면 루스벨트에게는 70명이 필요했다."

루스벨트의 취임식이 끝나자 '보너스 군대'는 다시 워싱턴으로 돌아왔다. 1933년 5월에 벌어진 '제2차 보너스 투쟁'이다. 루스벨트는 보너스 군대에게 식사를 제공했으며 아내 엘리너에게 그들의 말을 들

루스벨트와 엘리너. 대통령 취임식이 끝난 후 '보너스 군대'가 다시 워싱턴으로 돌아오자 루스벨트는 아내 엘리너를 보내 돌봐줄 것을 당부했다.

어주고 공짜 커피도 실컷 마시게 해주라고 당부했다. 엘리너는 그들과 함께 어울리며 노래도 불렀다. 그 자리에 있었던 한 퇴역병은 훗날 이렇게 말했다. "후버는 군대를 보냈고 루스벨트는 아내를 보냈다."

이후 이런 식의 평가가 계속되자, 훗날 후버는 "옛날 내 정적들은 내가 혼자서 전 세계적인 대공황을 일으킬 수 있는 환상적 지성과 경제적 힘을 지녔다고 칭송했습니다"라고 푸념했다. 막후 협상으로 부통령이 된 가너는 훗날 부통령직이 "야구 투수가 내뱉는 더러운 침만도 못하다"고 말했다. 두 사람 모두 루스벨트의 화려한 영광에 가려 피해를 본 사람들이다.

루스벨트를 가리켜 용인술의 대가라고 하는데, 이를 말해주는 좋은 일화가 있다. 대통령 취임 직후 루스벨트의 군 예산 대폭 삭감계획에 불만을 품은 맥아더 육군참모총장이 조지 던(George H. Dern, 1872~ 1936) 전쟁장관과 함께 백악관을 방문했다. 대통령과 부딪치길 꺼리던 장관을 제치고 맥아더가 국가안보의 중요성을 강조하자 루스벨트는 빈정거리는 투로 평화 시에 많은 군대를 유지할 필요가 있느냐고 답했다. 두 사람 사이에는 다소 설전이 오갔다.

마침내 맥아더가 자제력을 잃고 "만일 다음 전쟁에서 미국이 져 미국 병사들이 적의 군홧발에 짓밟힌다면 그들은 맥아더가 아닌 루스벨트를 원망할 것입니다"라고 대들었다. 그러자 루스벨트 역시 화를 버럭 내며 "당신이 대통령 앞에서 그렇게 말할 수 있는가"라고 고함을 질렀다. 잠시 침묵이 흘렀다. 맥아더의 생명은 끝난 것과 다름없었다. 군통수권자에 대한 모욕은 군법회의 감이었다. 그는 사과를 한 후 총장직 사의를 표하고 뒤돌아 나왔다. 맥아더가 막 집무실 문을 나서려는 순간 뒤에서 대통령의 차분한 목소리가 들렸다. "더글러스, 어리석은 짓 말게. 여기 당신의 목과 예산안을 함께 가져가게."(나윤도 1997 · 1998).

루스벨트의 '노변담화'

그러나 경제는 용인술만으로 해결할 수 있는 문제가 아니었다. 선거일과 대통령 취임일 사이에 최악의 사태가 벌어졌다. 공황상태에 빠진 예금주들이 돈을 찾으려고 은행 앞에 장사진을 치자 문을 닫는 은행 수는 계속 늘어갔다. 각 주의 주지사들은 앞다투어 '은행 공휴일'을 선포했다. 루스벨트도 집무 첫날인 3월 5일 같은 조치를 취해 나흘간의 은행 공휴일을 전국에 선포했다. 그날 밤 그는 자신의 첫 번째

아메리칸 유니온 뱅크 앞에 돈을 찾으려는 사람들의 줄이 길게 늘어서 있다. 은행이 결국 문을 닫자 루스벨트는 자신의 첫 번째 노변담화를 통해 은행 영업이 재개될 수 있도록 국민들을 설득했다.

'노변담화(Fireside Chats)' 방식을 이용해 은행이 돌아가는 원리를 미국 국민들에게 설명하면서 자신을 믿고 은행에 돈을 맡겨달라고 호소했다. 그의 호소가 먹혀들어 은행이 다시 문을 열기 시작한 3월 말 은행의 75퍼센트가 영업을 재개했다.

루스벨트의 가장 큰 강점은 사람들의 감정을 이해할 수 있는 뛰어난 능력이었다. 소아마비와 싸움을 하면서 얻은 능력이었다. 일반 대중은 루스벨트가 소아마비에 걸린 적이 있다는 것은 알고 있었지만 하반신 불수라는 사실은 몰랐다. 그가 매일 아침 침대에서 나오기 위해 시종의 도움을 필요로 한다는 점도 몰랐다. 대통령의 불구 모습을 사진에 담지 않는 것이 언론의 불문율이었기 때문이다. 그래서 대중은 대통령을 혼자서 얼마든지 걸을 수 있는 사람으로 여겼다.

영화배우 그레고리 펙(Gregory Peck, 1916~2003)은 어린 시절 부두에서 대통령을 기다린 적이 있었다고 한다. 어린 펙은 대통령이 아이처럼 배에서 내려지는 모습을 보고 너무 놀라 울음을 터뜨렸다. 그러나 루스벨트는 휠체어에 앉자마자 군중에게 환한 미소를 지으면서 그들을 안심시켰다. 루스벨트는 사람들의 동정심을 존경심으로 바꿔놓는 능력의 소유자였다. 윌스(Wills 1999)는 루스벨트가 '완벽한 배우'였다며 다음과 같이 말한다.

"그는 자신의 모든 동작에 대한 사람들의 반응을 연구했고, 사람들의 시선이 자신의 상체에 쏠리도록 연극적인 소도구까지 사용했다. 기다란 담배 파이프, 해군 망토, 구깃구깃한 모자 등을 착용한 것뿐만 아니라, 높은 코가 강조되도록 턱을 내민 자세로 몸짓을 크게 하는 등 모든 행동이 그런 효과를 노린 것이었다.(해군 망토는 몸이 불편한 루스벨트로서도 입고 벗기가 편안하다는 장점도 있었다.)"

루스벨트의 첫 번째 취임 연설로 백악관엔 50만 통의 편지가 답지했다. 이전엔 상상할 수 없었던 일이었다. 루스벨트가 '친근감 있는 정치인'으로 대중에게 다가갈 수 있었던 데엔 라디오의 역할이 절대적이었다. 대중에게 그런 느낌을 주는 건 라디오 이전엔 기대하기 어려웠던 것이다. 그래서 라디오가 정치를 바꾸었다는 주장이 나오기도 했다.

라디오의 이용에 있어 그 누구도 루스벨트를 따라가긴 어려웠다. 일부 평자는 그가 히틀러보다 훨씬 더 뛰어났다고 말하지만, 그 방식은 전혀 달랐다. 마치 거실에서 가족이 오순도순 모여 있는 듯한 느낌 속에서 자상한 아버지처럼 다가가는 게 루스벨트의 장기였다. '노변담화'라는 이름도 바로 그 점을 간파한 CBS의 워싱턴 지국장 해리 부처(Harry C. Butcher, 1901~1985)가 붙인 것이었다. 루스벨트도 이 작명이 마음에 들었는지 나중엔 스스로 '노변담화'라고 말하곤 했다. 노변담화는 15분에서 45분의 길이로 평균 30분 정도였으며 밤 9시에서 11시 사이에 방송되었다.

대법관 올리버 웬델 홈스(Oliver W. Holmes, Jr., 1841~1935)는 루스벨트를 가리켜 "지성은 이류지만, 기질은 일류(A second-class intellect. But a first-class temperament!)"라고 했는데, 확실히 루스벨트의 최대 무기는 친근감이었다. 데이비스(Davis 2004)는 "루스벨트의 공헌은 아마 단순히 입법적인 것이라기보다는 심리적인 것에 있을 것이다. 그에게는 잃어버린 확신을 되찾아주고 낙관주의를 회복하고 꺼져버린 듯 보이는 희망을 되살리는 천부적인 재능이 있었다"며 다음과 같이 말한다.

"루스벨트는 부유한 특권층 가정에서 자라났음에도 그런 기질을 천부적으로 지니고 있었다. 국민들은 라디오에서 흘러나오는 그의 '노변담화'를 듣고 루스벨트가 마치 자신들의 응접실이나 거실에 앉아 스스럼없이 말을 건네는 듯한 친밀감을 갖게 되었다. 보수적인 공화파 집안에서는 물론 루스벨트라는 이름을 입 밖에 내지 못하고 '그 사람'이라고 불렀지만 대부분의 미국인들은 실제로 그를 존경했다. 흑인들도 재건기 이래 자신들의 본거지였던 공화당을 버리고 루스벨트가 속한 민주당으로 옮겨가기 시작했다."

라디오의 대중화

루스벨트는 취임하자마자 공약대로 금주법을 14년 만에 폐지했지만, 이는 전국적으로 금주를 강제하지 않는다는 것일 뿐 각 주의 자유로운 결정이 남아 있었다. 그래서 주에 따라서는 이후로도 한동안 금주법이 존속되었다. 대공황기의 서민에겐 금주법이 문제가 아니라 술이건 그 무엇이건 사 먹을 수 있는 돈이 문제였다.

그런 이유로 대공황은 오히려 라디오에게 행운으로 작용했는데, 이는 루스벨트의 행운이기도 했다. 대공황으로 인해 영화, 연극 관객이 급격히 줄면서 라디오 청취자가 급증했기 때문이다. 많은 회사들이 라디오 광고로 회생하게 됨에 따라 라디오 광고의 위력도 입증되었다. 1932년 라디오의 보급률은 60.6퍼센트에 이르렀다. 루스벨트의 라디오 방송 시리즈 '노변담화'가 큰 위력을 발휘한 것도 바로 그와 같은 배경에서 비롯되었다. 후일 선거 시 루스벨트의 라디오 이용은 최초로 방송의 정치적 이용에 대한 논란을 불러일으킨다.

1930년대 초 라디오를 두려운 눈길로 바라보던 신문들은 '라디오에 대한 전쟁'을 선포하고 나섰다. AP(Associated Press), UP(United Press), INS(International News Service) 등 통신의 회원 신문사들이 라디오에 뉴스를 공급하지 않기로 결의한 것이다. 이에 라디오 방송사들은 독자적인 뉴스 통신사를 만드는 것으로 대응했다. 신문들이 라디오에 대한 뉴스 공급이 오히려 신문 판매에 도움이 된다는 걸 깨달은 후 양측은 공존의 타협을 보게 된다.

1933년 암스트롱(E. H. Armstrong, 1890~1954)은 FM특허를 얻어 FM방송의 보급에 심혈을 기울였지만, 텔레비전은 정체상태에 놓여 있고

AM라디오가 큰 인기를 얻고 있던 당시 상황에서 FM라디오를 수용하기엔 역부족이었다. 게다가 RCA를 비롯한 대기업들의 방해공작까지 가세해 암스트롱은 뜻을 이루지 못했다. 방송관련 대기업들은 FM의 놀라운 음질에 내심 감탄을 금치 못했지만 그것이 기존 AM라디오 시장에 미칠 부정적 영향을 두려워한 나머지 FM의 보급을 지연시키고자 한 것이다. 암스트롱은 후일 RCA의 FM수신기 제작특허권 침해로 벌어진 5년간에 걸친 법정투쟁 끝에 가산을 탕진하고 1954년 자신의 13층 아파트에서 투신자살하고 만다. 미국에서 FM방송이 30년 후인 1960년대에 꽃을 피우게 되는 건 방송 테크놀로지의 자본종속성을 웅변하는 증거로 볼 수 있다.

FM라디오를 개발한 E. H. 암스트롱.

참고문헌 Barnouw 1982, Braden & Brandenburg 1955, Burns 1956, Davis 2004, Dole 2007, Edwards 1970, Goodwin 1997, Gordon 2007, Graham 2003, Kang 1987, Leuchtenburg 1963, Nicholas 1945, Panati 1997, Reich 2008, Schoenbrun 1984, Summers 1995, Whitman 2001, Wills 1999, Winkler 1955, 김용관 2009, 나윤도 1997-1998, 사루야 가나메 2007, 손세호 2007, 이준호 1999, 조지형 2007, 최웅·김봉중 1997

'인간의 얼굴을 가진 파시즘'인가?
루스벨트의 뉴딜혁명

"미국적 삶의 방식에 일대 변화를 몰고 온 혁명"

대공황을 어떻게 타개해나갈 것인가? 루스벨트는 의회에 비상 임기 의회 개회를 요청한 뒤 1933년 3월부터 6월까지 100일간에 걸쳐 일련의 놀라운 법령을 제정해나갔다. 이른바 '뉴딜정책(New Deal)'이다. 구제(relief)·부흥(recovery)·개혁(reform)을 내세운 뉴딜정책은 "미국적 삶의 방식에 일대 변화를 몰고 온 혁명"이었다.

1933년 3월 9일 발표된 '비상은행구제법'은 대통령에게 신용·통화·금에 대한 광범위한 권한을 부여했다. 5월 27일 루스벨트는 미국 증권시장 사상 최초의 증시 규제 법안인 '연방증권법'을 발효시켰다. 이 법에 따라 모든 신주(新株)는 일정 기간 동안 공시를 해야 발행될 수 있었고, 발행된 신주는 정부기관에 등록해야 했다. 6월 5일 의회는 금본위제의 정지를 의결했고 6월 16일에는 미국 금융 역사상 가장 획기적인 법인 '글래스-스티걸(Glass-Steagall)법'을 통과시켰다. 공식적으로 '1933년 은행법'으로 불리는 이 법에 따라 5000달러 이하의 예금을 정부가 지급보증하는 방법으로 은행 파산을 진정시키기 위해 '연방예금보험공사(FDIC; The Federal Deposit Insurance Corporation)'가 발족했다. 또한 이 법은 모든 은행들이 여·수신 전문은행과 투자은행 가운데 선택을 하도록 했다.

뉴딜의 첫 번째 프로그램으로 시민자원보존단(CCC; Civilian Conservation Corps)이 창설되었다. 18세에서 25세까지의 젊은이 160만 명에게 식목과 청소 등 자원보존 관계 일자리를 제공하는 프로그램이었다. 농업조정부도 신설해 소출 없는 토지는 농부들에게 돈을 주고 거둬들이는 방식으로 농산물 가격을 상승시키고자 했다. 이는 굶주리는 사람들의 분노를 자아내게 했고, 흑인 소작인들이 농사를 짓지 못하게 되는 부작용을 낳았다.

더 큰 논란이 된 것은 테네시강유역개발공사(TVA; Tennessee Valley Authority) 사업이었다. 이는 연방 주도의 수력전기발전계획으로 급진적인 출발의 시작이었다. 이 공사는 전력을 생산하는 것 외에도 댐을 지었고 비료를 생산·판매 했으며 주변 지역의 재식림 사업을 했고 휴양지를 개발했다. 민간 분야에 정부가 끼어든다고 해서 공산주의 정책이라는 비난이 쏟아졌다. 루스벨트는 그런 비난에 굴하지 않고 이어 연방긴급구제국(FERA; Federal Emergency Relief Administration)을 신설하여 연방 구제기금 5억 달러를 극빈곤층에게 배당했다. 연방복지제도의 시작이다.

1934년 루스벨트는 증권거래위원회(SEC; Security and Exchange Commission)를 설치해 당대의 이름 높은 투기꾼 조지프 케네디(Joseph

루스벨트는 뉴딜사업의 하나로 테네시강 유역을 개발해 휴양지를 만들었다.

Kennedy, Sr., 1888~1969)를 초대 회장으로 임명했다. 훗날 미국 제35대 대통령이 되는 존 F. 케네디(John F. Kennedy, 1917~1963)의 아버지다. 조지프 케네디는 1930년대 뉴욕 주지사 선거에서부터 1932년 대통령 선거까지 루스벨트를 적극 지원한 인물이었기에 추악한 논공행상(論功行賞)이라는 비난이 빗발쳤다. 『뉴스위크(Newsweek)』는 "한때 투기꾼이자 작전세력이었던 미스터 케네디가 이제는 투기와 작전에 족쇄를 채우는 역할을 맡게 되었다"고 조롱하듯이 논평했다.

이제 증권거래위원회 회장이 된 케네디는 포토맥 강가에 있는, 방이 25개나 되는 저택에 살면서 매일 저녁 파티를 벌였다. 그 파티의 손님 중의 하나였던 미주리 출신 상원의원 해리 트루먼(Harry S. Truman, 1884~1972)은 아내에게 "내가 본 집 중에서 가장 훌륭한 집이오. 도로에서 반 마일 들어간 처녀림에 있는 그 큰 저택에는 어디에나 벨기에산 카펫이 깔려 있고 뜰에는 수영장이 있으며 지하실에는 영화관까지 있다오"라고 감탄했다.

루스벨트가 케네디를 그런 요직에 쓴 이유는 사기꾼 브로커들이 쓸 계략을 케네디가 훤히 내다볼 수 있을 것이라는 발상 때문이었다는 시각도 있다. 케네디는 그때부터 아들을 대통령으로 만들어야 한다는 꿈이 있었던지, 온갖 의혹을 불식시키며 '공정하고 과단성 있는 인물'이라는 평판을 얻는 데 성공한다.

파시즘 논쟁

100일 의회의 마지막 회기에서 가장 논란이 컸던 것 중의 하나는 '전국부흥법(NRA; National Recovery Act)'이었다. 기업 생산을 촉진하기 위해 마련된 이 법령은 생산, 노동, 원가에 엄청난 정부 통제를 수반하는 것이었다. 이 법의 감독기관으로 푸른 독수리를 상징으로 하는 미국산업부흥국이 신설되었다. 기업인과 상인들은 푸른 독수리와 "우리는 우리 일을 한다(We Do Our Part)"라는 모토가 적힌 미국산업부흥국의 상징물 앞에서 서약을 했으며 소비자들은 미국산업부흥국의 상징물이 부착된 곳에서 물건을 구입하도록 권유받았다. 미국 전역에서는 이 정책을 지지하는 거대한 행진이 벌어졌다. 뉴욕 시에서만도 수백만 시민들이 미국산업부흥국 지지 행진을 벌였다. 특히 에이브러햄 링컨(Abraham Lincoln, 1809~1865) 이후 공화당의 고정표였던 흑인들의

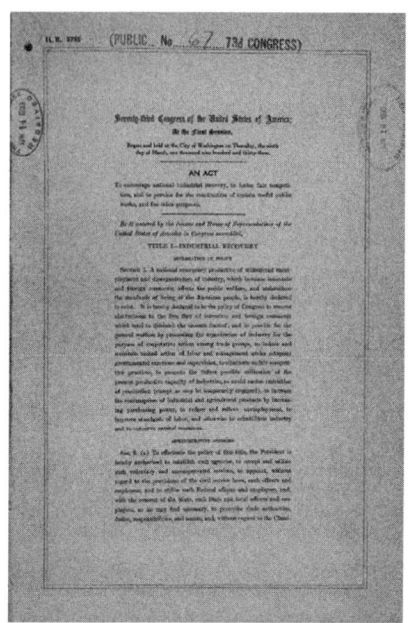

기업생산 촉진을 위해 마련된 '전국부흥법' 법안(위)과 이 법의 감독기관으로 신설된 미국산업부흥국의 표장(아래).

루스벨트 지지는 더욱 공고해졌다. 많은 흑인들이 거실에 붙여놓았던 링컨의 사진을 떼고 루스벨트의 사진으로 바꿨다.

반면 보수파들은 크게 반발했다. 루스벨트 부부가 함께 부르는 형식을 취한 "그대가 흑인에게 키스하면 나는 유대인에게 키스한다. 서로 숨이 멎을 때까지 백악관에 머무르리라"는 우스꽝스러운 노래가 유행하기도 했다. 특히 공화당 보수파는 루스벨트가 빨갱이라고 비난하고 나섰다. 온갖 날조된 인신공격과 유언비어가 난무했다. 대통령 부인 엘리너가 흑인으로부터 얻은 임질을 루스벨트에게 전염시켰다든가, 차마 입에 담을 수도 없는 섹스 행위를 배우기 위해 모스크바를 방문할 예정이라든가 하는 소문이 떠돌았다. 이름을 바꾸어서 그렇지 루스벨트는 원래 네덜란드계 유대인 자손이라는 소문까지 떠돌았다.

이와 관련, 오치 미치오(1999)는 다음과 같이 주장한다. "링컨의 지휘하에 노예해방을 단행했던 자유주의적 공화당이 서서히 보수화되고 마침내는 반동적 상류층 정당으로 변모하는 계기는 상당 부분 '상류층의 배신자' 루스벨트에 대한 증오에서 비롯됐다." 심지어 루스벨트 가문 내에서도 프랭클린 루스벨트를 '상류층의 배신자'로 낙인찍어 미워하는 사람들이 많았다.

그런 증오 때문이었는지는 알 수 없지만, 1933년 이후 뉴딜을 파시즘으로 보는 의견들이 홍수처럼 쏟아져나왔다. 이탈리아와 독일에서도 그런 의견들이 나왔는데, 이는 자신들의 파시즘이 지구상의 가장 강한 국가인 미국에 의해 추인받았음을 강조하고 싶었기 때문이리라. 1933년 7월 무솔리니(Benito Mussolini, 1883~1945)는 루스벨트의 저서 『전망(Looking Forward)』(1933)에 대해 쓴 서평에서 "루스벨트는 독자들에게 청년의 결단성과 남성다운 절제심을 가지고 맞서 싸울 것을 촉구한다. 이러한 호소는 파시즘이 이탈리아 인민들을 자각시켰을 때 사용했던 방법과 수단을 연상시킨다"고 했다. 흥미로운 건 무솔리니의 언론담당 부서는 뉴딜을 파시즘적인 것으로 기술하지 말라는 명령까지 내렸다는 사실이다. 루스벨트의 국내 정적(政敵)들에게 환영할 만한 공격수단을 제공할까 봐 염려해서 그랬다나.

루스벨트가 무솔리니에게 호감을 표했다는 점도 무시할 수는 없으리라. 루스벨트는 히틀러와는 거리를 두면서도 무솔리니에게는 1930년대 중반까지 오직 "호감과 신뢰"만을 갖고 있다고 말했다. 루스벨트만 그런 게 아니었다. 1937년까지도 미 국무부의 유럽국은 파시즘이 "반드시 성공"해야 한다고 주장했는데, 그 이유인즉 "불만을 품은 대중이 러시아 혁명의 사례를 따라 좌경화"할 우려 때문이었다. 즉, 미국은 2차 세계대전에 뛰어들기 전까지는 반공(反共)이라는 가치 아래 파시즘을 우호적으로 생각했던 것이다.

무솔리니의 배려에도 불구하고 미국에서 루스벨트의 정적들은 뉴딜을 파시즘으로 묘사하고 있었다. 1932년 대선에서 루스벨트에게 패한 허버트 후버는 "우리 정부는 일종의 파시스트 정부가 될 수 있다"고 경고했으며 일부 민주당 의원들조차 루스벨트가 "이 나라의 구석구석에다 히틀러주의를 이식하려" 한다고 비난했다. 미국사회당(American Socialist Party) 대표 노먼 토머스(Norman Thomas, 1884~1968)는 『뉴욕타임스』(1933년 6월 18일) 기고문에서 "우리는 파시즘의 정치학이 없는 파시즘의 경제학을 어느 정도까지 취할 것으로 기대할 수 있는가?"라고 물었다. 또 1934년에는 "뉴딜의 경제학과 무솔리니의 조합주의 국가 혹은 히틀러의 전체주의 국가의 경제학 간의 유사성들은 밀접하고도 명백하다"고 주장했다.

실용주의와 파시즘의 '선택적 친화성(elective affinity)'을 지적하는 시각도 있다. 1934년 컬럼비아대학의 철학자 윌리엄 몬터규(William P. Montague, 1873~1953)가 뉴딜을 옹호하면서 '페이비언 파시즘(Fabian Fascism)'이란 말을 만들어낸 것도 그런 관점에서 볼 수 있지 않을까? '페이비언 파시즘'은 '인간의 얼굴을 가진 파시즘'이란 뜻일 텐데, 이런 게 바로 실용주의적 사고에서 비롯된 게 아니겠느냐는 것이다.

하긴 미국의 사회보장제도는 1935년 최초의 여성 노동부장관 프랜시스 퍼킨스(Frances Perkins, 1880~1965)가 처음으로 주창하고 루스벨트가 법안에 서명하면서 생겨난 셈인데, 뉴딜을 무엇으로 규정하건 '인간의 얼굴'이 비교적 선명하게 나타났다는 것만큼은 부인하기 어려우리라.

캘리포니아 주지사 선거논란

온갖 파시즘 논란에도 불구하고 국민은 루스벨트의 편이었다. 1934년에 치른 중간선거 결과는 루스벨트 지지로 나타났다. 민주당은 중간선거에서 상하 양원에 대한 지배력을 더욱 확고히 했다. 비록 루스벨트는 1934년 중간선거에서 이기긴 했지만, 이 선거를 통해 루스벨트 시대에 극단적으로 양극화된 이념투쟁이 적나라하게 드러났다. 특히 추문폭로 작가 업턴 싱클레어가 도전한 캘리포니아 주지사 선거는 미국 선거사상 가장 비열하고 야만적인 선거 캠페인 중 하나로 손꼽힌다.

싱클레어는 사회주의자였지만 사회당을 탈당하고 민주당에 입당했다. 사회주의자로서는 당선이 불가능하다고 판단했기 때문이다. 민주당 예비선거에서 승리한 그는 빈곤층을 위한 복지를 강조했다. 그는 선거 직전에 쓴 소설 『나와 캘리포니아 주지사 그리고 가난을 물리치는 방법(I, Governor of California: And How I Ended Poverty)』의 내용을 캠페인의 기본 의제들로 삼으면서 'EPIC(End Poverty in California)' 프로그램을 강조했다.

한 기자가 EPIC 프로그램이 효과를 나타내기 시작하면 "수많은 실직자들이 캘리포니아로 달려오지 않겠느냐"고 묻자 싱클레어는 "미국 전역에 있는 실직자들의 절반가량이 캘리포니아에 오게 될 것"이라고 답했다. 언론은 거의 대부분 싱클레어에 대한 비난 일색이었다. 신문들은 싱클레어의 약속을 믿고 캘리포니아로 향하는 기차에 탄 범죄자와 방랑자들의 사진을 실었다. 그 사진은 집 없는 십대에 대한 워너브러더스의 영화 〈노상의 난폭한 소년들(Wild Boys of the Road)〉(1933)에서 따온 스틸 사진임이 나중에 밝혀졌다.

1934년 캘리포니아 주지사 선거에 도전한 업턴 싱클레어. 이 선거는 미국 선거사상 가장 비열하고 야만적인 선거 캠페인 중 하나로 손꼽힌다.

『로스앤젤레스타임스』는 "싱클레어가 전망한 게으른 자들의 대돌진"이라는 요란한 제목과 함께, 싱클레어가 당선되면 500만 명의 실직자들이 캘리포니아로 밀물처럼 밀려올 것이라고 추산하면서 "EPIC 프로그램은 캘리포니아를 공산화하기 위한 위협이며, 이건 정치가 아니라 전쟁"이라고 주장했다. 또 이 신문은 "사회주의자 출신이 선거를 위해 왕궁 같은 저택을 떠난다"는 제목과 함께 베벌리힐스 등 세 곳에 있는 싱클레어의 저택 사진을 공개하면서 그의 부유한 생활을 강조하기도 했다.

싱클레어는 영화산업에 대해서도 "앞으로 주 세입에 상당한 몫을 기여해야 한다"고 주장함으로써 영화사들의 강한 반발을 불러일으켰다. 영화사들은 싱클레어의 경쟁자인 프랭크 메리엄(Frank F. Merriam, 1865~1955) 주지사에게 적극적으로 선거자금을 제공했을 뿐만 아니라 "만약 싱클레어가 당선된다면 스튜디오를 뉴욕으로 옮기겠다"고 위협했다. 영화 재벌 루이스 메이어(Louis B. Mayer, 1884~1957)는 "싱클레어가 당선된다면 캘리포니아에서는 대혼란이 일어날 것"이라고 협박했다. MGM스튜디오는 자신의 영화관들에서 5분짜리 주지사 선거 뉴스를 내보냈다. 현관에서 노파를 에워싼 부랑자들의 무리 장면을 조작해서 찍은 '싱클레어 죽이기' 뉴스였다. 재계는 "메리엄이 아니면 모스크바"라는 슬로건을 내걸었고, 수많은 단체 회원 주소록을 얻어내 싱클레어를 헐뜯고 모함하는 전단지를 집집마다 돌렸다.

싱클레어는 37퍼센트의 득표율로 패배했다. 전체 투표 중 48퍼센트는 메리엄에게, 13퍼센트는 혁신당 후보 레이먼드 헤이트(Raymond L. Haight, 1897~1947)에게 돌아갔다. 선거 캠페인을 줄곧 지켜본 『스크립스 하워드(Scripps Howard)』의 칼럼니스트 헤이우드 브룬(Heywood Broun, 1888~1939)은 다음과 같이 말했다. "미국의 많은 선거 캠페인들이 더러운 전술로 얼룩졌다. 그러나 이렇게 계획적인 사기극이 이토록 뻔뻔하게 수행된 캠페인은 없었다. 만약 프랭크 메리엄이 당선된다면 미국 역사상 최초의 노골적인 파시스트 주지사가 될 것이다. 선거 캠페인 동안 그가 추구한 전술은 히틀러가 독일 공화국을 무너뜨릴 때 사용했던 방식과 아주 비슷했다."

그러나 브룬의 주장과는 달리, 더러운 선거 전술을 쓴다고 해서 파시스트가 되는 건 아니었으며 이런 유형의 선거는 앞으로도 보수-진보를 가리지 않고 계속 일어나게 된다. 선거와 민주주의의 영원한 속성인가, 아니면 자꾸 정치로부터 멀어지려는 유권자들에게 정치인들이 제공하고자 하는 최소한의 '엔터테인먼트 서비스'인가?

참고문헌 Angelo 2001, Belton 2000, Davis 2004, Gordon 2002, Leamer 1995, Mark 2009, Reich 2003, Schivelbusch 2009, Swint 2007, 오치 미치오 1999

"히틀러는 예수 그리스도"?
히틀러의 권력 장악

히틀러는 누구인가?

루스벨트와 그의 뉴딜정책을 둘러싼 파시즘 논란이 일어난 것은 루스벨트가 대통령에 취임하기 한 달 전인 1933년 1월 30일 아돌프 히틀러가 독일 수상에 임명된 것과 무관치 않았다. 도대체 히틀러는 어떤 인물이었으며 어떤 과정을 거쳐 권력을 장악할 수 있었던가?

히틀러는 1889년 4월 20일 오스트리아의 하급 세무 관리인 알로이스 히틀러(Alois Hitler, 1837~1903)의 아들로 태어났다. 젊은 히틀러는 예술가나 건축가가 되길 원했지만 재능 부족으로 좌절을 겪고 1914년 8월 1일 독일이 선전포고령을 내리자 군에 입대했다. 그는 전쟁이 일어난 것에 대해 후일 "미칠 듯한 기쁨을 참지 못해 나는 무릎을 꿇었다. 그리고 나에게 생명을 주신 선한 하느님께 충심으로 감사했다"고 썼다.

히틀러는 1918년 10월 14일에 제대한 다음 1919년 독일노동자당에

1914년 군에 입대한 히틀러(오른쪽 끝). 후일 그는 전쟁이 일어난 것에 대해 "미칠 듯한 기쁨을 참지 못해 무릎을 꿇고 하느님께 충심으로 감사했다"고 고백했다. ⓒ Deutsches Bundesarchiv

가입해 정치활동을 하면서 '최면술사의 마력'이라는 말을 들을 정도로 타고난 연설 솜씨로 두각을 나타내며 많은 지지자를 만들어냈다. 타고난 솜씨라곤 하지만, 그가 노력을 전혀 하지 않은 건 아니었다. 그는 풍자는 물론 성대모사와 몸짓 흉내에도 뛰어나 청중들을 즐겁게 했는데, 이를 위해 거울 앞에서 열심히 연습하곤 했다. 많은 사람들이 그의 연설을 듣기 위해 몰려들었다. 그가 연설하는 정치집회는 일종의 극장(劇場)이 되고 그는 배우가 된 셈이었다. 의도적으로 '아웃사이더 정치가'의 이미지를 구축해나간 히틀러에겐 "자신의 개인적 좌절감을 독일 국민 전체가 겪는 고통인 양 표현하는 재능"이 있었던 것이다.

히틀러가 가입한 독일노동자당은 히틀러가 주도적 역할을 한 가운데 1920년 국가사회주의독일노동자당으로 이름을 바꾸었는데, 히틀러는 주로 뮌헨에서 탁월한 연설 솜씨와 권모술수를 주 무기로 하여 점점 당의 주도권을 장악하게 되었다. 또 이때부터 '국가사회주의자(Nationalsozialist)'의 약자로 '나치(Nazi)'라는 표현이 널리 쓰이게 되었다.

히틀러는 1922년 10월 28일에 이루어진 무솔리니의 '로마 진군'에 큰 감명을 받아 1년 후인 1923년 11월 9일 '뮌헨에서 베를린으로의 행진'이라는 코미디 같은 쿠데타를 시도했지만 곧 체포되어 5년형에 처해졌다. 1924년 2월부터 4월까지 진행된 재판은 신문 1면을 장식하는 큰 뉴스가 되어 히틀러는 뜻하지 않은 큰 홍보효과를 얻었다. 히틀러는 자신부터 줄행랑을 친 볼썽사나운 모습과 쿠데타의 코미디 같은 면에 대해서도 전혀 당황하지 않고 오히려 독일 국민을 결합시키는 데에 실패한 공화국의 잘못을 지적하는 데 재판을 이용함으로써 5년형이라는 비교적 관대한 판결을 얻어냈을 뿐만 아니라 감옥생활도 아주 편안하게 보냈다. 그는 감옥에 있으면서 독일 국민은 폭력적인 정부 전복을 결코 지지하지 않는다는 사실을 깨닫고 합법적이고 평화적인 수단으로만 혁명을 수행할 수 있다는 생각을 갖게 되었다.

히틀러의 「나의 투쟁」

히틀러는 재판 진술에서 자신과 공동 피고들이 독일을 '영원한 노예' 상태에서 구원하기로 결심한 진정한 독일의 애국자라고 주장했다. 히틀러는 베르사유조약 이후 독일 국민이 느끼고 있는 고통과 분노에 주목하고 그것을 이용하기로 한 것이다.

베르사유조약 당시 독일에 대해 가장 강경한 나라는 프랑스였다. 독일이 배상금을 현금으로 낼 수 없을 경우 대신 영토를 내놔야 한다고 주장했다. 1923년에는 프랑스·벨기에 연합군 6만 명이 독일 최대 공업지대인 루르 지방을 점령했다. 독일이 배상금을 제때 지불하지 않는다는 이유였다. 독일인들은 파업으로 점령군에 맞섰고 프랑스는 2년여 만에 루르에서 물러났지만, 프랑스와 벨기에의 루르 점령은 독일 사회에 엄청난 영향을 미쳤다. 독일 정부가 루르 노동자들의 생계를 위해 마르크화 발행을 늘리면서 독일 경제는 사상 최악의 인플레이션을 겪었다. 신생 바이마르 공화국은 집권 초부터 위기에 빠져들었다. 이것이 히틀러의 나치스에겐 절호의 기회가 된 것이다.

히틀러는 9개월 복역 후 석방되었는데, 감옥에 있는 동안 자서전 겸 정치사상서인 『나의 투쟁(Mein Kampf)』을 집필했다. 『나의 투쟁』 제1부는 1925년에, 출옥 후에 쓴 제2부는 1927년에 출판되었다. 히틀러는 수년 후 이 책의 인세만으로도 백만장자가 된다. 놀테(Nolte 1996)는 "나치 선전기관의 어떤 인물도 히틀러가 『나의 투쟁』에서 표명한 바와 같이 그렇게 대담하고도 시니컬하게 선전의 필수적인 수단으로서 거짓말과 원시성 그리고 반복의 필요를 역설한 적이 없었을 것이다"라고 말한다. 『나의 투쟁』에 나오는 몇 가지 '선전 심리술'을 소개하면 다음과 같다.

"대중의 수용 능력은 매우 한정되어 있고 이해력은 적지만 그 대신 망각력은 크다. 이 사실에서 모든 효과적인 선전은 요점을 크게 제한하고 이것을 슬로건처럼 이용하고 그 말에 의해 목적한 것이 마지막

히틀러의 자서전이자 정치사상서인 『나의 투쟁』.

한 사람에게까지 떠올려질 수 있도록 계속적으로 행해져야만 한다. 왜냐하면 대중은 제공된 소재를 소화하거나 기억해둘 수 없기 때문이다."

"민중의 압도적 다수는 냉정한 숙고보다 도리어 감정적인 느낌으로 생각이나 행동을 정하는 여성적 소질을 갖고 여성적인 태도를 취한다. 그리고 이 감정은 복잡하지 않고 매우 단순하며 폐쇄적이다. 이 경우 섬세함은 존재하지 않고 긍정 아니면 부정이며 사랑 아니면 미움이고 정의 아니면 불의이며 참 아니면 거짓이고, 결코 반은 그렇고 반은 그렇지 않다든가 혹은 일부분이 그렇다는 일은 없다."

"대중 전체의 정신은 유약한 것이나 적당히 하는 것에는 절대 반응하지 않는다. 여자처럼 그 영혼의 감수성은 추상적인 이성보다 권력을 따르려는 불확실한 정서적 갈망에 의해 결정된다. 그러한 이유로 그들은 약자보다는 강자에게 복종하기를 더욱 원하고 탄원자보다는 지배자를 더 좋아한다."

"대중집회는 다음과 같은 이유만으로도 필요할 것이다. 즉 새로운 운동의 지지자가 되는 데 있어서 고독함을 느껴 외로움이라는 공포에 사로잡히기 쉬운 개인은 대중집회 속에서 처음으로 보다 큰 공동체의 모습을, 즉 대부분의 사람을 강하게 하며 용기를 북돋아주는 것을 알게 된다. 만일 개인이 자기의 작은 공장과 자기를 무척 작은 존재로 느끼게 하는 대기업체로부터 처음으로 대중집회에 발을 들여놓아 수천 명에 이르는 사람들 사이에 둘러싸이게 되면 그는 우리가 대중 암시라고 부르는 마술적인 영향에 압도당하게 된다."

"아침과 한낮에 사람들의 의지력은 다른 사람들의 의지와 의견에 의해 강요되는 어떤 기도에도 최상의 에너지를 발휘하여 반항하는 것 같다. 그러나 저녁에는 더 강한 의지의 지배적인 힘에 쉽게 굴복한다. 왜냐하면 그런 회합은 모두 두 가지 상호 대립하는 힘 사이에 벌어지는 하나의 씨름 시합과 같기 때문이다. 위세 당당한 사도적(司徒的)인 성격을 띤 우월한 웅변술은, 자기의 정신력과 의지의 힘을 완전히 지배하고 있을 다른 사람들보다는 오히려 가장 자연적으로 저항력이 약화된 사람들을 더욱 쉽게 새로운 의지에로 이끌어가는 데 성공할 것이다."

"독일이여 깨어나라!"

히틀러는 1927년부터 정치활동을 재개할 수 있었다. 그때부터 그의 주요 무기는 연설이었다. 그는 그 한 해에만도 57회의 연설회를 가졌다. 히틀러는 자신에게만 최면을 거는 게 아니라 청중에게도 최면을 거는 시도를 했는데 그 솜씨가 뛰어났다. 랑거(Walter C. Langer, 1899~1981)는 히틀러의 집회장소는 항상 북적거렸으며 청중들은 연설이 끝날 때쯤이면 그가 말한 거의 모든 것을 기꺼이 믿을 정도로 비판력을 완전히 상실했다면서 다음과 같이 말한다.

"그는 청중들의 비위를 맞추며 치켜세웠다. 그는 한순간 그들에게

1928년 뉘른베르크 집회. 헤르만 괴링(왼쪽) 뒤로 히틀러의 모습이 보인다.

비난을 퍼붓다가 다음에는 허수아비를 내세워 즉각 쓰러뜨려 그들을 즐겁게 했다. 그의 혀는 청중들의 감정을 내리치는 채찍 같았다. 그리고 항상 어떻게 해서든 청중들 대다수가 은밀히 생각하고는 있지만 말할 수 없는 것에 대해 말하고자 했다. 청중이 반응하기 시작할 때 그것은 다시 그에게 영향을 미친다. 오래지 않아 이러한 상호작용으로 그와 청중은 그 웅변의 정서적 호소에 중독된다."(Langer 1999)

히틀러의 선동에 중독된 사람들 가운데엔 대학생들이 많았다. 나치즘은 인구학적 속성으로 보자면 젊은이 위주의 운동이었다. 연설을 무기로 삼아 맹렬한 정치활동을 하던 때의 히틀러도 30대 후반의 나이였고, 나머지 나치 지도자들의 대부분은 20대 후반이거나 30대의 젊은이들이었다. 수상이 되었을 때 히틀러는 44세였지만, 36세에 프로파간다 장관이 된 괴벨스(Paul J. Göbbels, 1897~1945)의 경우처럼 장관들 가운데엔 30대의 젊은이들이 많았다.

1928년 모스크바를 지배하는 공산주의인터내셔널이 독일 내의 사회민주주의자들과의 협력을 금지시킨 것도 나치의 부상에 적잖은 도움이 되었다. 공산주의자들은 사회민주주의자들이 의회 민주주의를 지지함으로써 독일의 붕괴하는 자본주의 시스템을 보호해주는 결과를 초래한다고 본 반면, 파시즘은 자본주의의 파국을 향해 치닫는 마지막 과정이기 때문에 파시즘의 득세가 공산화에 더 도움이 된다고 본 오판을 저질렀던 것이다.

"독일이여 깨어나라!"는 나치의 핵심구호가 먹혔던 걸까? 1930년 히틀러가 이끄는 나치당은 많은 사람들의 예상을 뒤엎고 107개 의석을 차지해 두 번째로 큰 정당이 되었다. 언론의 태도도 바뀌었다. 나치당은 '위험한 우익 정당'에서 '신뢰할 수 있는 국민정당'이라는 대접을 받게 되었다.

바로 이해에 관점주의(perspectivism)를 역설한 바 있는 스페인의 철학자 호세 오르테가 이 가세트(José Ortega y Gasset, 1883~1955)는 『대중의 반역(La rebelión de las masas)』(1930)에서 대중사회의 등장에 대해 경고했다. 그의 주장에 따르면 "오늘날의 유럽 사회에 있어 가장 중요한 한 가지 사실이 있다. 그것은 대중이 완전한 사회적 권력의 자리에 올라앉았다는 사실이다. 대중이라는 것은 그 본질상 자기 자신의 존재를 지도할 수도 없거니와 또 지도해야 하는 것도 아니며 더욱이 사회를 지배 통치한다는 것은 가당치도 않은 것이다. 따라서 이 사실은 유럽이 오늘날 민족이며 문화가 겪을 수 있는 최대의 위기에 직면하고 있음을 뜻하는 것이다."(Gasset 2005)

1932년엔 올더스 헉슬리(Aldous Huxley, 1894~1963)가 『멋진 신세계(Brave New World)』를 출간해 유전자 조작을 통해 노동자계급이 스스로 맡은 비천한 업무에 전적으로 만족하는 세계, 즉 완벽한 조작을 통해 완전한 행복을 누리는 역(逆)유토피아 사회를 묘사했다.

히틀러의 권력 장악

히틀러는 1932년 3월 대선에 출마해 현직 대통령인 힌덴부르크(Paul von Hindenburg, 1847~1934)와 맞붙었다. 힌덴부르크는 1차 대전 독일군 총사령관 출신으로 국민적 영웅으로 존경받는 인물이었다. 히틀러 진영은 나이로 보건 경력으로 보건 '중량'에서 85세의 힌덴부르크와 43세의 히틀러가 비교가 안 된다는 점을 인정해 "힌덴부르크에게는 명예를, 히틀러에게는 투표를"이라는 슬로건을 내걸었다. 1차 투표에선 힌덴부르크가 49.6퍼센트, 히틀러가 30.1퍼센트를 득표했으며 2차 투표에선 힌덴부르크가 53퍼센트, 히틀러가 36.7퍼센트를 차지했다.

히틀러는 낙선하긴 했지만, 그해 7월 총선에서 나치당을 독일 최대 정당(230석)으로 부상시키는 성과를 거두었다. 이제 나치당이 100만 명이 넘는 정식 당원과 40만 명이 넘는 돌격대라는 사설군대를 거느림으로써, 히틀러는 독일 정계의 가장 강력한 인물이 되었으며 그 결과 1933년 1월 30일 수상에 임명된다.

사실 이는 히틀러가 유능해서가 아니라 당시 집권층 내부의 암투 덕분에 이루어진 일이었다. 힌덴부르크는 히틀러를 불신하고 경멸했지만, 힌덴부르크의 전폭적인 신임을 받으면서 융커(Junker; 지주들)를 포함한 기득권층의 이익을 대변하던 프란츠 폰 파펜(Franz von Papen, 1879~1969) 수상이 힌덴부르크를 설득한 것이다. 파펜은 히틀러 내각의 부수상이 되었는데, 자신이 실세(實勢)로 군림하면서 히틀러를 꼭두각시로 이용하겠다는 생각을 하고 있었다. 그래서 그는 "우리가 히틀러를 고용했다"고 큰소리치기까지 했다. 물론 그게 엄청난 착각임이 드러나는 데엔 그리 오랜 시간이 걸리지 않았다.

히틀러는 1933년 2월 27일에 의사당 화재사건이 일어나자 "드디어 잡았군!"이라고 쾌재를 부르며 그 사건을 대대적인 공산당 소탕과 자신의 권력기반 강화에 이용했다. 그날 밤으로 약 4000명의 사람들이 체포되었다. 히틀러는 다음 날 자신의 절대 권력 행사를 보장하는 비상법령을 통과시켰다. 이후 계속된 체포로 1933년 6월 말경 '재교육 수용소'는 2만 7000명의 정치범으로 미어터질 지경이었다. 체포 중에

1933년 1월 30일 마침내 수상에 임명된 히틀러가 창문을 통해 운집한 추종자들에게 인사를 하고 있다.
ⓒ Deutsches Bundesarchiv

동성애자와 여호와의 증인들까지 수용소로 끌려갔다.

용의주도한 히틀러는 자신의 추종세력의 요구와는 달리, 서두르지 않고 당의 간부들이 정부로 유입되는 것에 제동을 걸었다. 1933년 여름에 히틀러는 추종세력에게 거듭해서 "여러 해를 바라보고, 아주 큰 시간을 놓고 계산하라"고 경고했다.

'제3제국' 건설을 위한 선전선동

1934년 6월 30일, '나치의 사병(私兵)'인 돌격대의 창시자 중 하나였던 에른스트 룀(Ernst J. Röhm, 1887~1934)과 그의 부하 1000여 명이 검거돼 즉석에서 처형을 당하는 내부 권력투쟁이 있었지만, 돌격대 대원들은 죽으면서까지 경례를 하고 "하일 히틀러(히틀러 만세)!"를 외쳤다.

이런 '피의 숙청'에 충격을 받아서일까? 1934년 8월 2일, 87세의 힌덴부르크 대통령이 사망했다. 이후 히틀러는 대통령의 권한마저 흡수하는 철권을 쥐게 되었다. 8월 19일에 실시된, 히틀러의 대통령 승계를 묻는 국민투표에선 95.7퍼센트의 투표율에, 90퍼센트에 가까운 3800만 명 이상 찬성이라는 기록을 남겼다. 독일인의 면책(免責)을 강조하는 경향이 매우 강한 독일 역사학자 놀테(Nolte 1996)는 "다양한 속임수와 조작에도 불구하고 투표자의 10퍼센트가 넘는 450만 명이 '부(否)' 표를 던졌다. 이것은 한 전체주의 국가에서 모든 합법적인 반대 홍보가 전무한 상태였음을 감안할 때 그 유례가 없는 사건이었다"고 쓰고 있다. 그러나 적어도 권력을 장악한 이후론 모든 선거가 매우 공정하게 치러졌으며 히틀러 자신이 부하들에게 절대 선거에 개입하지 말도록 지시를 내렸는데, 이는 히틀러 정권이 그만큼 대중적 지지를 누렸다는 걸 의미한다고 보는 시각도 있다.

히틀러는 제3제국의 시작을 선언했다. 962년에서 1806년까지 지속되었던 신성로마제국은 독일 역사상 제1제국으로 간주되었고, 1871년 '철의 재상' 오토 폰 비스마르크(Otto von Bismarck, 1815~1898)가 세워 1918년 1차 세계대전까지 지속된 제국이 제2제국이라면, 이제 자신에 의해 새로운 제국이 시작된다는 뜻이었다. 총리 취임 직후부터 독일의 재무장을 추진해온 히틀러의 제3제국은 1936년 3월 16일 그간 독일인들에게 울분을 안겨준 베르사유조약의 파기를 선언했다.

히틀러는 자기 한 사람에게 집중된 절대 권력을 감추기 위해 '대통령'이라는 호칭을 거부했다. 그는 '고인(故人)의 위대성'이 자기가 대통령이라는 직함을 사용하는 것을 허락하지 않는다고 너스레를 떨며 자신은 "공식적으로나 비공식적인 자리에서 지금까지 그래 왔던 것처럼 지도자이며 수상으로 불리기"를 바란다고 했다. 그래서 그는 이후 총통(Führer)으로 불렸다. 그러나 '대통령' 대신 '총통'이라는 호칭을 쓴 것은 결코 겸양의 뜻이 아니었다. 오히려 그 반대였다. 이후 히틀러의 선전선동은 더욱 체계적으로 강화돼 독일 국민을 집단 최면 상태로 몰아넣었다.

1937년경 선전부의 예산은 외무부의 예산을 능가했다. 히틀러의 모든 연설은 라디오로 전국에 중계되었다. 파시즘의 등장과 관련하여 이 라디오가 대단히 중요한 의미를 갖는다. 인류 역사 이래로 라디오를 통해 한꺼번에 수백, 수천만 명의 사람들에게 선전을 할 수 있게 된 건 바로 이때가 최초였음을 상기할 필요가 있다. 1939년경엔 독일 전체 가구의 70퍼센트 이상이 라디오를 보유하고 있었다. 또 영화도 최대한 활용되었으며 모든 활자매체엔 시시콜콜한 것에 이르기까지 '보도지침'이 하달되었다.

히틀러는 괴벨스라는 선전선동 전문가를 잘 활용했지만 그 자신도 괴벨스 못지않은 전문가였다. 그는 나치 선전선동가들에게 대중은 일용할 빵에 굶주리듯이 정치적 행동에서 지속적인 이상주의에도 굶주려 있다는 사실을 인식해야 하며 이러한 영적 굶주림을 만족시키지 못하는 운동은 대중들의 전폭적인 지지를 얻어낼 수 없고 결국 실패한다고 가르쳤다. 또 이런 말도 했다. "뇌에는 수많은 벽으로 나누어진 많은 공간이 있는데, 만약 당신의 구호로 그곳을 채우면 그 반대의 것은 나중에 들어갈 자리가 없어진다. 왜냐하면 뇌 속의 구역이 이미 당신의 구호로 가득 차 있기 때문이다."

히틀러는 1933년의 선거 유세에서도 정강(政綱) 발표를 거절하며 "모든 정강은 헛된 것이다. 결정적인 것은 인간의 의지, 건전한 통찰, 남자다운 용기, 성실한 신념, 내적인 의사, 이러한 것들이다"라고 주장했는데 이것이 바로 히틀러의 선전선동의 기본적인 성격을 잘 말해주는 대목이기도 했다.

"나의 양심은 히틀러다"

그렇다고 해서 히틀러에게 정강이나 강령이 무의미했냐 하면 그건 아니다. 어떠한 확정도 꺼리는 전략가의 습성이 그를 사로잡은 것뿐이었다. 히틀러는 『나의 투쟁』에 대해서도 "어쨌든 확실한 것은 내가 제국 수상이 되리라는 사실을 1924년에 미리 알았더라면 이 책을 쓰지는 않았을 것이라는 점이다"라고 말한 바 있지만, 그는 여전히 "내용상으로는 아무것도 고치고 싶지 않다"고 말했던 것이다. 이는 히틀러가 상황에 따른 즉흥성을 대단히 높게 평가한다는 것을 의미하는 것이기도 했다.

히틀러의 그런 특성을 잘 보여주는 것 가운데 하나가 공산주의에 대한 그의 태도 변화다. 히틀러가 공산주의를 혐오했던 건 분명하지만, 그게 그의 주요 관심사는 아니었다. 『나의 투쟁』엔 마르크스(Karl H. Marx, 1818~1883)라는 이름은 단 한 번밖에 나오지 않으며 레닌(Vladimir I. Lenin, 1870~1924)이라는 이름은 아예 나오지 않는다. 히틀러는 점차 시간이 지나면서 공산주의에 대한 공포를 불러일으켜 이를 정치적으로 이용하는 게 자신에게 큰 도움이 된다는 점을 깨달은 것으로 보인다.

히틀러는 1932년에 가진 한 인터뷰에서 "왜 당신은 스스로를 국가사회주의자라고 부르는 겁니까? 당신의 당이 표방하는 정강은 흔히 사회주의라고 믿어지는 것과는 정반대되는 내용을 담고 있지 않습니까?"라는 질문을 받고 다음과 같이 답했다.

"사회주의는 대중의 복지를 다루는 과학이오. 공산주의와 사회주의는 달라요. 마르크시즘은 사회주의가 아니오. 마르크스주의자들이 그 용어를 훔쳐와서 의미를 혼동시켜버렸소. 나는 사회주의를 사회주의자들과 엄격히 구분하고 있소. 사회주의는 고대 아리안족, 즉 독일 민족의 제도요. 우리 독일 민족의 선조들은 일정한 토지를 공유했소. 그들은 공동의 복지라는 사상을 추구했던 거요. 마르크시즘은 결코 자신을 사회주의로 위장할 권리가 없소. 마르크시즘과는 달리 사회주의는 사유재산을 부정하지 않고 또 애국적이오. 사실 우린 우리 당을 자유당이라고 이름 붙일 수도 있었소. 하지만 국가사회당 쪽을 택했소. 우리는 국제주의자들이 아니오. 우리의 사회주의는 국가적이오. 우리는 민족단결의 토대 위에서 국가에 의해 생산계급의 정당한 요구들이 성취돼야 한다고 주장하오. 우리에게 국가와 민족은 동일한 하나니까."

히틀러의 그런 특성은 '일상'에 대한 혐오로 나타났다. 히틀러는 독일 민족은 일상의 문제로 망했다며 일상의 문제에 대해서는 자신에게 말하지 말라고 요구했다. 그는 의회주의 체제가 위기에 처한 건 정

나치스 친위대를 시찰하는 히믈러(왼쪽)와 헤스(오른쪽). 헤스는 단체 수장들의 충성선서를 라디오로 중계하여 세뇌 공작에 일조했다.

당들과 그들의 목적이 지나치게 '일상적인 잡일'에 매달렸기 때문이라고 주장했다. "일상의 문제는 위대한 문제에 대한 시각을 흐려놓는다"는 것이다.

'양심'은 나치즘의 가장 큰 적이었다. 히틀러는 다른 사람들이 양심에 구애받지 않도록 설득했으며 스스로 그들의 양심의 역할을 맡기까지 했다. 그리하여 히틀러의 오른팔이었던 괴링은 "나는 양심이 없다. 나의 양심은 히틀러다"라고까지 주장했다.

1934년 2월 25일 루돌프 헤스(Rudolf Heß, 1894~1987)는 백만 명의 정치 지도자, 히틀러 청년단 지도자, 노동봉사대 지도자 들에게 라디오 중계를 통해 선서를 시켰는데, 그 선서 내용은 다음과 같은 것이었다. "아돌프 히틀러는 독일, 독일은 아돌프 히틀러, 히틀러에 충성을 맹세하면 독일에도 충성을 맹세하는 것."

그토록 이미지 조작과 쇼에 심혈을 기울였으니 많은 독일 여성이 히틀러를 흠모했다고 해도 크게 놀랄 일은 아니다. 나치는 "어린이, 교회, 부엌"의 3위 1체론을 강조하여 나이 든 여성들로부터 높은 지지를 받았지만, 히틀러의 카리스마는 젊은 여성들까지 매료시켰다. '여성해방으로부터의 여성해방'은 국제사회주의운동의 기본노선이었으며 이 노선에 따라 나치는 "여성의 세계는 남성의 세계보다 작다"거나 "남성과 여성은 태초부터 상이한 존재였으며 각자의 역할이 따로 있다"는 슬로건들을 외쳤지만, 여성들은 전혀 아랑곳하지 않고 히틀러와 나치에게 정치자금을 바치는 든든한 돈줄 역할을 자원했다.

『뉴스위크』 1935년 4월 6일자는 "히틀러가 얼굴을 붉히면서 찡그리며 신비한 웅변을 토해낼 때 여자들은 실신한다"고 썼다. 훗날(1995년 3월)에 출간된, 히틀러를 짝사랑한 여인들의 연서(戀書) 모음집도 히틀러의 선전술 효과에 대한 좋은 증언이 될 것이 틀림없다. "다른 남자는 사랑할 수 없어요. 내 사랑 히틀러, 베를린에서 만날 수 있기를 바랍니다."(한나) "당신을 통째로 삼킬 수 있을 만큼 사랑해요. 내 집 열쇠를 보내드릴게요."(바이엘) "내 마음 밑바닥에서 우러나는 충심은 당신 아이를 갖고 싶다는 것입니다."(프리델)

정치의 미학화

히틀러의 예술가 자질에 대해선 찬반양론이 무성하지만, 그가 정치와 예술을 구분하지 않았다는 데에 이론을 제기하는 사람은 없다. 페스트(Joachim C. Fest, 1926~2006)는 발터 벤야민(Walter Benjamin, 1892~1940)이 파시즘을 가리켜 '정치의 미학화(Ästhetisierung der Politik)'라는 표현을 쓴 사실을 상기시키면서 "독일 민족의 정치에 대한 관념은 전부터 이미 언제나 미학적인 것이었으므로 파시즘은 독일 사람들을 특별히 격렬한 힘으로 사로잡을 수 있었다"고 말한다.(Fest 1998)

물론 히틀러의 '미학'은 시대착오적인 것이었다. 그는 독일의 과거를 동경했다. 무솔리니가 '로마제국의 영광'을 동경했다는 점을 감안한다면, 이는 파시즘 이데올로기의 공통된 특성으로 보아야 할 것이다. '정치의 미학화'를 구체적으로 가장 잘 보여준 것이 거대한 의식(儀式)이었다. 이러한 의식을 전담하는 부서까지 만들어졌다. 무대의 마법 효과를 극대화하기 위해 수많은 행사들은 저녁이나 밤 시간에 이루어졌는데, 페스트는 1937년의 당 대회에 대해 다음과 같이 말한다.

"팡파르가 울리는 가운데 히틀러는 높게 만들어진 주 무대의 가운데로 올라섰다. 하나의 구령에 따라서 무대 맞은편에서 3만 개 이상의 깃발물결이, 꼭대기와 술 장식이 조명을 받아 빛을 내면서 무대를 향하여 쏟아져내렸다. …… 폐회에 맞추어 10만 명이 파도를 이루며 다

히틀러가 카퍼레이드 중 자동차 뒷좌석에서 한 팔을 수직으로 뻗은 채 꼿꼿이 서 있다.

섯 시간 정도 행진했다. 이 행진의 물결은 성모 마리아 교회 앞 중세적인 시장 광장에서 히틀러 앞을 행진해 갔다. 그는 덮개 없는 자동차의 뒷좌석에 선 채로 팔을 수직으로 뻗고 움직이지 않고 굳은 듯이 서 있었다. 그의 주변으로는 오래된 도시의 낭만적인 분위기가 감돌았다. 어떤 외국인 관찰자가 기록한 것처럼 '거의 신비적인 황홀경, 일종의 신성한 망상'의 분위기였다. 히틀러처럼 다른 사람들도 이 며칠 동안 비판적인 신중성을 잃어버리고 한 프랑스 외교관이 말한 것처럼, 자기들도 국가사회주의자가 되었다고 고백하고 싶어지곤 했다."

히틀러의 지적 수준에 대해선 다양한 평가가 나오고 있는데, 영국의 역사학자 아놀드 토인비(Arnold J. Toynbee, 1889~1975)의 평가는 매우 긍정적이다. 그는 1936년 3월 어느 날 베를린 정치대학의 초청으로 강연차 왔다가 히틀러와 단독 대담을 한 적이 있는데, 그는 나중에 쓴 「히틀러 회견기」에서 다음과 같이 말했다.

"나의 눈은 히틀러의 손동작을 좇았다. 그는 아름다운 손을 언어의 반주로 썼는데 그 제스처는 우아했으며 음성도 인간적으로 매우 듣기 좋았다. 2시간 15분 동안 히틀러는 논리정연하고 명쾌하게 논리를 전개시켰다. 학술 강연자 중에서도 그처럼 오랜 시간 동안 단 한 번도 이론의 갈피를 잃지 않고 말하는 사람을 나는 본 적이 없었다."

페스트는 세간에 널리 알려진 히틀러의 발작적 행동들도 모두 다 히틀러에 의해 '통제된' 것이라고 주장한다. 히틀러는 생각 없는 말은 한 번도 뱉은 적이 없다는 것이다. 페스트는 "히틀러가 감정적으로 자제하지 못하고 거칠게 행동한다는 널리 알려진 이미지는 법칙과 예외의 관계를 정확하게 거꾸로 뒤집은 것이다. 그는 생각할 수 있는 한 가장 집중된 존재였고, 경련이 일어날 정도로 엄격하게 훈련된 인물이었다. 히틀러의 그 유명한 분노의 폭발도 사실은 심사숙고해서 펼치는 자기 흥분이었다"며 다음과 같이 말한다.

"초기의 관구 지도자 한 사람은 미쳐 날뛰는 히틀러가 문자 그대로 침이 입술 가장자리에서 턱으로 흘러내리고 분노로 정신을 잃을 것처럼 보였는데, 그럼에도 불구하고 단 한 순간도 예외 없이 지적으로 정확하게 통제된 논리적 근거를 제시해서 이 모든 겉모습이 거짓이라는 사실을 폭로했던 일을 묘사하고 있다. 그가 일부러 광증(狂症)에 대한

'신성한 두려움' 같은 것을 만들어내려 애썼다고 추측하는 것은 물론 지나친 일이다. 그렇지만 히틀러가 그 같은 상황에서도 자기 통제력을 잃어버리지 않고 다른 사람들의 감정과 자신의 감정까지도 이용하려 했다고 전제할 수는 있을 것 같다."

히틀러는 예수 그리스도?

그러나 많은 독일인들을 매료시킨 히틀러의 강점은 결코 지적 수준이 아니었다. 독일 지식인들 가운데엔 기회주의적인 히틀러 추종자들이 적지 않았지만, 그게 전부는 아니었다. 철학자인 마르틴 하이데거(Martin Heidegger, 1889~1976)와 같은 골수 지지자들도 적지 않았는데, 페스트는 많은 지식인들이 히틀러를 지지한 심리적 배경에 대해 다음과 같이 말한다.

"그들은 오히려 권력 장악의 진동과 국민적인 출발의 감격에 휩쓸렸다. 그러한 감격은 스스로 바치고 통합되고자 하는 항거할 수 없는 욕구를 일깨웠다. …… 지식인들은 자기들의 문자 세계에 고립된 채 대중과의 결합을 갈망하고 대중의 생명력, 감정주의, 역사적인 작용력 등에 동참하기를 갈망했다. …… 지식층은 오래전부터 자기 자신에 절망하고 시대의 온갖 이론적 싸움에 물려서 '사상으로는 사물에 더 이상 다가갈 수 없다'는 깨달음을 되찾은 참이었다. 그것은 바로 이념, 개념, 체계 들로부터 도망쳐서 단순하고 복잡하지 않은 소속감을 가지려는 욕구였다. 국가사회주의운동에 동참한다는 소속감은 수많은 전향자들을 불러들였다."

지식인 추종자들이 너무 많았기 때문이었을까? 나치는 지식인들을 우습게 알았다. 물론 나치즘의 속성 자체도 '반(反) 지성주의'여서 히틀러 치하에선 대학 졸업자 수가 급격히 떨어졌으며 히틀러 자신도 대학으로부터 명예박사 학위 받기를 거부했다.

1930년대 후반 독일 교수들의 위상을 보여주는 한 일화가 있다. 히틀러 정권의 대관구장관 슈트라이허(Julius Streicher, 1885~1946)는 베를린대학에서의 한 연설에서 "대학 교수 전원의 뇌를 모아서 저울대 한쪽에 올려놓고 또 한쪽에 히틀러 총통의 뇌를 올려놓는다면 어느 쪽으로 기울 것이라고 생각하느냐"고 말했다는 것이다. 언론인들도 비슷한 취급을 받았다. 히틀러는 1938년 11월 언론 대표들 앞에서 행한 연설에서 이들을 "닭의 족속"이라고 면전에서 모욕했다. 괴벨스는 한 술 더 떠 지식인들을 싸잡아 "기생충 같은 구더기들"이라고 불렀다.

히틀러는 그 당시 이미 신(神)의 경지에까지 올랐던 건지도 모르겠다. 실제로 1937년 9월 뉘른베르크 나치당 집회에서는 히틀러의 대형 사진과 함께 그 밑에 "태초에 말씀이 계시니라"라는 글이 쓰여 있었으며, 함부르크 시장은 "우리에게는 신부나 목사가 필요 없다. 우리는 아돌프 히틀러를 통해서 신과 직접 소통한다. 그는 그리스도와 같은 자질을 많이 가지고 있다"고 주장했다. 또 튀링엔의 어떤 흥분한 장로는 "그리스도께서 아돌프 히틀러의 모습을 하고 우리에게 오셨다"고까지 주장했다. 집회 도중 '총통 각하'가 연단에 올라서는 어느 순간 태양이 구름을 뚫고 나타나는 장면을 관찰했다고 주장한 괴벨스는 나치 집회를 '장엄 미사'로 여겼다.

히틀러 스스로도 그리스도 행세를 하는 주장을 하곤 했다. 그는 1937년 11월 당 집회에서 "여러분이 나를 찾아냈다는 사실이, 수백만 명 중에서 나를 찾아냈다는 사실이 우리 시대의 기적입니다. 그리고 나는 여러분을 찾아냈습니다. 이것이 독일의 운명입니다"라고 말했다. 히틀러는 1933년 2월 19일, 수상이 된 다음 처음 가진 라디오 연설에서도 자신과 나치를 예수와 열두 제자처럼 묘사하는 화법을 구사했다. 자신은 독일 국민의 재탄생을 위해 모든 것을 희생할 뜻이 있는 평범한 사람이며 초기의 나치 당(黨)은 씨앗을 뿌린 사도들이었다는 것이다.

당시 독일인들의 90퍼센트 이상이 교회에 다니는 것으로 추정되었는데, 이 가운데 3분의 2가 개신교, 3분의 1이 가톨릭이었다는 점을 감안할 필요가 있을 것이다. 1941년 히틀러의 생일을 맞아 나온 한 나치 간행물의 특집호는 "총통은 독일 민족의 최고의 종합이다. …… 그는 괴테의 보편성, 칸트의 깊이, 헤겔의 역동성, 피히테의 애국심, 프리드리히 2세의 천재성, 비스마르크의 현실주의, 바그너의 소용돌이치는 영감, 슈펭글러의 투시력을 구현한다"고 주장했다. 페스트는 히틀러 지지의 종교적 성격에 대해 다음과 같이 말한다.

"철학자 프리드리히 니체의 동생인 엘리자베트 푀르스터 니체는 히틀러가 바이마르를 방문한 다음 그에게서 '정치적이라기보다는 종교적인 의미를 가진 사람이라는 인상'을 받았다고 말했다. 사람들이 그에게 몰려들게 하고, 그의 승리와 상승을 가능케 했던 것은 이념적 요소들이 아니라 이런 형이상학적인 특성들이었다. 히틀러의 대중적인 성공은 무엇보다도 종교심리적인 현상이었다. 그것은 정치적 신념이라기보다는 오히려 영적 상태로 보였다. …… 히틀러의 증오의 구호에 공명한 것은 무시무시한 독일의 반유대주의가 아니었다. 그는 다만 눈에 보이는 적이라는 공격 대상을 다시 붙잡은 것뿐이다. 그가 모아들인 것은 아주 독특한 독일 사람들의 전투정신이 아니라 오랫동안 무시되어온 자기 존경, 민족적 자존의 감정이었다."

'히틀러가 마르크스를 집어삼킨다!'

독일 국민들이 단지 물리적 억압과 선전선동 그리고 민족적 자존의 감정 때문에 히틀러를 지지했을 것이라고 보기는 어렵다. 다른 실질적인 이유도 있었을 것이다. 홍사중(1997a)은 "1933년 1월에 히틀러가 정권을 맡고 독일제국 수상이 되었을 때 독일에는 600만이 넘는 실업자가 있었다. 그러나 불과 3년 후인 1936년에는 완전히 자취를 감추었다. 거의 모든 국민이 비록 넉넉하지는 못하다 하더라도 끼니를 걱정하지 않아도 좋을 만큼 살림이 나아졌다. 이와 함께 절망 속에 잠겨 있던 사람들에게 미래에 대한 희망과 자신감을 안겨준 것도 히틀러였다. 그는 폭력만으로 대중에게 자기를 따르게 만든 것이 아니었다"며 다음과 같이 말한다.

"히틀러의 외교적인 성과는 그동안 그에게 반대해오던 사람들까지도 마음을 돌리게 만들 만큼 눈부신 바가 있었다. 그는 자르 지방의 복귀, 라인란트의 재무장화, 일반 병역의무제의 도입 등, 베르사유조약의 차별적인 규제들을 단시일 내에 차례로 무너뜨려나갔다. 16년이 넘도록 우유부단하고 타협적이며 피동적인 외교를 벌여온 바이마르 공화국을 역겹게 여겨온 국민이 볼 때 히틀러의 단호하고 도전적인 자세는 여간 믿음직스럽지가 않았다. 그리고 히틀러의 뛰어난 지도력을 통해 독일 민족이 약진하게 되는 날을 꿈꾸기란 그리 어렵지가 않았다."

히틀러의 주된 공격의 대상이 된 건 공산주의였다. 그는 공산주의를 최대한 이용했다. 페스트는 히틀러가 세계혁명과 역사를 결정하는 프롤레타리아의 힘이라는 신화에 대항하여 경쟁할 만한 이데올로기를 마주 세웠으며, 괴벨스가 만들어낸 "아돌프 히틀러가 카를 마르크스를 집어삼킨다!"는 구호가 맨 처음에 생각되었던 것처럼 그렇게 엉터리가 아니었다며, 다음과 같이 말한다.

"이데올로기의 주도권은 1930년대에 모스크바에서 베를린으로 넘어왔으며, 계급 간의 화해라는 유토피아가 모든 계급에 대한 한 계급의 독재라는 유토피아보다 훨씬 우세했다. 그래서 히틀러는 두려움에 떠는 프롤레타리아 상당수도 자기편에 끌어들여서 모든 계급과 의식과 존재 방식이 화려하게 뒤섞인 자신의 추종세력으로 남길 수가 있었다. 그런 의미에서 그는 사실상 '마르크스주의의 파괴자'라는 자신의 요구에 잘 들어맞았다. 적어도 그는 마르크스주의의 약점을 드러냈고, 마르크스주의가 역사법칙을 자기편으로 하고 있지 못하다는 사실을 보여주었다. 수많은 현혹하는 이데올로기들이 주장하듯이 그는 쇠퇴하는 자본주의 최후의 절망적인 발걸음은 아니었던 것이다."

나치가 1930년대 후반에 실시한 '기쁨을 통한 힘(KdF; Kraft durch Freude)' 운동도 히틀러에 대한 지지를 높이는 데에 크게 기여했는데, 바로 이것이야말로 '마르크스주의의 파괴'를 위한 것이기도 했다. 이 운동의 핵심은 노동자들에게 저렴한 단체관광여행과 다양한 여가 활동 프로그램을 제공하는 것이었는데, 1939년까지 700만 명이 넘는 노동자들이 장기 휴가 여행을 했으며 당일치기 관광여행을 한 노동자도

폭스바겐은 이른바 자동차 파시즘의 산물로 독일 대중의 마음을 사로잡았다. 1939년 폭스바겐의 신모델 출시 리셉션 현장. ⓒ Deutsches Bundesarchiv

3500만 명에 이르렀다. 또 나치가 기업주나 노동자나 똑같은 작업복을 입고 일하게 하는 등 사회적 평등의 정서를 퍼뜨린 것도 히틀러와 나치에 대한 지지에 적잖은 기여를 했다.

이른바 '자동차 파시즘'도 한몫 거들었다. 히틀러는 1933년 전 국토에 대규모 고속도로를 건설하는 '아우토반 건설계획'을 발표한 데 이어, 1934년엔 자동차가 '특권계급의 독점물'인 현실을 지적하면서 국민이라면 누구나 소유할 수 있는 '국민차(Volkswagen)' 생산을 선언했다. 1938년 최초의 국민차인 폴크스바겐38이 출시되자 히틀러는 '강함과 기쁨의 차' 저축운동을 통해 모든 노동자가 자동차를 소유할 수 있게끔 하겠다고 장담했다. 이 운동은 2차 세계대전으로 중단되고 말았지만 당시 독일 대중의 마음을 사로잡았다. 히틀러가 아우토반과 국민차를 '민족공동체'의 건설을 내세워 정치적 선전용으로 이용한 것처럼, 이탈리아의 무솔리니와 스페인의 프랑코도 '자동차 파시즘'으로 장기집권의 토대를 구축했다. 이처럼 파시즘의 유지엔 자동차가 결정적 영향을 미쳤다고 해도 과언이 아닐 정도로 파시즘 지도자들은 자동차를 '국가·민족의 영광을 위한 실체이자 상징'으로 이용했다.

참고문헌 Eatwell 1995, Fest 1998, Fromm 1988, Gasset 2005, Guerin 1974, Heath & Potter 2006, Hitler 1989, Knopp 2003, Langer 1999, Laqueur 1997, Möser 2007, Nolte 1996, Overy 2008, Reuth 2006, Sabine & Thorson 1983, Schwarzwäller 2002, Sigmund 2001, Sylvester 1994, Thurlow 1999, Virilio 2004, Welch 2001, 김민아 2009, 마에마 다카노리 2004, 요미우리 1996, 홍사중 1997·1997a

이탈리아의 에티오피아 침공
무솔리니·히틀러의 경쟁과 밀월

무솔리니의 선전선동술

무솔리니도 히틀러 못지않은 선전 공세로 자신을 미화시키는 데에 총력을 기울였다. 그의 선전 메시지의 핵심은 '상처받은 로마의 자존심 회복'으로 국민들에게 자신이 '유럽 최대의 인물'임을 강조하는 것이었다. 무솔리니와 히틀러는 자신들을 '신격화'하는 수법을 썼지만, 둘은 동시에 자신들이 '보통 사람' 출신임을 집요하게 강조했다. 무솔리니의 경우, 다음과 같은 수법들도 동원되었다.

"그는 자기가 하루 19시간씩 일하면서 국가를 사실상 혼자서 이끌어가고 있다는 인상을 주기 위해 하루 9시간씩 잠을 자는 동안 그의 서재 전등불을 밤새도록 켜놓기도 했다. 의회는 그의 장광설을 청취하는 극장으로 변하고 말았으며, 속기록은 홍보용으로 수정하여 발표하기가 일쑤였다. 그는 신체적 과시욕에 사로잡혀, 사진을 찍을 때는 항상 그의 남성다운 턱을 앞으로 내밀고 가슴을 쫙 펴곤 했으며, 군중

무솔리니는 신체적 과시욕에 사로잡혀 '로우 앵글' 사진만 고집했다. ⓒ Deutsches Bundesarchiv

대회에 나설 때는 작은 키를 감추기 위해 발판 위에 올라서는 농간을 부렸다."(Time-Life 1987)

무솔리니가 작은 키를 감추기 위해 발판 위에만 올라선 건 아니다. 그의 모든 사진은 카메라의 각도가 아래에서 위를 바라봄으로써 공포감, 경외심, 존경심을 자아내는 '로우 앵글'로만 찍혔으며 그리고 무솔리니보다 더 키가 작은 국왕을 내려다보는 모습으로만 찍혔다. 또 무솔리니는 빨간 스포츠카와 탱크를 모는 자신의 모습을 담은 사진을 좋아했는데, 자신을 '영웅화' 하는 데에 도움이 될 것이라고 판단해서였다. 또 그는 직접 비행기를 조종하고 이탈리아의 산하를 누비고 다녔는데, 이는 일종의 '근대화' 과시를 위한 것이었다.

히틀러와 마찬가지로 무솔리니도 군중의 피를 끓게 만드는 탁월한 연설가였으며 선전을 위해 라디오를 최대한 활용했다. 라디오 수신기 수는 1932년 30만 대에서 1938년엔 100만 대로 늘었다. 스포츠도 선전 도구로 활용되었는데 1934년 월드컵대회는 이탈리아에서 개최되고 이탈리아가 우승을 차지해 무솔리니 정권의 선전에 크게 기여했다. 또 자동차경주 대회도 선전에 이용돼, 이후 이탈리아는 축구와 자동차경주 대회에서 세계의 정상권으로 군림하게 되었다.

물론 그게 전부는 아니었다. 아무리 뛰어난 선전이라고 해도 무(無)에서 유(有)를 창조하기는 어려운 일이다. 그가 집권 초기에 이룩한 업적들엔 다음과 같은 것들이 있었다.

"이탈리아의 새 지도자, 즉 '두체(Duce)' 는 지방 사투리의 사용을 금하고 학교 교과를 표준화하는 등 국민의 통일을 위해 진지한 노력을 기울였다. 거대한 선전기관을 동원하여 정부의 범죄와 과오를 미화하는 한편, 시칠리아의 마피아 소탕, 말라리아가 만연한 로마 근교의 폰티네 늪의 배수 작업 그리고 외국인들이 높이 평가한 '열차의 정시운행' 실현 등 정부의 공적을 대대적으로 선전했다." (Time-Life 1987) 이 가운데 특히 '열차의 정시운행' 과 마피아 소탕이 널리 선전되었고 인정을 받았는데, 사실 그의 인기는 한때 하늘을 찌를 듯이 높았다.

1930년대 초반까지가 무솔리니의 최대 전성기였다. 그는 1933년에 가진 한 인터뷰에서 독재자도 대중으로부터 사랑받을 수 있다고 주장하면서 "대중은 강한 사람을 사랑합니다. 그런 면에서 대중은 여성과도 같죠"라고 말했다. 또 그는 권력의 절정에 있을 때, 히틀러와 자신의 차이점은 자신은 이류 국가의 일류 지도자인 데 반해 히틀러는 일류 국가의 이류 지도자라고 말하기도 했다.

무솔리니와 히틀러의 경쟁

무솔리니는 자신이 파시즘의 원조(元祖)라는 자부심이 매우 강했다. 1920년대까지만 해도 나치를 포함한 독일 내의 여러 정치 단체들에게 재정적 지원을 하기도 했으니 그럴 만도 했다. 무솔리니는 히틀러를 '어릿광대'라고 부르면서 비웃기도 했지만 시간이 점점 흐르면서 가슴 한구석엔 히틀러에 대한 불안감이 자리 잡게 되었다.

무솔리니의 히틀러에 대한 견제 심리는 1934년 히틀러의 오스트리아 침공을 방해한 것이나 1935년 독일을 견제하는 데에 있어 영국과 프랑스 진영에 참여한 것에서도 엿볼 수 있다. 그러나 그런 외교상의 견제는 무솔리니가 궁극적으로 히틀러를 닮아가는 데에 큰 장애가 되진 않았다. 어찌 보면 무솔리니가 히틀러에게 지지 않기 위해 히틀러와의 경쟁에 뛰어들었다고 볼 수도 있을 것이다.

그런 경쟁의 일환으로 무솔리니는 1935년 10월 2일 이탈리아 전국의 거리와 광장에 모여든 2000만 명의 사람들에게 라디오를 통해 에티오피아에 대한 전쟁을 선포했다. "우리 조국의 역사에서 위대한 시간이 시작되었습니다. …… 4000만 이탈리아 사람들은 힘을 모은 공동체가 되어서 하늘 아래 자기 자리를 뺏기지 않을 것입니다!"

이탈리아는 1896년에 에티오피아를 침공했다가 치욕적인 패배를

1935년 10월 무솔리니는 '검은 셔츠단'의 열렬한 환호 속에서 에티오피아에 대한 전쟁을 선포했다.

당한 바 있었기에, 이 침공은 다수 이탈리아인들로부터 옛 로마제국의 영광을 재현시켰다는 찬양을 받았다. 그가 가는 곳마다 열광적인 군중들이 '지도자'라는 의미의 '두체!'를 외쳐대며 환호했다. 그러나 에티오피아 침공은 그런 환호를 받아도 좋을 만한 것이 결코 아니었다. 그건 아주 더러운 전쟁이었다. 이탈리아 군대는 비인간적인 전쟁의 새로운 양식을 확립하는 전례 없는 잔인성으로, 심지어는 독가스까지 사용하면서 전투했고 아무런 준비도 없는 거의 무방비상태의 적을 절멸시켰다. 1936년 5월 9일 무솔리니는 베네치아 광장의 발코니에서 열광하며 모여든 사람들에게 '운명적인 로마의 언덕들 위에 제국이 되돌아온 것'을 선포했다.

무솔리니의 에티오피아 침공은 무솔리니와 히틀러 사이에도 적잖은 변화를 가져왔다. 히틀러가 여태 여러모로 노력했음에도 거의 적대적으로 자신을 거부하던 무솔리니를 또 다른 동맹자로 얻기 위해 에티오피아 침공을 결국엔 지지했기 때문이다.

1936년 10월, 이탈리아의 외무장관이 독일을 방문했을 때 히틀러의 집무실에 무솔리니의 무거운 청동상이 세워져 있는 것을 보았다. 히틀러는 아주 특별한 존경의 몸짓을 보이며 무솔리니가 "전 세계의 지도적인 정치가"이며 "누구도 그 근처에는 미치지 못한다"고 찬양했다.

무솔리니와 히틀러는 금주와 금연을 하고 위장병을 앓았으며 자질구레한 잡담을 싫어하고 친구가 없었다는 점에서 매우 비슷했다. 그러나 허영심은 무솔리니가 더 강했던 것으로 보인다. 그의 생전에 출간된 어록집만 해도 400여 개에 이르렀으며 이는 어린아이들에 의해 낭송되기도 했다.

강한 허영심의 당연한 귀결이지만, 현실감의 상실에 있어서도 무솔리니가 히틀러보다 한 수 위였던 것으로 보인다. 예컨대, 나이를 먹는 것에 대해서도 히틀러는 자신의 50회 생일을 감추지 않았던 반면 무솔리니는 언론이 자신의 나이를 언급하지 못하게 했다. 무솔리니의 허영심과 현실감의 상실은 점차 히틀러의 페이스에 말려드는 결과를 낳았다.

무솔리니와 히틀러의 밀월(蜜月)

1937년 9월, 무솔리니는 드디어 독일을 방문했다. 무솔리니와 히틀러는 1934년 6월 베니스에서 최초로 회동한 적이 있긴 했지만, 그때는 두 사람 모두에게 감동스러운 만남은 아니었다. 무솔리니는 당시 자신의 독일어 실력을 자랑스럽게 과시했지만, 상호 의사소통이 잘 안 돼 이후 한동안 껄끄러운 관계를 유지했다. 그러나 이번 방문은 달랐다. 히틀러는 무솔리니를 감동시키기 위해 자신이 직접 나서서 환대의 구체적인 방안까지 내놓았다. 그건 거대한 환영의식(儀式)이었다. 페스트(Fest 1998)는 다음과 같이 말한다.

"월계수 나무에 둘러싸인 로마 황제들의 흉상을 두 줄로 늘어세우고, 이탈리아 제국의 지도자이며 새로운 창설자를 유럽 국가 역사의 고귀한 조상들의 대열에 세웠다. …… 베를린은 무대 미술가인 베노 폰 아렌트의 도움을 받아서 브란덴부르크 문과 베스텐트 사이 1킬로미터 거리에 승리의 길을 만들었다. 풍부한 주름 장식을 늘어세우고 꽃장식과 재치 있게 엮은 깃발들, 이탈리아 파시스트의 표장들, 갈고리 십자가와 다른 상징물들, 경탄을 불러일으키는 무대장치 등으로 꾸몄다. …… 린덴 거리에는 꼭대기에 황금 독수리가 앉아 있는 수백 개의 기둥들이 세워졌다. 밤을 위해서는 이탈리아의 초록·하양·빨강 기와 갈고리 십자가 깃발을 이용한 조명이 준비되었다. …… 무솔리니는 자기에게 베풀어지는 이 모든 숭배의 진지함과 솔직함에 깊은 감동을 받으며 히틀러와 나란히 덮개 없는 자동차를 타고서 독일제국 수도로 들어갔다. 시찰, 퍼레이드, 연회, 집회 등이 이어졌다. …… 히틀러는 좀처럼 분리되지 않은 감정을 보일 능력이 없는 사람이었지만 이 이탈리아 독재자에게는 이상스럽게도 개방된, 거의 순진하다고 할 정도의 호의를 보였다. …… 무솔리니는 그가 아무런 편견, 계산, 질투 없이 대했던 몇 안되는 사람들 중 하나였다. 상대방도 자기처럼 별다른 배경이 없는 상황에서 출발한 사람이라는 것도 작용했다. …… 무

1934년 6월 베니스에서 최초로 회동한 무솔리니(오른쪽)와 히틀러. 당시 의사소통이 잘 안돼 한동안 껄끄러운 관계를 유지하던 두 사람은 이후의 만남에서 결속을 다지게 된다.

솔리니는 히틀러의 영향에 점점 더 자신을 맡겼다. 다른 수많은 사람들이 그랬듯이 무솔리니도 이상할 정도로 저항 없이, 초라하게, 마지막에는 지쳐빠져서 그렇게 했다. 그가 비위 맞추기와 화려한 행사의 효과에 정신이 팔려서 정치적 고려를 잊은 이 순간에 그는 근본적으로 패배한 것이었다. …… 이렇게 해서 히틀러는 자신의 동맹 구상의 한 편을 놀라울 정도로 빠르게 성취했다. 현대사에서 처음으로 두 국가가 이데올로기의 표지 아래서 하나의 '행동 공동체'로 결속되었다."

1938년 5월 초, 히틀러도 수많은 장관들, 장군들, 당직자들을 거느리고 이탈리아를 공식 방문했다. 몇 년이 지난 후에도 히틀러가 이 방문에 대해 흐뭇하게 몽상적으로 말할 정도로 무솔리니의 영접은 거대한 의식(儀式)의 대향연이었다. 페스트는 다음과 같이 말한다.

"무솔리니가 독일을 방문했을 때 히틀러가 온갖 것을 다 보여주려 애썼듯이 이제 무솔리니도 히틀러의 경비를 능가하기 위해 애썼다. 영원한 도시의 배경은 깃발과 속간(束棒)들, 갈고리 십자가들로 화려하게 치장되었다. 철로변에 늘어선 집들을 새로 칠하고 성 파올로 푸오리 근처에 특별 정거장을 만들었다. …… 무솔리니의 영접과 환대는 히틀러에게 깊은 인상을 주었다. 화려한 행진을 하는 가운데 새로운 '로마길'을 선보였다. 나폴리의 함대 퍼레이드에서는 100대의 잠수함들이 동시에 물속으로 숨었다가 몇 분 뒤에 유령처럼 정확하게 다시 떠올랐다."

이 모든 거대한 의식(儀式)들이 파국을 향한 대질주로서의 스펙터클이라는 건 수년 내로 드러나지만 '국가의 힘'을 추구하는 열망은 20세기 초반 모든 강대국들을 사로잡은 종교와도 같은 것이었다. 방향은 달랐을망정 미국도 이 종교적 주술에서 자유로울 수 없었다.

참고문헌 Eatwell 1995, Fest 1998, Giannetti 1990, Gregor 1998, Guerin 1974, Laqueur 1997, Sylvester 1994, Thurlow 1999, Time-Life 1987

제3장

뉴딜은 파시즘인가?

'국가의 힘'을 위하여
미국의 파시즘과 우생학

미국의 파시즘

미국은 유럽 문제에 휘말리지 않기 위하여 1935년 중립법(Neutrality Act)을 제정하여 모든 교전국에 대한 무기판매를 금지시켰다. 루스벨트는 내키지 않았지만 받아들였다. 그러나 석유만은 수출 금지 품목에서 제외돼 파시스트 이탈리아로의 석유와 가솔린 수출은 3배로 늘어났다. 이탈리아로의 석유와 가솔린 수출이 시사하듯이, 1930년대 후반은 미국이 파시즘에 결사반대하던 상황은 아니었다.

1937년 이탈리아 주재 미국 대사 윌리엄 필립스(William Phillips, 1878~1968)는 "대중의 생활여건 개선을 위한 무솔리니의 노력에 크게 감명을 받았으며", 파시스트의 견해에 찬성할 수밖에 없는 "많은 증거들"을 발견했다고 말했다. 그는 "국민의 복리가 주 목적인 한, 그들은 진정한 민주주의를 구현하고 있다"고 설명했다. 그는 무솔리니의 업적을 "언제나 놀라운 경탄의 원천"으로 간주했고, 무솔리니의 "위대한 인간적 자질"을 열광적으로 찬양했다.

이에 적극 동조한 국무부도 무솔리니가 에티오피아에서 이룬 "훌륭한 업적들"을 찬양하고, 파시즘이 "혼란상태에서 질서를 회복하고 방종과 무법상태에 규율을 부여하고, 경제파탄에 대해서 해결방안을 만들어냈다"고 긍정 평가했다. 국무부는 유럽 파시즘을 여전히 중도세력으로 간주했고 그 세력이 "성공하지 못할 경우, 이번에는 실망한 중산층까지 가세한 대중이 다시 좌익으로 돌아설 것"으로 보았다. 1939년 루스벨트도 이탈리아 파시즘을 "아직 실험단계에 있지만, 세계에 대단히 중요한 것"으로 계속 간주했다.

파시즘은 독일·이탈리아 등 유럽에만 국한된 현상도 아니었다. 미국에서도 1930년대에 린드버그를 비롯해 파시즘이 제법 큰 지지세력을 형성했다. 미국 전역에서 갈색 셔츠를 입고 열광적으로 히틀러를 지지하는 움직임이 일어났다.

작가 싱클레어 루이스(Sinclair Lewis, 1885~1951)는 1935년 당시 세태를 풍자한 『여기 미국에서야 그런 일은 결코 일어날 수 없지(It Can't Happen Here)』라는 책까지 썼는데 소설의 구성은 파시즘이 어떻게 미국에서 실제로 발생하는지

싱클레어 루이스의 소설 『여기 미국에서야 그런 일은 결코 일어날 수 없지』를 무대에 올린 디트로이트 극장의 홍보 포스터.

에 대한 것이었다. 정확히 파시즘운동이라고 말할 순 없을망정 파시즘 성향이 농후했던 대표적인 운동은 휴이 롱 운동(Huey Long Movement)과 커글린 운동(Coughlin Movement)이다.

휴이 롱과 찰스 커글린

1928년 "모든 사람은 무관(無冠)의 제왕이다"라는 슬로건을 내세워 루이지애나 주지사에 당선된 롱(Huey P. Long, Jr., 1893~1935)은 특유의 카리스마와 선동정치로 루이지애나를 완전 장악해 '루이지애나의 독재자'로 불린 인물이다. 그는 무엇보다도 '언론플레이'를 제대로 이해하는 인물이었다. 흰 양복, 핑크색 셔츠, 자주색 타이 등 복장에서부터 모든 언행에 이르기까지 광대짓의 정치적 장점을 깨닫고 실행에 옮김으로써 늘 언론의 주목을 받았다. 그는 『루이지애나 프로그레스(Louisiana Progress)』라는 자신의 신문을 발간했으며 나중엔 이를 전국으로 확대시킨 『아메리칸 프로그레스(American Progress)』를 발간하기도 했다.

롱은 루스벨트와 상호 신뢰는 없었지만 서로 필요에 따라 지지를 주고받는 공생관계를 맺었다. 롱은 처음에는 뉴딜정책을 지지했으나 1934년 재산분배협회(Share Our Wealth Society)를 조직해 자신만의 선동적인 해결책을 제시했다. 이에 따르면 정부가 100만 달러 이상의 수입과 500만 달러 이상의 상속 재산에 대해 과세한다면 누구든지 연소득 2000달러 이상의 수입을 올릴 수 있다는 것이었다.

롱의 주장은 상당한 호응을 얻어 1935년 중반엔 재산분배협회의 회원 수가 700만 명에 달한다고 할 정도였고, 흑인들의 열렬한 지지까지 누렸다. 1935년 루스벨트가 '제2의 뉴딜'로 좌로 더 기운 건 롱을 견제

'루이지애나의 독재자' 휴이 롱. 그는 복장에서부터 언행에까지 광대짓의 정치적 장점을 누구보다 잘 알고 있었다.

하기 위한 목적이 컸다. 이런 지지기반을 근거로 롱은 대통령직 도전도 가능할 것처럼 보였는데 1935년 9월 사적 원한을 품은 사람에게 암살당함으로써 그의 꿈은 물거품이 되고 말았다.

미시간 주에서 라디오로 방송되는 주일설교로 열성 지지자를 거느리게 된 가톨릭 신부 찰스 커글린(Charles E. Coughlin, 1891~1979)은 라디오가 낳은 시대의 스타였다. 커글린은 1926년 10월 17일 첫 설교방송이 나가자마자 폭발적인 호응을 얻자 곧 여러 명의 비서를 두고 지지자들을 관리해 기부금 모집에 나섰다. 나중엔 그런 일만 하는 비서가 수십 명에 이르렀다. 건장한 체격, 카리스마 풍기는 용모, 탁월한 천상의 목소리를 갖고 있는 커글린에겐 사람들을 감동시키는 힘이 있었다. 아무리 평범하고 진부한 말이라도 그가 하면 다르게 들렸다.

지지자가 크게 늘자 커글린은 1930년 1월 12일부터 본격적으로 정치적 메시지를 던지는 방송을 하기 시작했다. 그의 방송을 듣는 전국 고정 청취자가 4000만 명에 이르러 그는 무시할 수 없는 현실 정치세력의 구심점이 되었다. 그는 공산주의와 미국 자본가를 모두 비난하는 한편 노동자 착취를 막기 위해서 정부의 개입과 국가자본주의(state capitalism)를 제창했다. 급진적 사회주의가 아니라 자본가의 비도덕성과 공산주의의 반종교성, 국제공산주의운동의 반윤리성을 비난한 것이다.

커글린은 롱처럼 처음엔 루스벨트 대통령을 지지했다. 대충 지지한 게 아니라 "루스벨트냐 파멸이냐!(Roosevelt or Ruin!)"라는 슬로건을 외칠 정도로 과격한 지지를 보냈다. 한동안 뉴딜을 가리켜 '그리스도의 딜(Christ Deal)'이라 부르며 지지했던 커글린은 1934년 말부터 뉴딜이 공산주의적이며 유대인 금융가들에 의해 지배되는 '유대인의 딜(Jew's Deal)'이라고 비난했다. 커글린은 1935년 봄 '사회정의를 위한 전국연합(National Union for Social Justice)'이라는 정치조직을 창설해 본격적인 운동을 전개했다.

라디오 주일설교로 많은 지지자를 얻게 된 커글린 목사는 현실 정치세력의 구심점이 되었다. ⓒ Craine, Detroit

롱과 커글린은 모두 대자본의 횡포와 자본주의의 극단적 타락을 비난하면서도 기본적으로는 자본주의를 지지하는 입장이었다. 롱과 커글린은 상호 지지하면서도 견제를 하는 소극적인 관계를 맺었지만, 롱의 운동과 커글린의 운동은 비슷한 점이 많아 두 집단의 지지자들은 상호 협력관계를 유지했다.

1935년 진보적 언론인 I. F. 스톤(I. F. Stone, 1907~1989)은 롱이 루이지애나 주의 민주주의를 해체해나간 것을 히틀러가 법으로 독일 자치주의를 무너뜨린 데 비유했다. 커글린 운동도 전체주의적이고 파시스트적인 우익운동으로 평가받기도 한다. 그러나 구체적인 프로그램이

약하고 선동적이었을망정 그들이 빈부격차 문제를 끊임없이 제기하는 등 민심의 깊은 곳을 제대로 파고드는 정당한 의제를 제기했다는 건 분명한 사실이다. 사회주의자들이 두 사람을 맹비난했던 것도 실은 상당 부분 서민을 지지자로 끌어들이는 데 있어서 그들을 경쟁자로 여겼기 때문이다.

미국의 우생학

1933년 7월 14일 나치 정부는 단종법을 공포, 악질 유전이 예상되는 병에 대해 우생 재판소가 단종수술을 하도록 했다. 1934년 1월 1일부터 발효된 이 법으로 40만 명이 단종수술을 강요당했고 10만 명은 안락사했다. 이어 1935년 9월 뉘른베르크에서 선포된 독일혈통 및 명예 보존법(뉘른베르크법)은 독일인과 유대인의 결혼이나 성관계를 금지했고, 한 달 뒤에는 깨끗한 건강 증서를 받은 종족 구성원과 유전질환이나 유전적 장애가 있는 사람들의 결혼이 불법화되었다. 이렇게 해서 우생학적으로 허용된 결혼의 목적은 다산(多産)이었다. 히틀러의 어머니 생일인 8월 12일에는 해마다 수천 명의 산모가 메달을 받았다. 4~5명을 낳은 사람은 동메달, 6~7명을 낳은 사람은 은메달, 8명 이상을 낳은 사람은 금메달을 받았다. 1943년경엔 모든 여성이 35세까지 순수 독일 인종인 남성들과의 사이에서 4명의 아이를 생산해야 한다는 출산의무제도가 도입되고, 4명의 출산목표를 달성한 가장의 경우 다른 여성들에게 헌신해야 한다는 조항마저 포함된다.

정도의 차이는 있을망정, 이런 우생학적 폭력은 덴마크, 스웨덴 등 유럽 각국은 물론 이미 미국에서도 만연한 것이었다. 독일 우생학자

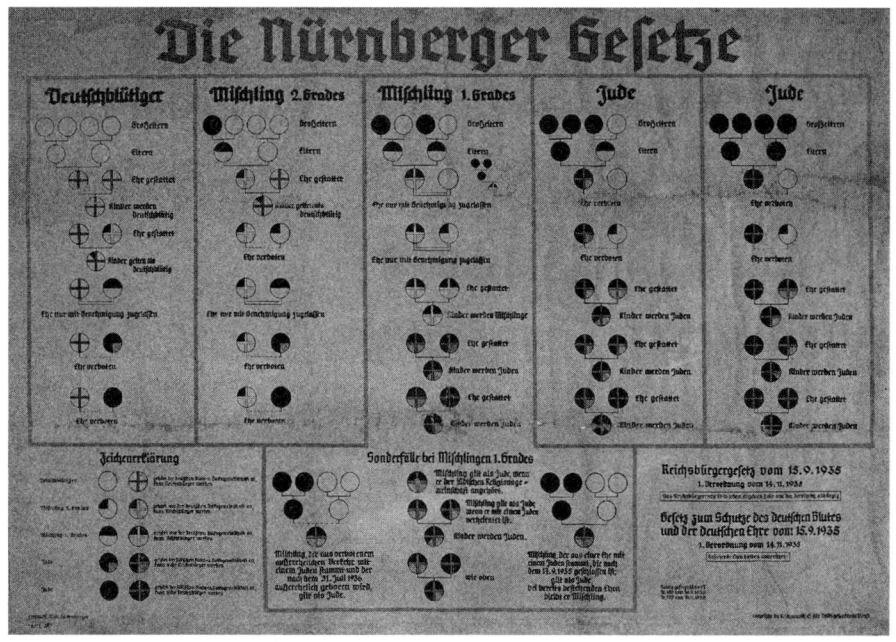

1935년 나치가 '뉘른베르크법'을 설명하기 위해 고안한 차트.

들이 미국에서 배워갈 정도로 미국의 우생 운동은 앞서 나갔다. 히틀러는 『나의 투쟁』에서 미국의 우생학을 높이 평가했으며, 『위대한 인종의 소멸(The Passing of the Great Race)』(1916)을 쓴 미국 우생학자 매디슨 그랜트(Madison Grant, 1865~1937)에게 찬사가 담긴 편지를 보내기도 했다. 어디 그뿐인가. 미국은 물론 독일 우생학자들에게까지 막대한 연구자금을 제공함으로써 사실상 1920년대의 우생학 연구를 주도한 것은 인구과잉에 대한 강박관념을 갖고 있던 존 D. 록펠러 3세(John D. Rockefeller, Jr., 1874~1960)가 주도한 록펠러재단이었다. 록펠러재단은 1939년 나치가 폴란드를 침공할 때까지 독일 우생학 연구의 자금원 역할을 했다.(Engdahl 2009)

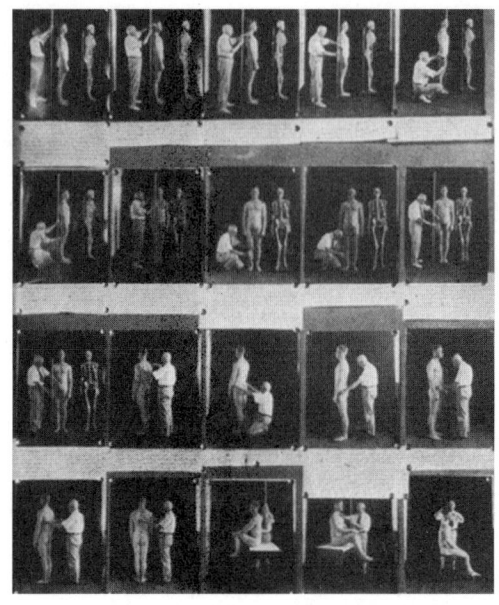

1921년 10월 해리 래플린이 우생학 국제 박람회에서 우성 증식을 위한 인체측정 방식을 설명하며 이용한 장치.

미국 버지니아 주는 1924년 간질환자, 저능아 등에 대해 불임시술을 강제하는 단종법을 제정했다. 1974년에 공식 폐지된 이 법에 의해 불임시술을 당한 버지니아 주민만 8300명에 이른다. 캘리포니아 주에선 1930년대 말까지 2만 명 이상에게 단종수술이 시행되었다. 미 의회는 존슨-리드 이민법(1924년)도 제정했는데 이는 1880년의 인구조사에서 나타난 국민들의 출신 국가의 비율에 비례하여 국가별로 이민의 숫자를 할당하는 국적별 이민제한법(National Origins Act)이었다. 앵글로색슨족의 이민은 장려하는 반면 유대인과 아시아, 동유럽, 아프리카인의 이민을 제한하려는 목적이었다.

1924년 이민법 제정을 위해 열린 청문회에 증언자로 참석한 우생학자 해리 래플린(Harry Laughlin, 1880~1943)은 이민법이 통과되지 않을 경우 미국에 일어날 위험을 이렇게 설명했다. "쥐의 세계에서는 직접적인 전쟁이나 공식적인 전투를 벌여 정복하지 않고 조용한 이민으로 정복을 한다. 한번에 몇 마리씩 침입 종자가 들어와 자리를 잡고는 더 빠른 속도로 번식하여 결국 침략한 영토의 지배권을 차지한다."(박진빈 2006)

1924년에 국경경비대가 창설된 것도 우연이 아니다. 이른바 웨트백(wetback)의 역사도 이때부터 비롯된다. 웨트백은 미국인들이 리오 그란데 강을 불법으로 헤엄쳐 건너는 가난한 멕시코인들을 경멸적으로 부르는 말이다. 1990년대엔 정반대로 미국 대학 졸업자들이 대거 멕시코로 몰려들어 고소득을 올리자 이런 미국인을 가리켜 멕시코인들은 '드라이백(dryback)'이라고 부르고 있다.

우생학을 지금의 기준으로 판단하면 당시의 우생학 열풍을 이해하기 어려워진다. 우생학은 당시 전 세계적으로 경제적 불평등과 사회악을 치유할 수 있는 만병통치약으로 간주되었다는 걸 감안할 필요가 있겠다. 1910년대에 우생학에 심취한 경제학자 존 메이너드 케인즈(John M. Keynes, 1883~1946)는 1941년 프랜시스 골턴(Francis Galton, 1822~1911)이 창설한 우생학회에서 "나는 학부생 시절부터 이미 그의 모든 저작물을 수집하고 있었다. 그의 독창적인 재능은 자신의 지성을 훨씬 상회하는 것이다"라고 찬사를 보냈다.

표현의 자유를 지지한 자유주의자로서 언론에 의해 크게 존경받고 있던 대법관 올리버 웬델 홈스도 1927년의 판결에서 어머니와 할머니가 정신박약으로 보이는 17세 소녀의 불임을 지지하는 판결을 내리면서 "이미 국가의 힘을 약화시킨 자"의 희생을 요구하는 것은 적절하다고 주장했다.

우성의 증식을 추구하는 '긍정적 우생학(positive Eugenics)'도 기승을 부렸는데, 가장 대표적인 게 '우량아 선발대회(Better Babies Contest)'다. 1908년 루이지애나 주 축제 행사의 하나로 시작된 우량아 선발대회는 곧 전국으로 확대되었으며 1920년부터는 '우량 가족' 선발대회가 열렸고 이런 활동을 기반으로 1928년 인종개량재단(Race Betterment Foundation)이 출범했다.

1928년까지 미국 내 모든 대학의 4분의 3 이상이 우생학 과목을 개설했다. 1930년대 내내 미국 유전학회는 매년 열리는 정기회의에서 독일 정부의 우생 정책을 공식적으로 비난할 것인지 여부에 대해 결론을 못 내리고 토론만 거듭했다. 그에 대한 비난을 미국 유전학회의 공식적 입장으로 정리할 만큼 충분한 지지표가 결코 나오지 않았던 것이다. 단종법은 1931년에는 30개 주에서 시행된다.

조선의 우생학

조선도 우생학의 무풍지대는 아니었으며, 우생학이 일제에 의해서만 시도된 것도 아니었다.

1916년 세브란스 병원 주최로 한국 최초의 우량아 선발대회가 열린 이후 우량아 선발대회는 연례행사가 되었다. 과학운동의 연장선상에서 1933년 결성된 조선우생협회는 회장 윤치호(1865~1945)를 비롯하여 여운형(1886~1947), 유억겸(1895~1947), 주요한(1900~1979), 최두선(1894~1974), 김성수(1891~1955), 이광수(1892~1950), 현상윤(1893~1950) 등 총 84명의 발기인으로 구성되었다. 조선우생협회는 대중강연을 실시하고 기관지를 발행하는 등 우생계몽운동을 펼쳤다.

1934년 9월에 발간된 『우생』 1호, 1935년 9월에 나온 『우생』 2호는 화류병의 위험성, 청소년 성교육의 필요성, 유전 관련 논의들, 결혼과 임신과 태교의 생물학적 중요성, 산아제한 문제 등을 다루었다. 1930년대 중반 신문과 잡지엔 우생학 관련 기사, 강연회가 폭발적 증가세를 보임으로써 '우생학의 일상화'를 몰고 왔다.

일제는 1930년대 들어 아동의 건강보호에 초점을 맞춘 유아애호주간 설정 등을 통해 1920년대에 사회운동으로 진행된 어린이운동의 주도권을 앗아가고자 했다. 일제의 그런 시도에 스며든 건 우량종의 보전이라는 우생학주의였다.

전시체제가 공고해지면서부터는 다산(多産)과 어린이 건강이 더욱 강조되었다. 예컨대 『동아일보』 1938년 1월 1일자는 「억센 어린이, 조선을 어떻게 건설할가」라는 특집기사를 게재했고, 『동아일보』 1939년 1월 9일자엔 「만히 나라! 잘 기르자!」와 같은 노골적인 캐치프레이즈가 등장했다.

나라를 빼앗긴 조선의 우생학은 달리 볼 점이 있지만, 우생학의 본질이 '국가의 힘'이라고 하는 종교임은 두말할 나위가 없다. '국가의 힘'을 키우기 위한 경쟁은 국가의 탄생 이래로 계속돼온 일이지만 늘 문제는 최소한의 내부 견제였다. 그런 견제 시스템이 없거나 약해진 상황에서 파시즘과 우생학은 기승을 부리게 마련이었다.

참고문헌 Altschull 1993, Brinkley 1983·1998, Chomsky 2004, Christian 2009, Davis 2004, Engdahl 2009, Lee & Lee 1939, McLaren 2003, Overy 2008, Rifkin 1999, Sigmund 2001, Wolf 2008, 권용립 2003, 김예림 2005, 김용관 2009, 김형인 2003b, 김혜경 2006, 박진빈 2006, 서의동 2009, 손세호 2007, 손영호 2003, 우에노 이타루 외 2003, 이전 2002, 정근식 2001, 조형근 1997·1997a, 최웅·김봉중 1997

FBI 신드롬
루스벨트와 후버의 유착

후버의 언론플레이

파시즘은 아닐망정 미국의 파시즘적 성향은 이른바 'FBI 신드롬'으로 불린 감시체제에서도 나타났다. FBI 국장 후버(John Edgar Hoover, 1895~1972)는 어떻게 루스벨트 시대에도 살아남을 수 있었던가? 루스벨트의 대통령 당선으로 당연히 경질 대상이 된 후버는 살아남기 위해 요원들을 동원해 루스벨트에게 영향력을 미칠 수 있는 의원들을 환대하고 각종 편의를 제공하는 등 치열한 로비전을 전개했다.

퇴임하는 대통령마저 그런 로비에 가담했다. 취임식 날 허버트 후버는 퍼레이드를 위해 리무진에 동승한 루스벨트에게 후버 국장을 유임시켜 달라고 부탁했다. 루스벨트는 검토해보겠다고 답했지만 내심 경질을 결심하고 있었다. 그런데 그가 후버의 후임으로 생각하고 있던 윌리스 포스터가 갑자기 사망하는 일이 벌어졌다. 그러자 후버의 능력을 인정한 법무장관 커밍스(Homer S. Cummings, 1870~1956)가 다시 후버의 유임을 요청했다. 결국 루스벨트는 1933년 7월 29일 후버의 유임을 공표했다. 이와 관련, 서머스(Summers 1995)는 다음과 같이 말한다.

"위대한 자유주의자로 자타가 공인하는 루스벨트가 아이러니하게도 자유주의자들이 싫어하는 에드거를 살려주었을 뿐만 아니라 미국에서 가장 막강한 보수 진영의 선봉장으로 키워준 것이다. 커밍스도 나중에 대통령에게 에드거

루스벨트의 당선으로 경질 위기에 처한 후버는 살아남기 위해 치열한 로비전을 전개했다.

를 추천한 것은 일생일대의 실수였다면서 후회했다. 그는 에드거가 통제할 수 없는 자기중심적인 인물이라는 것을 오래지 않아 알아차렸던 것이다."

루스벨트는 처음엔 '범죄 없는 미국'을 위해 후버를 이용하기로 마음먹었다. 후버는 루스벨트의 신임을 얻기 위해 자기 홍보팀을 두고 언론플레이에 적극 임했다. 널리 보도된 범죄단을 체포할 때엔 현장에 나가서 진두지휘하는 모습을 보임으로써 언론의 각광을 받았다. 다 차려진 밥상에 가서 수저만 드는 꼴이었지만, 언론은 무기력하게 후버의 조종에 놀아났다. 후버는 자신에 대해 잘 써주는 기자들에겐 특종 기사거리를 공급해주는 반면, 자신을 비판하는 기자들은 미행하고 도청하는 등 회유와 협박으로 조종했다.

제3장 뉴딜은 파시즘인가?

후버는 '미국의 예수'?

1935년 『타임(Time)』은 후버를 표지 인물로 게재했다. 이후 이를 포함해 후버는 4번이나 표지 인물에 오르게 된다. 모교인 조지워싱턴대학은 후버에게 명예박사 학위를 주었으며, 뉴욕대학에 이어 다른 대학들도 후버에게 명예박사 학위를 주었다. 1936년경 미국인들은 수사관들을 소재로 한 영화와 서적에 열광적으로 탐닉했다. 어린이들은 모의 수사관 배지와 권총을 경쟁적으로 샀다.

그해 1만 1000명의 학생들을 대상으로 설문조사를 실시한 결과 후버는 카툰 〈믿거나 말거나(Believe It or Not)〉의 작가인 로버트 리플리(Robert L. Ripley, 1890~1949) 다음에 두 번째로 미국에서 인기 있는 명사로 밝혀졌다. 루스벨트 대통령은 7위에 그쳤다. 한 시민은 후버를 '미국의 예수'라고 부르기도 했다. 이에 고무된 후버는 대통령 자리까지 넘보기 위해 부하들에게 자신의 출마 가능성을 타진했다. 1936년 대선에서 루스벨트와 붙어보겠다는 생각까지 한 것이다. 그러나 조사 결과 반응은 '절대로 부정적'인 것으로 나타났다. 이에 후버는 막후 권력을 계속 즐기기로 결심했다.

후버는 루스벨트 대통령도 좌익 성향이 있다고 의심했으며, 퍼스트레이디인 엘리너 루스벨트에 대해선 더 강한 의심을 품었다. 그는 퍼스트레이디의 좌익 성향을 루스벨트에게 보고까지 했다. 한번은 미국노동총연맹위원장인 로버트 와트(Robert J. Watt, 1893~1947)가 FBI에서 자신을 조사하고 있다고 불평하자 루스벨트는 "후버 국장이 내 집사람한테 하는 데 비하면 아무것도 아닐세"라고 체념하듯 웃은 적도 있었다.

루스벨트도 후버를 자신의 정치적 목적을 위해 이용했다. 1934년 봄, 미국의 나치 운동을 포함한 우익단체들이 정부 전복을 꾀하고 있다는 우려의 목소리가 터져나오자 루스벨트는 후버에게 최초로 정치 정보를 수집할 수 있는 권한을 부여했다. 대통령과 측근들은 법의 집행과는 거의 무관한 일에도 FBI의 자문을 구하곤 했다. 후버는 '대통령의 정보주머니'가 되어갔다. 백악관을 위한 정치사찰은 FBI의 일상 업무가 되었다. 노동운동 탄압도 FBI의 영역이었다. 1939년 후버는 그간 범죄조직의 힘을 빌려 노조를 탄압해온 포드자동차의 노조 탄압에도 도움을 주었다.

1939년 6월 유럽에 전운이 감돌면서 루스벨트는 FBI가 전쟁성 및 해군성과 함께 모든 정보활동을 관장하도록 했다. 동시에 '정부 전복이나 파괴 활동' 정보를 수집할 수 있는 권한을 부여했다. 1940년 5월 루스벨트는 국가안보를 위해 전화도청을 할 수 있도록 FBI에 허가했다. 그렇게 함으로써 루스벨트는 자신의 각료들의 전화도청 기록까지 보고받았다. 이는 마약이자 독약이었다. 루스벨트는 법무장관을 제치고 후버와 직접 업무를 협의하곤 했다. 법무장관 아익스는 1941년 6월 일기에서 "에드거의 권력이 막강하여 심지어는 명목상의 상관인 법무장관까지도 좌지우지할 정도"였다고 기록했다. 1975년 상원 정보위원회에서 밝혀낸 바에 따르면 루스벨트는 물론 트루먼, 아이젠하워, 케네디, 존슨, 닉슨 등이 모두 FBI를 이용해 국가안보나 범죄수사와는 무관하게 정치적 목적으로 도청을 했다고 한다.

엘리너 루스벨트의 불륜

특히 엘리너 루스벨트를 혐오한 후버는 자신이 결혼하지 않는 이유 중 하나로 "신이 여자를 엘리너 루스벨트처럼 창조했기 때문"이라고 곧잘 말하곤 했다. 그는 그녀를 '늙은 올빼미'라고 부르면서 고위 간부들 앞에서 그녀의 째진 목소리를 흉내 내곤 했다. 후버는 무엇보다도 그녀의 자유주의적인 활동에 불만을 품었다. 엘리너는 공산주의자, 급진주의자 들과의 접촉도 마다하지 않았는데 후버는 루스벨트 대통령이 취한 좌익 성향의 입장 중 많은 부분이 그녀의 영향 때문이라고 생각했다.

후버는 엘리너가 동성연애를 하는 동시에 다른 남자들과도 관계를 갖고 있다고 확신했다. 엘리너가 접촉한 두 노조 간부들과의 대화 도청에서 "제기랄, 나는 충분히 봉사했으니 다음엔 자네가 그 늙은 암컷에게 봉사하게"라는 두 사람 간의 통화 내용을 입수해 그런 판단을 내린 것이다. 이와 관련, 서머스(Summers 1995)는 다음과 같이 말한다.

"이것은 치졸한 농담에 불과했으나 에드거는 심각하게 받아들였다. 그는 퍼스트레이디가 두 노조 간부와 동침했으며 그중 한 사람은 공산당 간부라는 유력한 자료를 갖고 있었던 것이다. 에드거는 대통령에게 두 노조 간부에 대한 일련의 보고를 했지만 성관계는 보고하지 않고 자신만 알고 있었다. 그리고 전쟁이 한창일 무렵 그는 엘리너의 좌익 성향 남자친구 중 한 사람인 조지프 래시에게 초점을 맞추어 나가기 시작했다."

엘리너보다 25세 연하인 래시(Joseph P. Lash, 1909~1987)는 급진적인 학생 지도자로 육군에 입대한 인물이었다. FBI는 1943년 두 사람을 도청했다. 서머스는 "이 녹음테이프에 의하면 래시와 퍼스트레이디는 호텔에 머무르는 동안 성관계를 가진 것이 확실했다"며 다음과 같이 말한다.

"녹음테이프를 다 듣고 난 대통령은 퍼스트레이디를 호출하여 증거를 들이댔으며 이로 인해 대통령 부부간에 큰 싸움이 있었다. 다음 날 새벽 5시경 대통령은 육군 항공단장인 아놀드 장군을 불러 래시를 10시간 이내에 해외전투요원으로 보직시키도록 지시했다.

엘리너의 불륜 증거 잡기에 혈안이 된 후버는 그녀보다 25세 연하인 조지프 래시(사진)를 그 상대로 의심했다.

또한 대통령은 이 사건을 알고 있는 모든 사람들의 보직을 바꾸어 일본군과 싸우다 전사할 때까지 남태평양 전쟁터에서 근무하도록 지시했음이 밝혀졌다. 이 놀랄 만한 기록에 대해 현재로서는 사실을 확인하기가 쉽지 않다. (중략) 1943년에 주고받은 편지를 보면 확실히 퍼스트레이디는 보통 이상으로 분별을 잃고 있었다. 그녀가 젊은 남자를 아무 말썽 없이 호텔 방에서 계속 만날 수 있으리라고 생각했다면 너무나도 순진했다고밖에 볼 수 없다."

엘리너가 순진했다기보다는 그만큼 그녀가 루스벨트와의 결혼생활에서 받은 상처가 컸다고 보는 게 옳을지도 모르겠다. 시어머니 사라(Sara D. Roosevelt, 1854~1941)는 그녀의 결혼생활에 사사건건 개입했고, 루스벨트는 엄마의 말이라면 꼼짝 못하는 전형적인 '마마보이'였으니 말이다. 앤젤로(Angelo 2001)에 따르면 "사라는 아들 방으로 직접 갈 수 있도록 자신의 커다란 침실에서 엘리너의 침실로 통하는 아주 작은 문을 냈다. 이것은 도저히 상상할 수 없는 사생활 침해였음에도 프랭클린은 전혀 문제 삼지 않았다. 이 마마보이는 기꺼이 자신의 아내를 어머니의 보조역으로 전락시켰다."

물론 앞서 살펴본 바와 같이 루스벨트는 소아마비 투병을 거치며 다시 태어났지만 그렇다고 해서 불행한 결혼생활에서 비롯된 엘리너의 고통까지 사라진 건 아니었다. 프랭클린과 엘리너 두 사람은 마치 경쟁하듯이 각자 불륜을 저질렀고, 후버는 이에 관한 증거 자료들을 축적함으로써 그만큼 더 큰 권력을 누리게 된다.

참고문헌 Angelo 2001, Kessler 1997, Summers 1995, 강준만 외 1999-2000

'미국사의 일대 전환점'
뉴딜은 파시즘인가?

존 메이너드 케인즈의 『일반이론』

'멸망하는 자본주의(Capitalism Doomed)'를 예언한 카를 마르크스가 죽은 해인 1883년에 태어난 한 영국 경제학자가 '생존하는 자본주의(Capitalism Viable)'의 설계자를 자임하고 나섰다. 영국 경제학자 존 메이너드 케인즈다. 그가 1936년에 출간한 『고용, 이자, 화폐에 관한 일반이론(General Theory of Employment, Interest, and Money)』은 뉴딜의 이론적 토대가 되었다. 케인즈는 이 책으로 인해 기존의 경제형태가 뿌리째 흔들리는 상황을 면하게 될 거라고 큰소리쳤다. 그의 책에서 가장 많이 인용되는 부분은 "기업들이 꾸준하게 성장하고 있는 동안 투기꾼들은 아무런 해를 끼치지 않는다. 하지만 기업이 투기의 소용돌이에 휘말려 거품화될 때 그들은 엄청난 해를 준다. 한 나라의 자본축적이 카지노의 부산물이 될 때, 모든 일이 뒤틀릴 가능성이 높다"는 대목이다.

물론 케인즈가 뉴딜에 미친 영향은 그 이전부터 시작되었다. 케인즈는『뉴욕타임스』1933년 12월 31일자에 기고한「루스벨트 대통령에게 보내는 공개서한」을 통해 다음과 같이 주장했다. "당신은 기존 사회 시스템의 뼈대 안에서 사리에 맞는 시도를 통해 현 상황의 악을 개선하려는 모든 국가의 대리인으로 나섰습니다. 당신이 만약 실패한다면 세계적으로 합리적인 변화는 심각하게 타격을 입을 것이며, 교조주의와 혁명끼리 세계를 놓고 아귀다툼을 벌일 것입니다." 이후 루스벨트는 케인즈를 미국으로 초청해 의견을 나눔으로써 케인즈 이론은 뉴딜정책에 큰 영향을 미치게 되었다.

그런데 케인즈는『일반이론』의 독일어판 서문에서 "강력한 국가지도력을 갖춘 전체주의 국가에서는 매크로 경제학이 특히 유용하다"고 강조해 훗날 논란을 빚게 된다. 여기서 말하는 '강력한 국가지도력'이란 곧 아돌프 히틀러를 가리키는 것으로 이해되었기 때문이다. 실제로 나치스는 케인즈의『일반이론』이 자신들이 추구하는 국가사회주의를 정당화한다는 이유로 이 책을 대대적으로 환영했다.

케인즈와 친분이 있던 독일제국은행 총재 할마르 샤흐트(Hjalmar Schacht, 1877~1970)는 금융 시스템에 국채를 강제로 투입하고 유휴상태에 있던 자본자원과 노동자원을 동원하려 했던 히틀러 정부의 인프라 계획과 대규모 군비증강을 위한 자금을 조달하는 데 일조하는 등, 케인즈 이론을 실천하는 데 앞장섰다.

1936년 대선-프랭클린 루스벨트 재선

1936년 대통령 선거에서 루스벨트는 진보적 공화당원이었던 캔자스

주지사 앨프리드 랜던(Alfred M. Landon, 1887~1987)과 대결해 일반 투표에서 60퍼센트의 득표율을 얻고, 선거인단 투표에서는 523대 8로 메인 주와 버몬트 주를 제외한 미국의 전 주를 석권하는 승리를 거두었다.

1937년 1월 20일 낮 12시 워싱턴 의사당 동쪽 현관에서 루스벨트 대통령은 두 번째 취임선서를 했다. 이전까지 대통령 취임일은 3월 4일이었는데, 그는 1월에 취임한 최초의 대통령이 됐다. 11월 대선부터 3월 취임까지 정권인수 기간이 4개월이나 되는 것은 별다른 통신·교통수단이 없던 건국 초기의 유산이었다. 새 당선자의 소식이 오지에 전달되기까지, 당선인이 마차를 타고 수도 워싱턴에 도착하기까지 수십 일이 걸렸기 때문이다.

1933년 발효된 수정헌법 20조는 대통령과 부통령의 임기는 만 4년이 되는 해의 1월 20일 낮 12시에 끝나며 후임자의 임기는 그때부터 시작된다고 규정했다. 취임식 날짜를 3월 4일에서 1월 20일로 앞당긴 것은 아무런 법적 권한이 없는 대통령 당선인과 사실상의 모든 권력을 잃은 레임덕 현직 대통령이 공존하는 리더십 공백을 최소화하기 위한 조치였다.(대통령 선거일은 11월 첫째 주 화요일로 투표시간은 오전 6시에서 오후 9시까지다.)

유권자들은 루스벨트를 지지했고 뉴딜의 이론적 토대도 굳건해졌지만, 공화당 일색으로 보수적인 대법원은 사사건건 루스벨트와 뉴딜의 발목을 잡았다. 이미 대법원은 미국산업부흥국을 위헌으로 판결했다. 그러자 루스벨트는 그 대신 공공사업진흥국(WPA; Works Progress Administration)을 창설하고, 1935년 해리 홉킨스(Harry L. Hopkins, 1890~

1946)를 국장으로 하여 연방건설사업을 실시했다.

WPA는 병원·시청·법원·학교 등을 신축하고, 도로·다리·공항활주로 등 수많은 대형 건설 프로젝트를 추진했다. 이 사업으로 건설된 도로는 약 100만 킬로미터, 다리는 7만 8000개, 건물은 12만 5000동, 공항활주로는 1200킬로미터에 이르렀다. WPA 예산의 7퍼센트는 1억 5000만 명 이상의 관객을 대상으로 22만 5000건의 콘서트, 47만 5000점의 미술품 창작 활동을 지원하는 예술사업에 쓰여 수천 명의 음악가, 작가, 화가 들에게 일거리를 제공했다.

그러나 미국산업부흥국 위헌 판결에 이어 농업조정부, 증권거래법, 석탄법, 파산법을 무효화시키는 법원의 판결이 계속 이어졌다. 모두 11개의 뉴딜 법령들이 폐지되었다. 이에 분노한 루스벨트는 대법원과의 전쟁을 벌이기로 결심했다. 당시 대법관들은 모두 칠순을 넘긴 노인들이었는데, 루스벨트는 "현재 우리가 안고 있는 문제들을 해결하기 위해서는 현대적인 시각을 가지고 있는 현대적인 법관이 필요하다"며 법관은 칠순의 나이가 되면 퇴임해야 한다는 입법안을 제안해 대법원을 뉴딜정책에 우호적인 법관들로 채우려는 시도를 감행한 것이다.

그러나 이는 실패로 돌아갔다. 상원의 루스벨트 지지자들마저 그렇게 할 경우 미국의 제도가 무너지고 헌법에 명시된 견제와 균형이 깨질까 봐 두려워했기 때문이다. 루스벨트는 자신의 대법원 개혁안에 반대표를 던진 일부 남부 주 상원의원을 중간선거에서 떨어뜨릴 계획을 세웠지만 이 또한 실패로 돌아가고 말았다. 1938년 중간선거에서도 패배를 기록했다. 궁지로 몰린 루스벨트를 구한 건 다름 아닌 히틀

공공사업진흥국은 직업교육에서부터 대규모 공공시설 건설까지 다양한 사업을 추진했다.

러였다. 히틀러의 등장 이후 전개된 국제정세는 미국의 강력한 리더십을 요구했고 이에 따라 루스벨트의 입지가 다시 강화된 것이다.

권력과 전쟁의 관계에 대해 작가 고어 비달(Gore Vidal)이 2000년에 출간한 1939년 배경작 『황금시대(The Golden Age)』엔 이런 대목이 등장한다. "루스벨트 대통령이 윌슨 대통령에게 배운 것이 있다면, 전쟁을 하는 대통령은 독재자와 다를 바 없는 권력을 갖게 된다는 것이지요. 게다가 재선은 떼놓은 당상인 셈입니다."

"왜 미국에는 파시즘이 존재하지 않는가?"

루스벨트는 뉴딜정책과 관련된 자신의 정치적 입장을 '리버럴(liberal)'이라고 불렀지만, '파시즘'과 같은 다른 딱지를 붙여주고자 하는 이들이 많았다. 뉴딜을 둘러싼 파시즘 논란은 뉴딜의 시행 내내, 아니, 오늘날까지도 계속되고 있다. 그렇기 때문에 뉴딜에 대한 반대를 단지 당파싸움의 관점에서만 보긴 어렵다. 데이비스(Davis 2004)는 뉴딜정책이 1776년(미국 독립)과 1860년(링컨의 대통령 당선)에 비견될 만한 '미국사의 일대 전환점'이었다며 다음과 같이 말한다.

"그것은 일부 국민에게 영향을 미치는 작은 연방정부를 국민의 삶 곳곳에 영향을 미치는 거대한 정부로 변모시킨 일대 혁명이었다. 긍정적이든 부정적이든 루스벨트는 미국인들의 삶 속에 유례가 없을 만큼 깊숙이 연방정부를 침투시켰다. 개인이나 민간경제에 정부가 그토록 광범위한 영향력을 행사한다는 것은 예전이라면 꿈도 꿀 수 없는 일이었다. 개인이나 민간경제는 정부에 기댈 생각도 없었고 또 그렇게 할 수도 없었다. 21세기 관점으로 보면, 미국에서 워싱턴의 결정에 좌우되지 않는 곳은 거의 없다 해도 과언이 아니다. 나라를 위기에서 구하기 위해 연방기구를 조직하는 대통령에게 나라를 모스크바로 끌고 가는 공산주의자라는 낙인을 찍는 행위는 지금이라면 상상도 할 수 없는 일이다."

독일의 역사학자 볼프강 쉬벨부시(Wolfgang Schivelbusch 2009)는 '미국사의 일대 전환점'이라는 말의 의미를 달리 해석한다. 그는 『뉴딜, 세 편의 드라마: 루스벨트의 뉴딜·무솔리니의 파시즘·히틀러의 나치즘(Three New Deals: Reflections on Roosevelt's America)』에서 루스벨트의 뉴딜정책이 미국 경제는 물론 세계 경제를 대공황에서 구했으며 그래서 선(善)이라는 이른바 '뉴딜 신화'에 정면 도전한다. 그간 뉴딜은 선(善), 파시즘은 악(惡)으로 여겨져왔는데, 정말 그런가? 그렇지 않으며, 둘 사이엔 공통점이 많다는 게 그의 주장이다. 미국 학자가 그런 주장을 펴면 오해의 소지가 덜할 텐데, 그는 자신이 독일인이라는 점이 영 마음에 걸렸던지 "공통성의 영역을 찾는 일은 동일성을 주장하는 것이 아니다"라며 선을 긋는다.

사회주의와 파시즘은 다른 것 같지만 배후에서 작동하는 주도적인 힘이 둘 다 계급의식이라는 점에선 같다. 1906년 경제학자 베르너 좀바르트(Werner Sombart, 1863~1941)는 "왜 미국에는 사회주의가 존재하지 않는가?"라는 질문을 던졌으며 1930년대엔 "왜 미국에는 파시즘이 존재하지 않는가?"라는 질문이 제기되었다. 쉬벨부시는 둘 다 답은 동일하다고 말한다. 미국인은 계급의식을 갖고 있지 않기 때문이라는 것이다. 실제로 미국인들은 오늘날에도 계급에 관계없이 '계급'이란 말을 아주 싫어한다. 그래서 미국에서 파시즘은 실현되지 않았지만 파시즘적 요소는 농후했다는 게 쉬벨부시의 메시지다.

왜 미국인들에겐 계급의식이 없을까? 역사가 데이비드 포터(David M. Potter, 1910~1971)는 "유럽의 급진적인 사상은 부유층으로부터 자가용차와 고급의복을 박탈해야 한다고 주장하는 경향이 있다. 이와 반대로 미국의 급진적인 사상은 보통 서민이라도 진짜와 구별할 수 없는 복제품을 대량생산에 의해 가질 권리가 있다고 주장한다"고 설명한다.

미국 공산당도 그걸 깨달았던 걸까? 미국 공산당은 루스벨트를 지지하면서 보수파의 전유물로 통했던 '미국 정신'이라는 말을 차용했다. 그래서 공산당의 슬로건은 "공산주의가 20세기의 미국 정신이다"로 바뀌었다.

'인민의 영혼을 감동시키는 언어 능력'

쉬벨부시가 주목하는 또 하나의 공통점은 강력한 카리스마 리더십이다. 이는 파시즘의 필수 요소이기도 하다. 루스벨트와 히틀러는 인민의 영혼을 감동시키는 탁월한 언어 능력을 구사했다. 특히 루스벨트는 이른바 '노변담화'로 유명한 라디오 방송 연설을 통해 미국인들의 마음을 사로잡았다. 사람들은 그의 언어 능력이 선천적 재능인 줄 알지만, 쉬벨부시는 치밀한 사전준비와 연습 덕분이었음을 강조한다.

히틀러가 거울 앞에서 제스처들을 충분히 연습한 것과 마찬가지로 루스벨트는 발음, 억양, 속도, 숨 돌림 길이, 단어 선택 등에서 다양한 변화를 실험하면서 자신의 노변담화들을 연습했다고 한다. 심지어 자신의 목소리에서 실제 연설에서는 거의 포착하기 어려운 경미한 쇳소리를 제거하기 위해 라디오 연설에 앞서 일부러 의치(義齒)를 했으며, 그런 이유로 그는 때로 준비하지 않은 채 하는 라이브 연설 방송을 거부할 정도였다는 것이다. 히틀러의 연설이라고 하면 대부분 고래고래 소리 지르는 선동을 연상하지만, 그건 오히려 예외였고 온화하면서도 낭랑한 바리톤으로 청취자들의 소름을 돋우는 것이 그의 주특기였다고 한다. 음악적으로 말하자면 베토벤의 '전원교향곡'과 같았다나. 쉬벨부시는 그 밖에 선전·홍보에의 과대 의존, "땅으로 돌아가자"는 지역 중심주의, 공공사업 등을 공통점으로 거론한다.

다 일리 있는 이야기다. 하지만 "파시즘은 파시즘이 아니다"라는

루스벨트는 라디오 방송 연설 '노변담화'를 통해 미국민의 마음을 사로잡았다.

말로 쉬벨부시의 주장에 반론을 펼 수 있을 것 같다. 파시즘 초기에 당대의 많은 지식인들이 매료되었던 이론으로서의 파시즘과, 600만 명에 이르는 유대인 학살과 이루 헤아릴 수 없이 많은 악행을 저지른 역사적 실체로서 우리가 오늘날 받아들이는 파시즘 사이엔 엄청난 괴리가 있지 않겠느냐는 것이다. 쉬벨부시는 전자의 파시즘에 매달리고 있는데, 아무리 애를 써도 우리는 후자의 파시즘 이미지에 압도되게 마련이다.

파시즘의 요소로는 반합리주의, 반평등주의, 엘리트주의, 지도자 추종주의, 조합주의, 권위주의, 전체주의, 국수주의, 인종주의, 제국주의 등이 거론되는데, 이 가운데 몇 개가 포함되어야 파시즘이라고 부를 수 있단 말인가? 오히려 '파시즘'이라는 딱지를 정치적으로 이용하려 드는 게 문제가 아닐까?

리프먼의 뉴딜 비판

당대의 유력 저널리스트 월터 리프먼도 뉴딜을 파시즘과 연계하여 본 사람 중의 하나였다. 리프먼은 '뉴딜'에서 '전체주의(totalitarianism)'의 확산을 발견하고 그러한 우려를 1937년 『좋은 사회(The Good Society)』라는 책을 통해 상세히 표현했다. 그는 이 책에서 모든 '집단주의(collectivism)'—공산주의, 파시즘, 심지어 '뉴딜' 까지—는 '경제계획'이라는 개념에 근거를 두고 있기 때문에 위험하다고 주장했다.

리프먼에게 있어서 '계획'과 '인간자유'는 양립할 수 없는 것이었다. 그래서 그에게 '계획된 민주사회'란 언어 그 자체로서 모순이었다. 모든 종류의 '계획'을 '집단주의'와 동일시하고 '집단주의'의 형태와 정도에 있어서의 차이를 완전히 무시함으로써 리프먼은 '뉴딜'을 파시스트 이탈리아, 나치 독일, 공산주의 러시아와 동일선상에 놓은 것이다.

'뉴딜' 예찬론자들은 리프먼을 철저한 반동이라고 비난했으며 좌익 언론은 리프먼을 '월스트리트의 대변인'이라고 몰아붙였다. 리프먼의 이직이 그런 비난의 근거가 되었다. 1931년 리프먼은 『뉴욕 월드(New York World)』가 신문재벌 스크립스-하워드에 매각되자 『헤럴드 트리뷴(Herald Tribune)』으로 자리를 또 옮겼다. 당시 그의 이직은 사회적으로 큰 화제가 되었다. 리프먼은 비록 변신을 했을지라도 여전히 자유주의자의 체취를 풍기고 있던 반면에 『헤럴드 트리뷴』은 대표적인 공화당계 신문으로 실업가들이 주요 독자층이었기 때문이다. 리프먼으로선 경제적 안정이 필요했고 『헤럴드 트리뷴』으로선 보다 넓은 독자층이 필요했기 때문에 가능했던 일종의 대타협이었다.

리프먼이 한 주에 4개를 쓰기로 한 '오늘과 내일(Today and Tomorrow)'이라는 칼럼은 시작부터 온 미국을 떠들썩하게 만들었다. 흔히 'TNT'로 불린 이 칼럼은 1년 내로 100개 신문이 신디케이션(Syndication; 공동 게재) 신청을 했으며 나중에는 250여 개의 신문에 게재되었다. 전적으로 의견을 실은 최초의 정치칼럼으로 각광을 받은 '오늘과 내일'은 만평과 코미디의 소재로까지 등장할 정도로 미국인의 사랑을 받았다.

리프먼은 의견을 제시하면서도 감정에 몰입하지는 않았다. 그의 칼럼의 생명은 냉정한 분석이었다. 리프먼은 매우 복잡한 것을 쉽고 단순하고 재미있게 설명하는 천부적인 재능을 갖고 있었다. 한 평론가는 '오늘과 내일'의 독자들은 리프먼이 말하기 전까지는 주요 이슈에 대해 어떻게 생각해야 할지 몰랐다고 말한다. 아낙네들은 자신이 '오늘과 내일'을 읽는다고 강조함으로써 자신의 지성을 뽐내고 싶어 했다. "오늘은 리프먼이 나를 두렵게 만들었다"고 말하는 한 부인을 그린 만평이 잡지에 등장하기도 했다.

그러나 리프먼이 『헤럴드 트리뷴』과 손을 잡은 것은 실제로 그의 사상적 변신을 의미하는 것이기도 했다. 그는 『헤럴드 트리뷴』으로 자리를 옮긴 바로 그해에 미국정치학회에서 행한 한 연설을 통해 '자유주의(liberalism)'의 개념을 새롭게 정의했다. 그는 대기업들이 사회에 미치는 영향력이 너무도 막강해짐에 따라 자유주의자들과 대기업들이 반목하던 시대는 지났으며 이제 그들은 서로 손을 잡고 공동의 목표를 추구할 수 있게 되었다고 역설함으로써 많은 사람들을 깜짝 놀라게 했다. 그의 오랜 친구인 해럴드 라스키(Harold Laski, 1893~1950)는 돈이 리프먼을 타락시켰다며 다음과 같이 개탄했다.

"나는 부(富)가 리프먼에게 두 가지 영향을 미쳤다고 생각한다. 부는 그의 감수성을 손상시켰다. 그는 외적인 것에만 관심을 갖게 되었고 가정부가 커피를 끓이는 걸 잊었다고 몹시 화를 내는 등 아주 가치 없는 안락에 탐닉하게 되었다. 그리고 리프먼은 지적인 위험을 회피하려고 하는 단계에까지 이르렀다. …… 나는 그의 독서량이 줄었고 전망에 대한 감각을 잃었다는 것을 발견하게 되었다. 그는 즉각적인 순간 속에서만 살고 있으며 그것에 대해 깊은 생각을 기울이지 않고 있다."

그러나 크롬(Krome 1987)은 리프먼은 타락한 것이 아니라 그가 공개적으로 천명한 자신의 원칙과 사상에 충실했다고 주장한다. 국가가 위기에 직면했다고 해서 대통령에게 초헌법적 권한을 부여하는 것은 미국 체제를 파괴시킬 것이라는 리프먼의 주장에 대한 동의 여부에 관계없이 일관성만큼은 리프먼의 몫이라는 것이다.

루스벨트의 언론 관리술

당시 루스벨트는 리프먼뿐만 아니라 전반적으로 신문들과 적대 관계를 유지하고 있었다. 1933년 이래로 미국의 신문시장은 허스트(Hearst), 패터슨-매코믹(Patterson-McCormick), 스크립스-하워드(Scripps-Howard), 폴 블록(Paul Block), 리더(Ridder), 개닛(Gannett) 등 6대 신문체인이 지배하고 있었다. 이들의 지배력이 강화됨에 따라 '언론비판'이라는 새로운 장르의 글쓰기도 등장했다. 그 선구자는 『시카고 트리분』 기자 출신인 조지 셀데스(George Seldes, 1890~1995)였다. 그는 신문들의 뉴딜 비판을 비난하면서, 미국신문발행인협회(American Newspaper Publishers Association)를 '귀족들의 집합소'라고 비난했다. 그는 『언론자유(Freedom of the Press)』(1935), 『언론귀족(Lords of the Press)』(1938) 등의 저서를 출간해 지속적인 언론비판 활동을 하면서 언론윤리강령의 필요성을 주장했다.

루스벨트는 신문의 85퍼센트가 자신에 대해 적대적이라고 말한 바 있다. 슐레진저(Arthur Schlesinger, Jr., 1917~2007)는 그건 좀 과장된 수치라고 반박하는(1960) 반면, 건서(John Gunther, 1901~1970)는 적대적 신문이 80~85퍼센트라고(1950) 했다. 누가 맞건 신문 대다수가 루스벨트에게 적대적인 건 분명했다. 그들은 루스벨트가 '미국식 삶의 방식(the American way of life)'을 파괴한다고 보았다.

흥미로운 것은 루스벨트가 신문 소유주나 경영자들과는 사이가 극도로 나빴지만 자신을 직접 취재하는 기자들에겐 인기가 매우 높았다는 점이다. 경영자들은 루스벨트가 도대체 무슨 수법을 쓰기에 기자들에게 인기가 높은지 늘 궁금해하고 의아하게 여길 정도였다. 결국 기사는 대체로 신문사 경영진의 색깔을 반영하게 마련이지만 말이다.

루스벨트의 수법은 주로 인간관계였다. 그는 기자들의 이름을 친근하게 부르고 기사를 기억해두었다가 그에 대해 한마디 함으로써 기자들을 우쭐하게 만들었고, 가벼운 농담을 던지거나 백악관 만찬에 자주 초대하는 등 인간적인 매력과 관심으로 기자들을 포섭했다. 솜씨가 너무 능숙해 때론 기자들을 선생님이 학생 다루듯이 할 때도 많았다. 1937년 어느 기자가 3선에 도전할 생각이냐고 묻자 루스벨트는 이렇게 꾸짖었다. "저 구석에 가서 꿇어 앉아 손들고 있으세요.(Go sit in the corner and put on a dunce cap.)" 여기서 중요한 건 모든 기자들이 이 말에 웃음을 터뜨렸다는 점일 게다.

루스벨트의 그런 재능이 아니더라도 기자들이 매주 두 번씩 정력적으로 기자회견을 갖는 대통령을 싫어하기는 어려운 일이었다. 루스벨트는 첫 번째 임기에선 337회, 두 번째 임기에선 374회, 세 번째 임기에선 279회, 네 번째 임기에선 수주간 7회의 기자회견 등 총 998회의 기자회견을 갖는 불멸의 기록을 세운 언론지향적 정치인이었다. 「왜 기자들은 루스벨트를 좋아하는가?」라는 제목의 글을 쓴 클래퍼(Raymond L. Clapper, 1892~1944)는 뉴딜을 지지하는 기자는 대략 60퍼센트지만 루스벨트를 지지하는 기자는 90퍼센트에 이른다고 했다.(Clapper 1934)

루스벨트는 신문사의 비판을 점잖게 넘기거나 모르는 척하는 스타일은 아니었다. 그는 부정적인 기사에 대해 직간접적으로 신문사 사주에게 '과장과 왜곡'에 대해 항의하곤 했으며 공개적으로 분노를 터뜨리기도 했다. 루스벨트는 그런 채찍과 더불어 다양한 당근 정책으로 늘 언론보도에 영향을 미치는 뛰어난 정치적 기술을 발휘했다.

루스벨트가 가장 못마땅하게 여긴 사주는 윌리엄 랜돌프 허스트와 헨리 루스(Henry R. Luce, 1898~1967)였다. 그는 이들에 대해 편지나 메모 등을 통해 품평을 하곤 했다. 그의 주장에 따르면 허스트는 "미국 민주주의와 문명에 엄청난 해악을 끼치는 인물", 루스는 "고의적인 과장이나 왜곡으로 『타임』을 파는 사람", 리프먼은 "글을 워낙 잘 써서 자신의 일관성 없는 모순이 잘 드러나지 않게 하는 사람"이었다.

루스벨트는 평기자들과는 사이가 좋았던 반면, 언론사 사주 헨리 루스(왼쪽)와 윌리엄 랜돌프 허스트(오른쪽)의 막강한 영향력을 못마땅하게 여겼다.

이들의 막강한 영향력에 불만을 품은 루스벨트는 한때 수도 워싱턴에 본부를 둔 전국적인 타블로이드 신문을 논평 없이 사실 위주로만 만들거나 그런 기능을 갖는 국·공영 방송채널을 창설하려고 구상하기도 했다. 루스벨트와 보수세력 간의 이러한 갈등은 1940년대에도 지속된다.

참고문헌 Allen 2008, Brogan 1950, CCTV 2007, Chancellor 2001, Clapper 1934, Davis 2004, Folkerts & Teeter 1998, Freidel 1956, Gunther 1950, Halberstam 1979, Harman 2004, Heilbroner 2005, Kang 1987, Kelly 1935, Keynes 1970, Krome 1987, Pollard 1945, Rogers 1935, Rosten 1937, Schivelbusch 2009, Schlesinger 1958·1960, Steel 1980, Sunstein 2009, Swanberg 1961·1972, Time-Life 1988, Tugwell 1977, White 1979, Winfield 1981, 김민웅 2003, 박경재 1995, 손세호 2007, 우에노 이타루 외 2003, 이철희 2008–2009

'친구를 얻고 사람을 움직이는 방법'
조지 갤럽과 데일 카네기

조지 갤럽의 활약

1936년 대선은 조지 갤럽(George H. Gallup, 1901~1984)의 화려한 등장으로 미국 여론조사의 분수령이 된 해이기도 하다. 아이오와대학 재학 시절 대학신문의 편집장을 지낸 그는 매우 유능한 편집장이었다. 캠퍼스 밖의 소식도 알차게 보도함에 따라 학교 외부 구독자도 늘어나 광고수입을 크게 증가시켰다. 그는 도대체 어떤 부류의 독자들이 어떻게, 왜 신문을 읽는지에 대해 무척 알고 싶어 했다. 그가 처음으로 실시한 조사는 '누가 대학에서 가장 아름다운 미녀인가'를 정하는 여론조사였다. 그는 이 조사에서 1등으로 뽑힌 오필리아 스미스 밀러(Ophelia S. Miller, 1898~1988)와 24세에 결혼했다.

갤럽의 학생 시절 통계조사기법은 광고 분야에 막 도입되기 시작하고 있었다. 1924년 광고주들의 연례총회에서 컬럼비아대학 교수 웨슬리 미첼(Wesley C. Mitchell, 1874~1948)은 "통계조사는 원가계산에서부

조지 갤럽은 1936년 대선에서 활약하며 여론조사의 대명사가 된다. ⓒ AP

터 시장조사에 이르기까지 현대 비즈니스의 필수가 되어야 한다"고 역설했다.

갤럽은 여론조사 자체에 큰 흥미를 느껴 그 분야를 계속 공부했으며 그가 27세에 취득한 박사학위의 논문은 「신문독자의 관심측정에 관한 객관적 연구방법의 새로운 기법(A New Technique for Objective Methods for Measuring Reader Interest in Newspaper)」이었다. 그는 그 후 10년간 영앤루비컴(Young and Rubicam)이라는 광고회사에 들어가 조사실장, 부사장으로 일했다. 그리고 3년간 듀크대학과 노스웨스턴대학의 교수로 재직했다.

1932년 여름 미국 아이오와 주 민주당은 올라 바브콕 밀러라는 환갑의 여성을 주지사 후보로 지명했지만, 남북전쟁 이래 한 번도 주지사를 내지 못한 민주당으로선 큰 기대를 걸긴 어려웠다. 그녀는 대학교수이자 광고회사 임원인 사위에게 지원을 요청했다. 그 사위는 자신이 개발한 '과학적인 방법'으로 유권자들의 원하는 바를 조사한 다음 선거운동에 활용함으로써 그해 미국 민주당이 미국 최초의 여성 주지사를 배출하는 데 결정적인 기여를 했다.

물론 그 사위는 바로 갤럽이었다. 갤럽은 1933년 '미국여론조사연구소'를 설립해 본격적으로 여론조사계에 투신했다. 당시 여론조사계는 춘추전국시대였는데 선두주자는 『리터러리 다이제스트(The Literary Digest)』라는 잡지사였다. 이 잡지사는 1916년 이래 여론조사를 통해 매번 정확히 선거결과를 예측하기로 유명했다. 1936년 선거에 대해 이 잡지사는 루스벨트가 41대 55로 공화당의 랜던 후보에게 패배할 것이라는 예측을 내놓은 반면, 갤럽은 이 조사가 자동차와 전화를 가진 부자들을 대상으로 한 것이라며 루스벨트의 우세를 주장했다.

갤럽의 예측대로 루스벨트가 61대 37로 승리했으며 이 충격으로 『리터러리 다이제스트』는 끝내 폐간되고 말았다. 갤럽의 명성은 전국적으로 알려졌으며 이제 여론조사 산업은 전시의 프로파간다 산업을 계승하는 동시에 압도할 정도로 성장하기 시작했다. 1937년엔 『여론연구(Public Opinion Quarterly)』가 창간되었으며, 1935년 미국으로 건너온 오스트리아계 유대인 폴 라자스펠드(Paul F. Lazarsfeld, 1901~1976)는 미국의 미디어 효과 연구를 주도하게 된다.

갤럽은 영화 주제, 줄거리의 결정에도 가담하는 등 다방면의 활동을 했다. 훗날 아카데미 10개 부문을 수상하며 대히트한 윌리엄 와일러(William Wyler, 1902~1981)의 영화 〈우리 생애 최고의 해(The Best Years of Our Lives)〉(1946)는 갤럽이 32개 후보 가운데 여론조사를 통해 고른 제목이었다. 이런 성공은 마케팅으로까지 나아갔다.

갤럽은 1948년 트루먼의 승리를 예측하지 못해 조롱거리가 되기도 하지만, 이후 1980년대까지 11차례의 대통령 선거결과를 정확히 예측해 명예회복을 한다. 1937년 영국 갤럽을 시작으로 한국(1974년)을 비롯한 40여 개국에 갤럽이란 이름의 여론조사기관이 독자적으로 운영되면서 그의 이름은 여론조사의 대명사가 되었다.

갤럽의 여론조사는 처음엔 유권자들의 큰 인기를 끌었다. 한 소작 농부가 "내 생각을 묻는다고? 내 생각이 중요하단 말이오? 아직 그 누구도 내 생각을 물어본 적이 없었는데!"라고 말한 데서도 드러나듯이, 당시 생소했던 여론조사에 대한 호응도는 썩 괜찮은 편이었다.

갤럽은 원래 여론에 순응하는 정부를 만들겠다는 이상 아래 사업을 시작했다. 그러나 여론조사가 돈벌이가 된다는 것을 눈치챈 사람들이, 또 여론조사를 정치적 목적으로 이용할 사람들이 여론조사를 양산해내고 또 언론이 비교적 생산원가가 싸게 먹히는 뉴스의 일종으로 여론조사 결과를 함부로 이용함에 따라 본래의 목적을 상실한 채 오히려 매우 무책임하고 변덕스런 정부를 만들어내는 데 일조했을 뿐만 아니라 여론조작을 더욱 쉽게 만들어주는 결과까지 초래하고 만다.

데일 카네기의 인생 역전

"아첨은 치아에서 나오고, 진실된 평가는 가슴에서 나온다."

"사람들을 대할 때 논리적 동물을 대하는 게 아니라는 걸 명심하라.

데일 카네기의 『친구를 얻고 사람을 움직이는 방법』이 1937년 최고의 베스트셀러가 된 이래, 그의 처세술 계보를 잇는 책들이 잇달아 출간되었다. ⓒ AP

감정의 동물, 편견으로 가득 차고 자존심과 허영심에 의해 움직이는 동물을 대한다는 걸 잊지 마라."

웬만한 명언집에 빠지지 않고 등장하는 미국의 처세술 전문가 데일 카네기(Dale B. Carnegie, 1888~1955)의 명언이다. 1936년에 출간된 그의 『친구를 얻고 사람을 움직이는 방법(How to Win Friends and Influence People)』은 출간되기 무섭게 단 몇 주 만에 14쇄를 찍는 등 1937년 최고의 베스트셀러가 되었으며 이후 3년 동안 3위권 이하로 떨어지지 않았다. 어떻게 이런 일이 가능했을까?

1888년 미주리 농민의 아들로 태어난 카네기는 연극배우 지망생으로 잡화 세일즈맨을 했다. 나중에 뉴욕에서 트럭을 파는 영업사원으로 뛰기도 했지만 다 재미를 보지 못하고 실패하고 말았다. 그는 성공을 위해 뉴욕 YMCA에서 비즈니스맨을 상대로 대중연설 강좌를 수강했는데, 이것이 그의 인생을 송두리째 바꿔놓는 결정적 계기가 되었다. 실패한 세일즈맨임에도 불구하고 그의 화술은 워낙 뛰어났기 때문이다. 카네기는 곧 강사로 채용돼 전국 순회강연을 다니기 시작했다.

당시 미국 사회는 성공을 위한 '인상 관리(impression management)'의 중요성과 그에 따른 '사회적 가면'의 필요성이 증대되기 시작하던 때였다. 이는 이미지 메이킹이 공공영역에서만 필요한 게 아니라 일상적인 대인관계에서도 필수가 되었음을 의미하는 것이었다. 바꿔 말하자면, 여론조사도 공공영역에서 '친구를 얻고 사람을 움직이는 방법'이었다.

그런 상황에 맞춰 카네기의 놀라운 변신이 시작되었다. 1920년대에 그는 자신의 이름 카네기를 '네'에 악센트를 주던 'Carnegy'에서 철강왕 앤드루 카네기처럼 '카'에 악센트를 주는 'Carnegie'로 바꾸었다. 카네기는 1930년대 초 '친구를 만들고 사람을 움직이는 방법'이라는 강좌를 열었다. 어느 날 수강생이던 '사이먼 앤 슈스터' 출판사의 편집자인 레온 쉼킨(Leon Shimkin, 1907~1988)은 그 과정을 책으로 내자고 제안했다. 그렇게 해서 탄생한 책이 바로 『친구를 얻고 사람을 움직이는 방법』이다. 이 책이 성공한 이유에 대해 스텐걸(Stengel 2006)은 다음과 같이 말한다.

"대공황 끝물에 나온 이 책에 힘입어 미국인들은 전통적인 성공에 대한 믿음을 회복하게 되었다. 카네기와 루스벨트는 미국인들에게 두려움이라는 단어만 존재할 뿐, 실제로 두려워할 게 없다는 자신감을 주었다. 카네기는 시대가 낳은 인물이라고 할 수 있다. 『친구를 얻고 사람을 움직이는 방법』은 기업이 종업원과의 관계를 제일 중요하게 평가하던 시대에 출간되었다. 직장에서의 성공은 인격이 아닌 개성에 달려 있다고 주장되는 시대에, 카네기는 인격이 아닌 개성의 형성에 지대한 영향을 미쳤다. 그는 적합한 인간을 갈구하는 바로 그때, 기업에 적합한 인간을 창조하고 공급했을 뿐만 아니라 소비자에게 서비스를 제공하는 기업에 꼭 필요한 종업원들을 안전하게 교육해주었다."

'카네기의 상품은 미국식 자본주의'

"상대방이 대답하기 좋아하는 질문을 하라. 그들이 스스로 이룩한 성취에 대하여 말하도록 하라. 상대방은 당신이나 당신의 문제보다는 자신의 희망이나 문제에 백배나 관심이 많다는 사실을 명심하라. 사람은 본래 백만 명을 희생시킨 중국의 기근보다 자신의 치통이 더 중요하다고 여긴다. 아프리카에서 발생하는 지진보다 자기 눈앞의 이익이 훨씬 더 중요하다. 다음에 당신이 대화를 시작할 때는 이 점을 꼭 명심하라."

카네기가 『친구를 얻고 사람을 움직이는 방법』에서 한 말이다. 이와 관련, 스텐걸은 인간본성에 대한 카네기의 시각을 간략하게 정리할 수 있다며 다음과 같이 말한다.

"인간이란 매우 비이성적 존재다. 인간은 자신에게 그저 열중해 있는 정도가 아니라 대단히 열중하고 있다. 진정으로 타인에게 관심이 있는 사람은 아무도 없다. 인간은 쉽게 속아 넘어간다. 또 자신을 비판할 줄 모르는 존재다. 그들은 존경에 굶주려 있고, 자신의 가치를 남들이 알아주기를 몹시 갈망한다. 그 결과 자신에게 관심을 쏟고 자신의 진가를 알아주는 간단한 말이나 행동에, 사소한 아부에 마음을 쉽게 내어준다."

스텐걸은 "사실 데일 카네기의 철학은 토머스 홉스만큼 어둡고, 마키아벨리보다 더 교활하며, 감정을 배제한 인간본성에 대한 시각을 기본으로 하며, 냉정하게 실용성만을 추구하는 철학이다"라며 다음과 같이 말한다.

"결국 카네기가 마케팅한 상품은 새로운 스타일의 미국식 자본주의다. 이 미국식 자본주의의 속성 가운데 하나는 자신을 팔아야 하는 절박성이다. 인간 자신이야말로 최고의 상품이다. …… 『친구를 얻고 사람을 움직이는 방법』은 대공황의 비관주의에 빠져 있던 미국인을 낙관주의로 되돌려놓는 계기가 되었다. 동시에 이 책은 미국인 페르소나 자체의 변화를 상징화했다고 볼 수 있다."

이 책 직후 출간된 나폴레온 힐(Napoleon Hill, 1883~1970)의 저서 『생각하라, 그러면 부자가 되리라(Think and Grow Rich)』(1937)는 카네

카네기보다 더 요란한 마술 같은 성공 공식을 주장한 나폴레온 힐.

카네기 계보를 잇는 또 한 명의 저자 노먼 빈센트 필.

기보다 더 요란한 마술적인 성공의 공식을 주장하고 나섰다. 힐은 독자들에게 적어도 하루에 한 번씩 눈을 감고 20여 분에 걸쳐 돈에 집중해야 한다고 조언했다. 1952년 출간된 노먼 빈센트 필(Norman V. Peale, 1898~1993)의 『적극적인 사고방식(The Power of Positive Thinking)』도 이 계보를 잇는 작품으로 4년 가까이 베스트셀러 자리를 지켰다. 필은 "행복하기를 원하는가?"라고 물으면서 "그렇다면 행복한 생각을 하라"고 조언했다.

'팝 사이콜로지'의 유행

오늘날 인기를 끌고 있는 처세술 책들도 크게 보자면 다 이 계보에 속하는 작품이라고 볼 수 있는데 그 원조(元祖)가 바로 카네기인 셈이다.

카네기 시절과 오늘날의 차이점이 있다면, 처세술이 '팝 사이콜로지(pop psychology; 대중심리학)'의 영역으로 확대되었다는 점일 게다. 이와 관련, 고나무(2009)는 다음과 같이 말한다.

"심리·고민 상담소를 찾는 사람들이 는다. 동정 없는 세상에 지친 한국 사람들은 상담과 치유에 목마르다. 윗세대에서 '멘토(조언을 주고 모범이 되는 사람)'를 찾지 못하는 젊은이들이 특히 그렇다. 한때 유행이던 성공을 위한 처세술 대신 이들은 심리학책과 상담책을 집어든다. …… 팝 사이콜로지는 소통 없는 세상의 소통이고, 동정 없는 세상에서 공감을 구하는 사람들의 목소리다. 누가 그 목소리에 돌을 던지겠는가."

카네기의 주요 상품이 새로운 스타일의 미국식 자본주의라면, 오늘날의 팝 사이콜로지는 그 자본주의에 치여 피폐해진 또는 피폐해질까 봐 염려하는 사람들의 위로와 위안을 위한 것은 아닐까? 날이 갈수록 인맥의 중요성이 더해지면서 '친구를 얻고 사람을 움직이는 방법'은 여전히 중요한 삶의 문법이기에 우리 시대의 사람들은 카네기의 후예들에게서 눈을 뗄 수 없는 건지도 모르겠다.

참고문헌 Curti 1967, Czitrom 1982, Lears 1983, Stengel 2006, 고나무 2009, 박성희 2003, 한겨레신문 문화부 1995

'누구를 위하여 종은 울리나'
스페인내전

'2차 대전의 리허설'

1936년 7월 18일 스페인령 카나리아 군도에 좌천돼 있던 프란시스코 프랑코(Francisco Franco, 1892~1975) 장군은 모로코 수비대를 인솔하여 본토의 보수 우파세력의 호응 속에 쿠데타를 일으켰다. 1936년 대지주, 군주제 지지파, 교회세력, 군부 등이 주요 지지세력이었다. 원래 스페인 왕정은 1931년에 붕괴되고 좌파 성향의 공화정부가 들어섰으나 개혁성과가 지지부진하던 상황이었다. 파시스트 반란군은 독일의 군사원조와 이탈리아의 5만 병력을 지원받았다. 반면 공화정부는 소련의 원조를 받았다. 이번에도 미국의 입장은 중립주의와 고립주의였다.

'2차 대전의 리허설' '금세기 최대의 종교전쟁' '신병기의 실험장' '지식인들의 전쟁' 등 여러 별명으로 불린 이 전쟁엔 세계적인 지성들을 포함하여 4만여 명의 외국인 용병이 '정의'를 외치며 '국제여

스페인내전 당시 폭격으로 초토화된 게르니카. 스페인내전은 당시 전 세계를 휘감았던 보수와 진보, 전체주의와 민주주의, 파시즘과 자유의 긴장과 대립이 응축된 전쟁이었다.

단'이란 이름으로 공화파 편에서 싸웠다. 당시 전 세계를 휘감고 있던 보수와 진보, 전체주의와 민주주의, 파시즘과 자유의 긴장과 대립이 스페인내전 한 판에 응축된 양상이었다.

전쟁에 개입한 예술가와 지식인들의 압도적 다수는 공화정부 편이었다. 앙드레 말로, 조지 오웰, 존 콘퍼드 같은 몇몇 작가들은 직접 참전했다. 어니스트 헤밍웨이, 존 더스 패서스, 파블로 네루다, 스티븐 스펜더, 세실 데이루이스, 허버트 리드, 조르주 베르나노스, 앙투안 드 생텍쥐페리, 루이 아라공, 폴 엘뤼아르 등은 스페인에서 시간을 보내면서 도덕적 의미를 지닌 참여를 했다.

'제5열(fifth column)'이라는 말도 이 전쟁에서 나왔다. 1936년 당시 마드리드 공략작전을 지휘한 프랑코파의 에밀리오 몰라(Emilio Mola,

1887~1937) 장군은 "마드리드는 안에 있는 '제5열(fifth column)'에 의해 점령될 것"이라고 공언했다. 이때부터 제5열이라는 말은 적지에서 활동하는 스파이를 뜻하게 됐는데, 헤밍웨이가 1938년에 발표한 희극 『제5열』을 계기로 대중화되었다.

진정한 제5열은 이오시프 스탈린(Joseph V. Stalin, 1879~1953)이었는지도 모르겠다. 공화정부를 지원하던 스탈린은 챙길 걸 챙긴 뒤 1938년 중반부터 원조를 중단함으로써 사실상 파시스트 반란군을 돕는 결과를 초래했다. 그 결과 바르셀로나는 1939년 1월 28일, 마드리드는 3월 28일에 파시스트 반란군에 의해 함락되었다.

엄청난 보복이 자행되었다. 처형당한 사람이 19만 명이라는 주장도 있으나 확실한 것은 희생자가 수만 명에 이른다는 사실이다. 7월에 스페인을 방문한 무솔리니의 사위 치아노(Galeazzo Ciano, 1903~1944)는 "매일매일, 즉결이라고 해도 좋을 속도로 재판이 계속되고 있다. 총살도 대량으로 이뤄지고 있다. 마드리드만 해도 하루에 200명부터 250명, 바르셀로나에서 150명, 세비야에서 80명씩"이라고 썼다.

최정호(1999)에 따르면 "최소한 5만 명 이상이 처형 · 살해 · 암살되고 적게 잡아 50만 명, 크게 잡아 100만 명(정확한 희생자 수는 불명)이 희생된 스페인내전은 이렇게 해서 감격과 도취에서 시작하여 환멸 속에서 종언되었다. 모든 조직이란 숙명적으로 악(惡)을 전제로 하고, 악을 필요로 하고, 악이 있어서 가능한 것일까. 인간을 (물론 지식인도) 단순히 소모품으로 전락시키는 이데올로기의 세기, 조직의 세기, 정치의 세기였던 20세기, 바로 그러한 세기의 상징적인 사건이었던 스페인내전을 통해서 공산주의로 전향한 많은 지식인들이 이제는 공산주의로부터 다시 전향하게 되었다."

진보적 지식인인 시모어 멜먼(Seymour Melman, 1917~2004)은 "1939년까지만 해도 우리는 공산주의자들의 정체를 전혀 몰랐습니다"라면서 이렇게 말했다. "바로 그때 한 저명한 러시아 장군이 망명해서 『새터데이 이브닝 포스트(The Saturday Evening Post)』에 기사를 실었지요. 그는 기사에서 스탈린이 어떻게 자신의 비밀경찰을 이용하여 무정부주의자들을 숙청했는가를 상세하게 묘사했습니다. 전쟁 중에 스탈린이 자행한 또 하나의 전쟁을 폭로한 것이죠. 그리고 스탈린주의자들이 어떻게 스페인공화국의 금 보관소를 약탈해 갔는지도 설명했습니다. 물론 나치와 소련 간의 담합에 대해서도 상세한 분석과 예측을 제시했습니다."

직접 국제비행대대를 조직하고 대령에 취임했을 뿐만 아니라 소설 『희망(L'Espoir)』(1937)으로 공화정부의 저항을 지지한 앙드레 말로(André Malraux, 1901~1976)는 파시스트 정권의 승리로 끝나자 "인류는 정의도 패배할 수 있다는 사실을, 폭력이 정신을 꺾을 수 있음을, 용기가 그에 상응한 보답을 받지 못할 때가 있음을 스페인에서 배웠다"고 말했다. 그는 얼마 안 가 반공주의자로 변신한다.

"민주주의는 결코 번영을 가져다주지 않는다"며 민주주의를 극도로 혐오했던 프랑코는 1939년 6월 국가원수로 취임해 1975년 11월 20일 사망할 때까지 36년간 스페인을 지배한다. 그의 장기집권의 비결은 가톨릭을 전면에 내세운 점, 개인적으론 축재나 호화로운 생활을 하지 않은 점, 실용적인 테크노크라트의 등용과 현실주의 외교 노선, '버터와 소형승용차 파시즘'으로 불릴 정도로 민생을 돌본 점 등이 꼽힌다.

헤밍웨이의 『누구를 위하여 종은 울리나』

헝가리 태생의 사진기자 로버트 카파(Robert Capa, 1913~1954)는 1936년 『라이프(Life)』에 코르도바 전선에서 돌격하던 공화파의 한 병사가 머리에 총을 맞고 쓰러지는 사진을 찍어 게재함으로써 전 세계에 큰 충격을 안겨주는 동시에 사진기자로서의 명성을 얻었다. 이 사진은 공화파나 프랑코파 어느 한쪽에 치우치지 않고 전쟁 그 자체를 '제3의 시각'에서 본 객관성 때문에 오늘날에도 전쟁사진의 고전으로 기억된다.

1937년 북미신문연합통신(NANA)의 특파원으로 스페인에 간 헤밍웨이(Ernest M. Hemingway, 1899~1961)는 공화파 지지자로서 공산주의자들의 캠페인에 가장 큰 힘을 실어준 작가다. 1937년 6월 4일 헤밍웨이는 아메리카 공산당이 전선조직을 통해 뉴욕 카네기홀에서 개최한 전미(全美) 작가회의에서 작가들이 힘을 합쳐 파시즘과 맞서 싸워야 한다면서 모두 다 스페인으로 갈 것을 촉구했다. 그렇지만 그는 전쟁의 승리를 원했을 뿐 공산주의 자체를 지지한 건 아니었다. 그는 1938년 친구에게 "나는 공산주의자들이 병사일 때는 좋아하지만 그들이 사제일 때는 증오한다"고 말했다.

헤밍웨이는 파시스트 세력인 프랑코 장군이 끝내 승리를 거둔 지 1년 후인 1940년에 스페인내전을 배경으로 한 소설 『누구를 위하여 종은 울리나(For Whom the Bell Tolls)』를 발간했다. 이 책으로 그는 엄청난 호응을 얻으면서 작가로서의 부와 명성을 한 몸에 누리기 시작한다. 이 작품은 이전의 작품에서 보였던 환멸과 허무 대신 희망적인 참여정신과 이상주의가 잘 드러난다. 남자 주인공 조단은 결코 불가항력적인 운명의 함정 때문에 죽지 않는다. 다만 그는 민주주의와 공

1937년 헤밍웨이(왼쪽)는 특파원 자격으로 파견돼 스페인내전을 취재했다. ⓒ Deutsches Bundesarchiv

화정을 위해 스스로의 의지와 신념에 따라 죽음을 선택한다. 애인인 마리아를 보내고 파시스트에 맞서 홀로 죽음을 맞는 조단은 최후의 순간까지 자유, 평등, 박애의 신념을 되뇌며 죽음을 맞이한다. 종소리는 바로 자기 자신을 위해 울리니 우리는 인류의 행복과 민주주의의 수호를 위해 투쟁해야 한다는 헤밍웨이의 주제의식이 작품 속에 잘 나타나 있다.

반(反)파시즘 사상은 확고했지만 정치선전문을 쓰는 것은 거부한 헤밍웨이는 이 소설에서 공화정부의 비능률, 타락상, 게릴라부대 수뇌부의 무능 등도 그대로 묘사했다. 내전에 참전한 공산주의자들이나 러시아에서 온 지원병들과 고문관들도 항상 좋은 면으로만 다루지는 않았다. 내전 초기 파시스트들에 대하여 자행한 공화정부파의 끔찍한 만행과 그 이후에 저질러진 더욱 끔찍한 파시스트의 만행 등을 있는

제3장 뉴딜은 파시즘인가? 199

그대로 묘사했다.

『누구를 위하여 종은 울리나』는 복합적인 진실을 추구했다. 제목은 17세기 영국 시인 존 던(John Donne, 1572~1631)이 쓴 시 「기도문(Devotions Upon Emergent Occasions)」에서 따왔는데 "모든 인간은 개인이 하나의 섬을 이루는 것이 아니라 모두 연대되어 있고, 종은 다른 누구를 위하여 울리는 것이 아니라 바로 자기 자신을 위하여 울린다"는 내용으로 인류애를 강조한 것이었다. 이 소설은 1943년 샘 우드(Sam Wood, 1883~1949) 감독에 의해 영화로 만들어졌는데, 헤밍웨이는 이 영화를 보다가 원작 훼손이 심하다고 느껴 도저히 참지 못하고 중도에 퇴장했다고 알려져 있다.

스페인내전은 헤밍웨이의 작품 외에도 앞서 언급한 앙드레 말로의 소설 『희망』, 조지 오웰(George Orwell, 1903~1950)의 『카탈로니아 찬가(Homage to Catalonia)』(1938) 등 명작을 낳았다. 피카소(Pablo Ruiz Picasso, 1881~1973)의 '게르니카(Guernica)'도 탄생했다. 파리에서 활동하고 있던 피카소가 자신의 고향 게르니카가 독일 콘돌 군단의 폭격으로 3시간 만에 70퍼센트가 초토화되었다는 소식을 듣고 가로 7.8미터, 세로 3.5미터의 거대한 캔버스에 그린 그림이다. 1937년 4월 26일에 자행된 이 폭격으로 약 7000명의 게르니카 시민 중 1600명 이상이 목숨을 잃었다.

헤밍웨이의 『노인과 바다』

헤밍웨이가 1952년에 출간한 『노인과 바다(The Old Man and the Sea)』는 큰 반향을 불러일으켰다. 노인은 84일간 아무것도 낚지 못한 채 홀

『노인과 바다』를 출간할 무렵의 헤밍웨이. 이 작품으로 노벨상을 수상하지만 안타깝게도 9년 뒤 엽총 자살로 생을 마감하고 만다.

로 광막한 바다에서 자신의 일에 몰두한다. 마침내 자신의 배보다 더 큰 고기를 낚아 배에 묶었으나 육지로 돌아오는 동안 상어에게 살을 다 뜯긴 채 뼈만 남는다. 한밤중에 돌아온 노인은 혼자 그물을 치우고 오두막으로 들어간다. 그리고 아프리카 사자의 꿈을 꾸며 곤히 잠든다.

헤밍웨이는 1954년 이 작품으로 노벨문학상을 수상했다. 노벨상 수여문에는 "폭력과 죽음으로 가득한 현실세계에서 의로운 투쟁을 전개한 모든 사람에게 의당한 존경심"을 표현한 헤밍웨이의 공적이 명기되었다. 문학적으로는 "힘 넘치는 고급기교의 문체를 통달함으써 현대 화술의 새로운 장을 열었다"는 이유에서였다.

헤밍웨이는 1961년 7월 2일 엽총으로 자살했다. 처음엔 사고로 인한 사망으로 발표되었다가 5년 만인 1966년 9월에서야 부인 메리 헤밍웨이(Mary W. Hemingway, 1908~1986)가 진실을 밝혔다. 헤밍웨이 집안에는 그의 아버지를 비롯해 그 자신과 형과 누이, 손녀인 슈퍼모델 마고 헤밍웨이(Margaux Hemingway, 1954~1996)까지 3대에 걸쳐 5명이 자살했다. 그래서 집안에 자살유발 유전자가 전해 내려오는 게 아닌가 하는 논란이 일기도 했다.

2009년 7월 미국 역사학자 존 얼 헤인스(John E. Haynes)와 하비 클레어(Harvey Klehr), 러시아 출신의 알렉산더 바실리예프(Alexander Vassiliev) 공저로 예일대학 출판부가 발간한 『스파이들: 미국 KGB의 흥망성쇠(Spies: The Rise and Fall of the KGB in America)』는 헤밍웨이가 소련을 위해 10년 가까이 간첩으로 활동했다고 주장했다. 이 주장에 따르면, 헤밍웨이는 1941년 1월 8일 중국으로 가기 전 모스크바에서 구소련의 비밀경찰조직 KGB에 포섭됐다. 당시 헤밍웨이는 부인과 함께 중국에 도착해 종군기자로서 왕성한 취재활동을 벌이고 있었다. 그의 암호명은 '아르고(Argo)'였으며 1943~1945년 쿠바의 아바나와 런던에서 소련 공작원들과 접선했고, 그때마다 소련을 자발적으로 열심히 돕겠다는 의욕을 표시한 것으로 전해졌다. 하지만 KGB는 당시 헤밍웨이가 간첩활동에 열정적이었지만 그다지 유능하지는 않은 것으로 판단했다. KGB 기록에는 헤밍웨이가 정치적으로 유용한 정보를 전혀 가져오지 못했고 실제 공작능력도 검증되지 않았다고 기술돼 있다. 결국 소련은 정보원으로 활용도가 떨어진 헤밍웨이와의 연락을

1950년에 끊어버렸다.

반면 미국 국립문서보관소가 2008년 8월에 공개한 비밀문서에 따르면 헤밍웨이는 아들 잭(Jack Hemingway, 1923~2000)과 함께 2차 세계대전 동안 미국전략정보국(OSS) 정보원으로 활약한 2만여 명 중에 포함돼 있었다. 1941년 일본의 진주만 공격 후 쿠바의 아바나 근처 작은 마을에 살면서도 현지의 스페인 난민 가운데 나치 독일의 간첩을 적발하는 미국 정보조직원으로 활동한 것이다. 이 때문에 헤밍웨이가 1940년대 미국과 소련의 이중간첩으로 활동했을 가능성을 배제할 수 없게 됐다.

헤밍웨이의 경우가 잘 말해주듯이, 죽은 자는 말이 없고 역사는 새로 발굴되는 자료에 의해 늘 다시 쓰이게 마련이다. 스페인내전에 관한 역사도 이미 여러 차례 수정을 거쳤으며, 또 앞으로 어떤 수정 과정이 남아 있을지 아무도 모른다. 어디 자료뿐인가. 현재의 상황에 따라서도 과거는 다시 채색되게 마련이다. '재즈시대'의 풍요와 광란도 그 이후에 전개된 역사는 물론 오늘과 내일에 의해 다시 평가받게 되리라.

참고문헌 Barsky 1998, Beevor 2009, Davis 2004, Hemingway 1952, Johnson 1993·1999, Sponsel 1998, 강준만 외 1999-2003, 김성곤 1997a, 김유조 1994, 박중현 2008, 요미우리 1996, 요시다 도시히로 2008, 우정제 1991, 전성원 2009a, 조선일보 문화부 1999, 진인숙 1997, 최정호 1999, 한성숙 2009

제4장
1930년대의 대중문화

대공황과 대중문화
영화와 텔레비전의 명암

윌 헤이즈의 '헤이즈 규정'

대공황 시의 성장산업은 영화였다. 영화는 공황기의 훌륭한 도피처였기 때문이다. 1930년대에 전체 인구의 60~70퍼센트가 일주일에 한 번 꼴로 영화관을 찾았다. 할리우드는 이른바 B급영화를 포함해 연간 5000편 이상의 영화를 양산해냈다. 유성영화의 등장도 영화 붐을 거들었다.

할리우드의 거물제작자 루이스 메이어의 제안에 따라 1929년 5월부터 아카데미 시상식이 열렸지만, 바로 이해에 대중의 관심을 끌 수 있는 '뜨거운 쟁점'을 찾던 '신문왕' 윌리엄 랜돌프 허스트는 일련의 사설 공세를 통해서 연방검열의 필요성을 역설했다. '도덕'을 내세웠지만 세인의 관심 유발과 더불어 단편 뉴스영화가 신문의 발행부수에 심각한 악영향을 끼치고 있다고 보았기 때문이었다. 의회는 허스트의 캠페인에 상당한 지지를 보냈다.

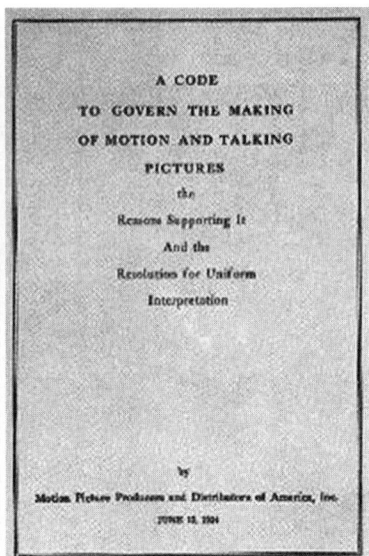

윌 헤이즈(왼쪽)와 '헤이즈 규정'. 남녀 간 애정표현의 한계까지 세세하게 정해놓는 등 엄격한 규정으로 악명이 높았다.

그런 상황에서 할리우드의 '자율규제'를 책임진 '영화 제작자 및 배급자 협회(Motion Picture Producers and Distributors Association, MPPDA)'의 회장 윌 헤이즈(Will H. Hays, 1879~1954)는 좀 더 바빠져야 할 필요를 느꼈다. 헤이즈에 의해 할리우드 내부에서 '도덕적으로 위험한 인물' 200여 명의 리스트가 작성되었으며 1930년에는 이후 오랫동안 할리우드 영화에 적용된 악명 높은 '헤이즈 규정'이 만들어졌다. 영화에서 허용될 수 있는 묘사의 한계를 정한 문서였다. 1934년 6월에는 더욱 강화된 규정이 나온다. 한상준(2000)은 "이 문서는 섹스를 암시하는 내용이나 과다한 폭력에 대한 제한은 물론이고, 남녀 간 애정표현의 한계까지도 아주 구체적으로 정해놓았다"며 다음과 같이 말한다.

"이를테면 영화 속 부부 사이일지라도 별개의 침대를 사용해야 하며, 그들 사이의 친밀한 육체적 접촉도 두 발을 땅에 댄 상태에서만 가능했다. 또 남녀 간의 키스 장면의 길이까지도 정해져 있었다. 프랭크 캐프라 감독의 1934년 작 〈어느 날 밤에 생긴 일〉에는 클라크 게이블과 클로데트 콜베르가 같은 방에서 하룻밤을 지내는 장면이 있다. 여기서 두 사람은 물론 별개의 침대를 사용하는데, 그것도 모자라 여자는 두 침대 사이에 가리개를 친다. 이 장면 역시 내용상의 필연성이 아니라, 헤이즈 규정을 의식한 결과다."

기업인은 1920년대엔 영웅이었지만 1930년대 영화에선 주로 악당으로 묘사되었다. 기업인을 부정적으로 묘사한 영화의 대표작은 프랭크 캐프라(Frank R. Capra, 1897~1991)의 〈스미스 씨 워싱턴에 가다(Mr. Smith Goes to Washington)〉(1939)다. 이 영화는 뇌물과 중상모략으로 워싱턴에서 자신이 원하는 것을 얻으려고 하는 약탈자적 사업가를 그림으로써 당대의 개혁적 분위기에 어필하는 명화가 되었다.

영화에 투영된 캐프라의 가치관은 개인의 상식, 애국주의, 전원주의 등으로, 이 영화는 용감한 시민 혼자서 모든 문제를 해결하는 식의 '터무니없는 낙관주의'로 끝난다는 비판을 받기도 했다. 그런 결말은 헤이즈 코드에 따르려면 어쩔 수 없는 일이기도 했지만, 캐프라의 애국심이 유별났다는 건 분명한 것 같다. 2차 세계대전이 터지자 루스벨트 대통령은 캐프라에게 직접 〈우리는 왜 싸우는가(Why We Fight)〉(1942)를 비롯한 일련의 애국적인 영화를 만들어달라고 부탁한다.

찰리 채플린의 활약

헤이즈 규정은 성(性)뿐만 아니라 이념도 문제 삼았다. 무엇보다도 미국의 제도와 가치에 대한 존경을 요구했다. 영화에서 일단 악(惡)이 묘사되었으면 어떤 식으로건 응징 또는 교정되어야만 했다. 그럼에도 성 문제와는 달리 비교적 해석의 여지가 있었기에 사회비판적인 영화가 상징이나 풍자의 형식으로 숨 쉴 틈은 있었다. 그런 여지 덕분에 탄생한 영화가 이미 〈황금광시대(The Gold Rush)〉(1925) 등의 작품으로 명성을 떨친 찰리 채플린(Charlie Chaplin, 1889~1977)이 1936년에 내놓은 〈모던 타임스(Modern Times)〉다.

채플린의 무성영화에 대한 집착은 시대착오적인 것으로 여겨졌는데 〈모던 타임스〉는 채플린이 스크린에 모습을 나타낸 마지막 영화이자 할리우드에서 제작된 마지막 무성영화이기도 하다. 영국계 유대인인 채플린은 이 영화에서 포드주의의 매우 엄격하고 꼼꼼한 관리 시스템을 풍자하는 동시에 빈부격차의 문제를 적나라하게 드러냈다. 권력이 미디어를 이용해 여론을 조작하는 것도 풍자했다. 이런 이유들로 인해 이 영화는 독일과 이탈리아에서는 상영 금지되었으며, 나중에 채플린이 미국에서 추방당하는 한 이유가 된다.

1940년 10월 개봉된, 채플린이 감독한 최초의 발성영화인 〈위대한 독재자(The Great Dictator)〉는 히틀러와 무솔리니를 풍자했다. 당시 할리우드는 나치를 비난하는 소재가 금기였기 때문에 많은 위험을 감수하고 만든 영화였다. 루스벨트 대통령은 이 영화가 국제관계에 악영향을 미칠 수 있다고 직접적으로 불만을 표하기까지 했다.

이미 1920년부터 FBI의 감시를 받아온 채플린은 1942년 5월 샌프란

채플린은 자신이 감독한 최초의 발성영화 〈위대한 독재자〉에서 나치 비난을 꺼리는 할리우드의 금기를 깨고 히틀러와 무솔리니를 풍자했다.

시스코에서 열린 러시아 참전 지지집회에서 연설함으로써 보수주의자들의 분노와 증오의 대상이 되었다. '성의 방랑자'라는 말을 들을 정도로 섹스에 탐닉한데다 "인간의 가장 아름다운 모습은 개화 직전에 있는 나이 어린 처녀다"라고 말할 정도로 십대 소녀들을 밝힌 것도 보수파의 분노를 샀다.

그런 상황에서 채플린이 1947년에 제작한 〈살인광시대(Monsieur Verdoux)〉는 그의 영화 중 흥행에 실패한 최초의 작품이 되었으며 보수파의 분노를 폭발시키는 데 결정적인 역할을 했다. 개인을 죽이면 죄인이 되는데 전쟁 중에 많은 사람을 죽이면 죄인은커녕 오히려 영웅으로 환영받는다는 메시지를 담은 반전영화였기 때문이다.

채플린은 결국 미국에서 쫓겨나 1952년 9월 17일 영국으로 갔는데 그곳에서 열광적인 환영을 받았다. 미국에서 추방당하면서 "나는 예수가 대통령인 한 미국에 다시 돌아오지 않겠다"는 의미심장한 말을 남겼던 채플린은 1953년 1월 스위스로 옮겨 여생을 그곳에서 보냈다.

베티 데이비스와 그레타 가르보

"200~300년 먼저 태어났다면 그녀는 아마 마녀(魔女)로 지목돼 화형을 당했을 것이다. 그녀는 일반적인 방법으로 방출할 수 없는 '파워'로 가득한 듯한 느낌을 준다." 1935년 영화 〈데인저러스(Dangerous)〉가 개봉됐을 때 영화잡지 『픽처 포스트(Picture Post)』는 여주인공을 맡은 베티 데이비스(Betty Davis, 1908~1989)를 이렇게 평가했다. 그녀가 맡은 역은 인기를 잃은 여배우로 가까이 있는 이들을 파멸시키는 '팜므 파탈(femme fatale)' 역할이라서 대다수 여배우들이 이미지 추락을 우려해 맡길 꺼리던 악역이었다. 이전에 존재하지 않던 여배우 캐릭터의 출현에 평론가들은 극찬을 보냈고, 그녀는 아카데미 여우주연상을 거머쥐었다.

1981년 '베티 데이비스 아이스(Betty Davis Eyes)'라는 킴 칸스(Kim Carnes)의 노래로 유명해진 동그랗고 도발적인 파란색 눈을 빼면, 키

영화 〈데인저러스〉에서 '팜므 파탈' 역을 맡아 극찬을 받은 1930년대 스타 베티 데이비스.

162센티미터에 갈색머리인 베티의 외모는 평범했다. 워너브러더스는 베티 데이비스가 기존 스타 유형에 맞지 않기 때문에 그녀에게 어울리는 영화를 찾느라 늘 고심을 했다. 그녀는 1938년 윌리엄 와일러가 감독한 영화 〈제저벨(Jezebel)〉에서 자기주장이 강한 남부 여성 역할을 맡아 두 번째 아카데미상을 받았다. 이듬해 개봉된 〈바람과 함께 사라지다(Gone with the Wind)〉의 스칼렛 오하라 역도 맡을 뻔했지만 소속사와 제작사의 협상이 불발돼 비비언 리(Vivien Leigh, 1913~1967)에게 배역을 빼앗겼다.

그녀는 영화사의 말을 잘 듣는 고분고분한 스타가 아니라는 점에서도 유별났다. 1930년대 말 베티 데이비스는 스튜디오 계약에 대한 법정투쟁을 가리켜 "노예제도에 대한 투쟁"이라고 했다. 4번의 결혼, 자녀와의 불화 등 온갖 어려움에도 그녀는 스크린에 머물렀다. 1989년 마지막 영화 〈사악한 계모(Wicked Stepmother)〉(감독 래리 코헨)를 찍고 그해 10월 6일 숨질 때까지 그녀가 60년간 출연한 영화와 TV시리즈는 120여 편이나 되었다.

베티 데이비스가 '팜므 파탈'의 원조라면 '신비주의'의 원조라 할 수 있는 스타는 그레타 가르보(Greta Garbo, 1905~1990)다. 당시 최고의 톱스타로 군림했던 가르보는 화면 밖에서는 철저하게 은둔자의 삶을 산 것으로 유명하다. 데뷔 초기를 제외하면 어떤 매체와도 인터뷰를 하지 않았고 팬들의 사인 요청도 거부했으며 자기가 주연한 영화의 시사회에도 참석을 거부했다. 그녀가 출연한 〈안나 카레니나(Anna Karenina)〉(1935)를 본 나치 선전성 괴벨스는 "가르보는 모든 사람을 능가하는 최고의 여배우"라고 극찬했는데, 가르보가 반겼는지는 모

'가르보이즘'이란 말이 있을 정도로 신비한 매력을 지녔던 그레타 가르보.

르겠다. 1936년 11월 23일, 사진 전문 주간지 『라이프』는 창간 특집으로 가르보의 화보를 실었는데 인터뷰는 없었다. 그녀는 1941년 은퇴 후 1990년 사망할 때까지 어떤 공식석상에도 모습을 드러내지 않았다. 스타나 유명인사의 신비주의를 '가르보이즘(Garbo-ism)'이라고 부르는 이유다.

1930년대의 또 다른 스타로 셜리 템플(Shirley Temple)을 빼놓을 순 없겠다. 그녀는 다섯 살이던 1934년부터 1938년까지 5년 동안 14편의 영화에 출연해 미국에서 으뜸가는 흥행스타로 군림했다. 그녀의 인기를 업고 등장한 캐릭터 상품들은 드레스, 리본, 모자, 속옷, 구두, 책, 비누, 식탁보 등 일상적인 용품에서부터 인형 등 장난감에 이르기까지 매우 다양했다. 개당 3달러에서 30달러에 이르는 셜리 템플 인형은 무려 600만 개나 팔려나갔다.

왜 미국인들은 이 어린아이에게 열광했던 걸까? 대공황이 앗아간 순진무구함과 활달함을 템플이 고스란히 갖추고 있기 때문이라거나 동화 같은 셜리 템플의 영화는 현실도피적인 성격이 강하기 때문이라는 분석이 제시됐다.

세계의 미국화

앞서 남북전쟁을 다루면서 미리 살펴보았듯이, 1939년의 대히트작은 마거릿 미첼(Margaret M. Mitchell, 1900~1949) 원작, 데이비드 셀즈닉(David O. Selznick, 1902~1965) 제작, 빅터 플레밍(Victor Fleming, 1889~1949) 감독, 비비언 리와 클라크 게이블(W. Clark Gable, 1901~1960) 주연의 〈바람과 함께 사라지다〉였다. 1년간 관객 2500만을 돌파하면서 주인공 스칼렛 오하라와 레트 버틀러는 실제 인물처럼 사람들의 입에 오르내렸다. 훗날 CNN 창설자인 테드 터너(Ted Turner)는 이 영화의 광팬으로서 아이를 낳으면 두 주인공의 이름을 아이들에게 붙이겠다고 결심했고 실제로 그렇게 했다.

〈바람과 함께 사라지다〉는 아카데미 작품상을 수상한 최초의 컬러영화이기도 하다. 컬러영화가 최초로 등장한 것은 1909년이었지만, 이는 촬영이 끝난 흑백필름을 적색과 녹색의 필터를 통해 현상하고 영화관에서는 같은 필터를 통해 보통의 두 배 속도로 영사함으로써 관객들이 컬러영화로 느끼게끔 만드는 방식이었다. 진정한 의미의 컬러영화는 단편으론 1932년 디즈니의 만화영화 〈실리 심포니(Silly Symphonies)〉, 장편으론 1935년 루벤 마물리언(Rouben Mamoulian, 1897~1987) 감독의 〈허영의 도시(Vanty Fair)〉가 최초로 꼽힌다.

소설 『바람과 함께 사라지다』는 27개 국어로 번역돼 1600만 부 이상 판매되었으니 사실상 이 영화의 판촉 역할을 톡톡히 한 셈이다. 할리우드 영화의 세계시장 장악은 1930년대에도 지속돼 할리우드 영화가 미국인은 물론 전 세계인의 행동양식까지 바꾸고 있다는 게 확연해졌다.

1년간 2500만 명의 관객이 찾은 대히트작 〈바람과 함께 사라지다〉. 주인공 스칼렛과 레트는 실제 인물처럼 많은 사람들의 입에 오르내리며 사랑을 받았다.

1933년 영국의 작가 프리스틀리(J. B. Priestly, 1894~1984)는 한 시골 카페에서 차를 마시다가 옆 테이블의 아가씨들이 자신들이 좋아하는 영화배우들의 모습을 조심스럽게 흉내 내는 걸 보고 다음과 같이 말했다. "20년 전만 해도 이런 아가씨들은 바로 옆 대도시의 아가씨들과는 아주 달라 보였을 것이다. 그들은 틀림없이 조그만 시골 마을 분위기를 가지고 있었을 것이다. 그러나 지금은 열두 개의 다른 수도에 살고 있는 아가씨들과도 거의 구분할 수 없다. 왜냐하면 그들 모두는 할리우드 출신의 동일한 모델을 가지기 때문이다."

1936년 인류학자 마르셀 모스(Marcel Mauss, 1872~1950)는 뉴욕의 병

원에 있었을 때 간호사들이 걷는 모습을 보고 깜짝 놀랐다. 나중에 그는 영화에서 같은 스타일의 걸음걸이를 본 적이 있음을 깨달았다. 파리로 돌아가서, 그는 이런 미국식 걸음걸이를 프랑스 젊은 여성들이 그대로 흉내 내고 있다는 것에 주목했다.

오늘날 모든 대중문화 장르에 걸쳐 이루어지고 있는 PPL(Product Placement; 콘텐츠 내 상품 간접광고)은 1930년대에 본격 출현했기 때문에, 무역이 영화를 따라가는 정도는 더욱 강화되었다. PPL은 원래 영화제작 시 필요한 소품을 확보하기 위해서 기업으로부터 협찬을 요청한 데서 유래되었지만, 1930년대엔 그런 협찬 수준을 뛰어넘는 마케팅 기법이 도입되었다. 이 분야의 선구자인 영화제작·배급사 MGM은 1933년 3월 스타를 가장 많이 보유한 스튜디오의 '스타 파워'를 제공한다는 조건으로 코카콜라와 50만 달러 계약에 서명했다. GM은 1935년 10편의 워너브러더스 영화와 자동차 뷰익을 묶은 대대적인 PPL 캠페인을 전개했다.

조선의 할리우드 영화 붐

식민지 조선도 할리우드 영화의 강력한 영향권 안에 놓여 있었다. 전국의 영화 상설상영관이 79개소에 이른 1932년 조선에서 상영된 필름양의 국가별 비율을 보면 외국산 62.7퍼센트, 내지(일본)산 32.3퍼센트, 조선산 4.1퍼센트였는데, 가장 인기가 높은 건 할리우드 영화였다. 1932~1934년간 『동아일보』에 실린 영화 관련 기사 중 미국 영화는 73건, 프랑스 영화는 16건, 영국 영화는 7건, 일본 영화는 5건이었다. 1929~1932년간 수입된 미국 영화의 4분의 3은 연애, 범죄, 섹스 3가지를 다룬 영화였다.

『조광』 1937년 12월호에 실린 글은 대중이 영화관을 찾는 이유에 대해 ①기호성(嗜好性)의 발작(發作) ②생(生)의 적막(寂寞) ③피로(疲勞)된 영(靈)의 안식 ④심심풀이, 네 가지로 설명하면서 이렇게 말했다. "값이 싸고 화려하고 자미(滋味 · 재미)있는 오락은 영화를 제외하고는 달리 없는 까닭이다. …… 영화관중들은 누구나 메리이(메리 픽포드)의 애인 될 자격이 있는 셈이 된다. 가르보(그레타 가르보)도 웨스트(메이 웨스트)도 듸트리히(마를레네 디트리히)도 다 애인이 될 수 있다."

1939년 안석영(1901~1950)은 『조광』에 쓴 글에서 미국의 상업주의 영화가 대중을 타락시키는 것을 '코카인'에 비유하면서 "나는 이런 미국 영화를 즐겨 하지 않는다"고 주장했다. "한때는 종로통 대로로 활보하는 남녀 청소년이 영화에 나타난 인물들의 분장을 하고 다닌 때도 있었으며 …… 여성들은 안면의 화장, 양말 신은 모양, 구두 또는 스커트가 오르고 나리는 것도 영화의 여배우를 따랐었고 지금은 파마넨트 웨이브가 양가의 집 처녀의 깜정 머리카락을 못살게 굴고 또는 옥시풀로 머리의 깜정물을 빼어 여호털같이 만드는 이 기관(奇觀) 역시 영화가 가져온 범죄……."

김진송(1999)은 영화에 대한 대중의 관심은 오늘날 대중 스타에 대한 것과 마찬가지로 "'살리 템플'의 일주일 수입이 얼마니, '케이불'식 구두가 어떤 뽐새니, '쪼온 크로포드'는 몇 번째 결혼하느니" 하는 것들로 채워져갔으며 서양 영화배우에 대한 신상명세를 시시콜콜히 주워섬기는 것이 끽다점이나 바에서 '사교권'을 장악하는 방법이었다고 말한다.

"영화가 보다 대중적인 장르로 확산되자 '조선의 나이 어린 여성들은 하등의 민족적으로나 계급적 의식이 없이 공상적 푸치뿌르(쁘띠 부르주아) 심리에서 스크린에 나타나는 미모와 고혼 목소리에 유혹되여' 영화배우로 나서려 했다. 스타를 동경하는 청소년의 연예계에 대한 지대한 관심이 오늘만의 이야기가 아니었던 것이다. 영화에서 수많은 서양배우들이 지대한 영향을 미치고 일상에 침투했지만 이와 함께 조선의 배우들이 등장하고 이들이 스타시스템에 의해 작동되면서 대중들의 새로운 스타로 부상했다. 당시의 많은 잡지에서 영화배우에 대한 소개나 프로필을 소개하는 난이 빈번했던 것은 영화가 지니는 대중적 파급효과를 고려하면 그리 놀라운 일은 아니었다."

그런데 왜 일제는 미국 할리우드 영화의 압도적 우위를 허용했을까? 이와 관련, 브라이언 이시즈(Brian Yecies)는 1926년에서 1936년 사이의 식민지 시대 조선의 영화산업을 논하면서, 조선총독부가 할리우드 영화 600~700편의 검열을 통해 막대한 이득을 챙겼고, 이들 대부분이 거의 아무런 수정 없이 검열을 통과했다고 주장했다. 바꿔 말하면, 할리우드가 조선총독부의 재정에 크게 기여한 의도하지 않은 '일제 협력자'였다는 것이다. 이에 대해 조흡(2008)은, 쟁점은 일제가 "왜 정치선전을 위해 훨씬 효과적일 일본 극영화를 놔두고 군이 할리우드 영화의 수입을 허용했느냐는 것"이라며 다음과 같이 말한다.

"이는 단지 천문학적 규모의 수수료 수입을 기대할 수 있는 거대한 이익사업이었기 때문에 그런 결정을 내린 것으로 이해하긴 어려운 문제다. (중략) 그것은 한마디로 할리우드 영화가 일본 영화보다 정치적으로 더 효과적이기 때문이었다. 무엇보다 조선에서 일본 영화를 대량 보급시키는 것에 따른 조선인들의 반감을 무마할 수 있고, 할리우드 영화가 일본의 식민정책을 펴나가는 데 위협적인 내용을 담고 있지 않았기 때문이었을 것이다. …… 뿐만 아니라 할리우드 영화는 좀 더 중립적인 입장에서 서양의 우월한 문화적 가치를 담고 있어, 아시아에서 유일하게 서양의 제도와 문물을 받아들여 서양 국가처럼 행세하던 일본의 입장에서는 할리우드 영화가 제기하는 문화적 이데올로기를 자신들의 가치와 동일한 것으로 생각했을 것이라는 설명도 가능하다."

'화성인의 습격' 사건

대공황 시기에 라디오는 '공짜 오락'으로서 전성기를 구가하고 있었다. 1938년 라디오의 보급률은 거의 80퍼센트에 이르렀다. 1939년 『포천』의 조사에 따르면, 라디오를 주요 정보 공급원으로 이용하는 사람은 미국인의 70퍼센트였으며, 58퍼센트는 라디오가 신문보다 더 정확하다고 믿고 있는 것으로 나타났다.

1938년 10월 30일 CBS 라디오가 방송한 드라마 〈화성인의 습격(The Invasion from Mars)〉은 라디오의 영향력을 극적으로 입증했다. 조지 웰스(H. G. Wells, 1866~1946)의 공상과학소설 〈우주 전쟁(The War of the Worlds)〉을 오슨 웰스(G. Orson Welles, 1915~1985)가 연출하고 직접 출연해 제작한 이 프로그램은 화성인들의 침입을 다루었는데, 이를 실제 일어난 일로 착각한 전국의 수많은 청취자들이 공포에 질려 피난을 가는 사태가 벌어졌던 것이다.

『뉴욕타임스』의 보도에 따르면 "이 방송은 집 안에서 쉬고 있던 많은 사람들을 혼란의 도가니로 몰고 갔다. 예배 보던 신도들은 교회 문을 박차고 도망가기 바빴고 거리는 피난 차량으로 가득 찼다. 통신은 두절됐고 쇼크와 히스테리를 일으킨 많은 사람들이 병원 신세를 져야만 했다."

이 방송은 앞부분에 픽션이라는 사전경고를 내보냈지만 이를 듣지 못한 사람들이 많았다. 당시 수백만 명의 팬을 확보하고 있던 〈에드거 베르겐-찰리 매카시 쇼(Edgar Bergen-Charlie McCarthy)〉의 뒷부분과 〈화성인의 습격〉 앞부분이 20분 동안 겹쳤기 때문이다. 사전경고를 듣지 못한 청취자들은 이 드라마 속의 다음과 같은 뉴스 내용을 사실로 받아들인 것이다. "적십자 요원들이 현장에 급파됐습니다. 미친 듯이 날뛰는 군중으로 인해 다리가 완전히 막혀버렸습니다. …… 계엄령이 뉴저지 주와 펜실베이니아 주 전역에 선포되었습니다."

단지 사전경고를 듣지 못했기 때문에 그런 소동이 일어났던 걸까? 패너티(Panati 1997)는 "1938년 미국인들은 진짜 정보에는 어두웠고 또한 거짓말에 잘 속아 넘어갈 정도로 순진한 구석이 있었다"며 다음과 같이 말한다.

"대신 언론에는 절대적인 신뢰를 보냈고 매스미디어의 트릭에도 그리 익숙하지 못했다. 게다가 신문들이 유럽에서 전운이 점증하고 있다고 매일같이 보도하고 있을 때였다. 실제로 피난을 떠났던 많은 사람들은 화성인이 진짜 침략해온 것이 아니라 나치 군대가 우주인을 가장해서 쳐들어왔을 것이라고 짐작했다고 나중에 고백한 바 있다. 그러나 무엇보다 중요한 대목은 오슨 웰스의 목소리 연기가 거짓을 사실처럼 느끼게 할 만큼 뛰어났다는 사실이다. 다름 아닌 웰스의 목소리가 모든 혼란의 주범이었던 셈이다."

훗날 언론학자들은 대중매체의 효과가 강한가 약한가를 놓고 논쟁을 벌이는데, 이 사건은 이른바 '강효과 이론'을 뒷받침해주는 결정적인 증거가 되었다. 대중매체의 효과가 탄환이나 피하주사처럼 강하다는 의미에서 탄환이론(bullet theory), 피하주사이론(hypodermic-needle theory) 같은 별명까지 생겨난다.

텔레비전 방송의 탄생

영화와 라디오와는 달리, 대공황은 텔레비전 발달의 본거지를 미국에서 유럽으로 이동시켰다. 특히 1933년 집권한 히틀러 치하의 독일에서는 경제가 왕성한 가운데 텔레비전이 크게 발달되어 1936년 8월 베를린올림픽을 중계방송하는 수준에까지 이르렀다. 독일과 더불어 영국, 프랑스, 러시아, 이탈리아, 일본 등의 나라들도 1930년대에 텔레비전의 비약적인 발전을 이룩했으나 미국의 텔레비전은 대공황의 후유증으로 거의 빈사상태에 놓여 있었다.

1936년 8월 영국의 BBC(British Broadcasting Corporation)는 하루 두 시간씩 정규 텔레비전 방송을 시작했다. 텔레비전 방송을 보는 사람들을 뭐라고 부를 것인가? 처음엔 '스펙테이터(spectators)' '루커스인(lookers-in)' 등이 후보로 올랐다가 결국 '뷰어(viewers)'로 낙착되었다. 미국인들은 "아니, 어떻게 영국이 우리보다 앞서갈 수 있지?" 하고 의아해하는 동시에 불편하게 생각했다. 존스톤(Alva Johnston, 1888~1950)은 "미국에선 기업들이 위험부담을 염두에 두고 만반의 준비를 하는 반면, 영국은 국영독점 체제로 그런 고려를 할 필요가 없기 때문이다"

1939년 RCA가 개발한 텔레비전 시험 패턴. 컬러텔레비전이 대중적으로 상용화되기 전까지 광범위하게 사용되었다. ⓒ RCA

라고 설명했다. (Johnston 1939)

이렇게 뒤처진 상황을 극복하기 위해 나선 인물이 바로 RCA의 데이비드 사르노프다. 그는 1935년 5월 7일 RCA의 주주들 앞에서 100만 달러를 투자하여 텔레비전을 실용화하겠다고 선언했다. 1937년 마르코니(Guglielmo Marconi, 1874~1937)가 세상을 떠났을 때 전 세계 방송사들은 이례적으로 2분 동안 침묵했다. '전파의 아버지'에 대한 추모였다. 이제 사르노프가 '미국 텔레비전의 아버지'가 되겠다고 나선 셈이다.

1930년대 후반 미국의 텔레비전은 RCA의 주도하에 서서히 발전하기 시작했다. 텔레비전이라고 하는 새로운 매체를 과시하고 싶은

RCA의 욕구는 NBC가 1939년 뉴욕 세계박람회 개회식을 중계방송하는 것으로 나타났다. 1939년 4월 30일, 이날은 후일 "미국 텔레비전의 탄생일"로 기념될 역사적인 날이었다. 그날 오후 12시 반 개막연설을 하는 루스벨트 대통령의 모습이 뉴욕 시에 이미 보급되었던 200여 대의 텔레비전 수상기를 통해 생생하게 중계되었다. 이로써 루스벨트는 텔레비전에 출연한 미국 최초의 대통령이 되었으며, 뒤이어 연설을 한 사르노프는 텔레비전의 밝은 전망을 역설하고 또 그걸 현실화시킴으로써 "미국 텔레비전의 아버지"라는 호칭을 얻었다.

1940년에는 듀몬트(DuMont)라는 새로운 방송 네트워크가 생겨났다. 1934년 7월 "연방커뮤니케이션법(Federal Communications Act)"에 의해 FRC에서 FCC(Federal Communications Commission)로 이름을 바꾸면서 기능이 확대된 FCC는 1941년 5월에, 7월부터 상업 텔레비전을 허용하겠다고 발표함에 따라 미국의 텔레비전은 일대 전기를 맞는 듯했다. 그러나 1939년 9월 독일이 폴란드를 침공하면서 일어난 2차 세계대전은 한동안 미국 텔레비전 발달에 부정적인 요소로 작용한다.

참고문헌 Allen & Gomery 1998, Barnouw 1982, Beatty 2002, Castleman & Podrazik 1982, Corrigan 2001, Czitrom 1982, Dukes 1938, Eliot 1993, Ferro 1999, Florida 2002, Giannetti 1976, Gledhill 1999, Jhally 1989, Johnston 1939, Panati 1997, Phelps 1979, Reuth 2006, Robinson 1998, Thompson 1986, Thompson & Bordwell 2000, 김동춘 2004, 김삼웅 1996, 김영진 1997, 김진송 1999, 민웅기 1999, 박중현 2008, 사루야 가나메 2007, 송원섭 2009, 연동원 2001, 유석재 2008, 유선영 2006·2008, 이재광·김진희 1999a, 이준식 2004, 조선일보 문화부 1999, 조흡 2008, 한상준 2000

야구 · 농구 · 권투 붐
1930년대의 스포츠

베이브 루스 신화

1차 세계대전 직후의 10년은 야구의 황금시대였다. 전쟁에서의 해방감에 젖은 미국은 풍요와 번영의 시대에 접어들면서 여가에 탐닉했는데, 가장 중요한 여가활동은 영화와 더불어 야구였다. 1920년 메이저 리그의 관중은 그 전해의 650만 명에서 910만 명으로 늘었다.

그간 야구는 어떤 발전 과정을 거쳤던가? 1900년에 내셔널리그가 8개 팀으로 발족했고 그 이듬해 아메리칸리그가 16개 팀으로 출발했으며, 양 리그의 승자끼리 패권을 가리는 월드시리즈는 1903년에 비공식적으로 시작되어 1905년부터 정식으로 챔피언십을 가졌다. 구단들은 홈런이 관중들에게 흥분을 불러일으킨다는 사실을 발견하고 더 많은 홈런이 나올 수 있도록 야구공을 새로 디자인하는 등 관중의 증가를 위해 많은 노력을 기울였다. 그 덕분에 1921년 뉴욕 양키스와 뉴욕 자이언츠 사이에 벌어진 월드시리즈 여섯 경기의 전체 관중 수는 30

1930년대 최고의 야구 스타 베이비 루스. ⓒ George Grantham Bain

만 명에 이르렀다.

    1930년대 전반까지의 최고 야구 스타는 단연 뉴욕 양키스의 외야수 베이브 루스(Babe Ruth, 1894~1948)였다. 1918년부터 1934년까지 17시즌 동안 12번이나 홈런왕을 차지한 루스는 1932년 10월 1일 뉴욕 양키스와 시카고 컵스의 월드시리즈 3차전에서 어디로 홈런을 날리겠다는 예고홈런에까지 성공하는 등 미국 야구신화의 영웅이 되었다. 이는 후에 기자가 만들어낸 에피소드로 밝혀졌지만, 대중을 열광시킬 수 있는 재미있는 이야깃거리로 인구에 회자되었다.

손세호(2007)에 따르면 "루스만큼 미국인들로부터 사랑을 받았던 운동선수도 드물 것이다. 루스는 매 시즌마다 수많은 홈런을 쳐냄으로써 인기를 끌기도 했지만, 경기장에서의 과장된 몸짓과 도전적인 생활방식 그리고 소년처럼 싱긋 웃는 미소로 수많은 사람들의 애정을 한 몸에 받았고, 그를 미국의 전설이 되게 했다."

루스는 1935년 은퇴할 때까지 생애 통산 타율 0.314, 홈런 714개를 기록했다. 1927년 한 시즌 홈런 60개의 기록은 1961년 로저 매리스(Roger E. Maris, 1934~1985)에 의해 깨졌지만, 매리스의 기록은 '꼬리표가 붙은 기록'이다. 루스는 한 시즌 154게임에서 60개를 쳤지만, 매리스는 162게임에 61개를 친 것이었고 154번째 경기 당시 그의 기록은 59개였기 때문이다. 루스가 몸담은 뉴욕 양키스는 1931년까지 아메리칸리그에서 6번, 월드시리즈에서 3번 우승을 차지했다. 돈과 술, 엄청난 식욕에 매일 밤 상대를 바꾼 엽색행각, 좌충우돌 행동 등으로 자신이 원했던 감독은 되어보지 못했지만, 베이비 루스라는 이름은 미국 야구의 영원한 영웅으로 기려지고 있다.

야구의 인종차별

1930년대까지 메이저리그는 백인들만의 잔치판이었다. 실력이 충분함에도 메이저리그에서 뛸 수 없는 흑인들은 1920년대에 따로 니그로리그(Negro League)를 만들었다. 최초의 니그로리그라 할 수 있는 '서던 리그 오브 베이스볼리스트(Southern League of Base Ballists)'는 모두

10개 팀으로 구성되었지만 실제 운영은 1년밖에는 할 수 없었다. 두 번째 니그로리그였던 '내셔널 컬러드 베이스볼리그(National Colored Base Ball League)'는 9개 팀으로 시즌을 시작했지만 일주일 뒤 세 팀만 남았고 한 달 만에 리그가 폐지되었다. 초창기 니그로리그는 경제적 문제로 어려움을 겪었다.

1920년대를 지나면서 니그로리그는 황금기를 구가했지만 여전히 경제적으로 문제점을 안고 있었다. 니그로리그는 경기력 측면에서 백인 리그를 능가했으나 백인 관중은 흑인들의 경기에 관심이 없었고 흑인들은 입장권을 살 만한 경제적 능력이 없었기 때문에 니그로리그가 활성화될 수 없었던 것이다.

흑인들의 야구경기는 다분히 쇼적인 요소가 가득했다. 런앤드히트(run and hit), 번트(bunt), 스퀴즈(squeeze) 등 백인들의 경기에서는 보기 힘든 새로운 작전이 구사되었고 정확한 규칙 아래 기계적으로 경기하는 백인들과 달리 격렬했고 재미가 있었다. 백인들은 흑인들을 그라운드에서 쫓아냈지만 니그로리그가 흥행요소를 갖추기 시작하면서 두 리그 사이에 평가전이 벌어지기 시작했으며 통산 286승 168패로 니그로리그의 승률이 높았다.

니그로리그의 스타 아니, 슈퍼스타는 단연 새철 페이지(Satchel Paige, 1906~1982)였다. 전성기로 접어든 1930년대부터 그의 빠른 볼에 대한 소문이 메이저리그까지 퍼져나갔으며 메이저리그 일부 선수들은 그의 투구를 보기 위해 자신들의 경기가 없을 때 직접 야구장을 찾기도 했다. 그는 1931년과 1932년에 각각 32승, 31승 달성을 시작으로 매 시즌 평균 25승의 성적으로 최고의 피칭을 하며 자신의 소속팀을 여러 차례 리그 정상에 올려놓았다. 또한 그의 투구에 반한 여러 팀으로부터 시즌 중에도 계속해서 입단 제의를 받다가 메이저리그 선수들도 받기 힘든 3만 달러의 고액 연봉 선수가 되었다. 정확한 통계자료가 없어 추측이 난무하지만 모든 이들이 인정하는 것은 페이지가 약 2500 경기에 출장하여 2000승을 기록했다는 것이다.

1947년 재키 로빈슨(Jackie Robinson, 1919~1972)이 최초로 메이저리그에 진출하면서 흑인들에 대한 장벽이 허물어졌다. 비록 로빈슨의 첫 등장에 백인 관중들은 맹렬한 야유와 폭언을 퍼부어대긴 했지만 말이다. 클리블랜드의 구단주 빌 빅(William L. Veeck, Jr., 1914~1986)이 마흔이 넘은 새철의 입단을 끈질기게 종용한 끝에 새철도 1948년 42살의 나이로 메이저리그에 진출해(흑인으로서는 6번째) 최초의 흑인 투수로 데뷔했다. 불펜(bullpen)과 선발을 오가며 6승을 올린 첫해 그를 보기 위해 20만 명의 야구팬이 모였으며 그가 불펜에서 몸을 풀기라도 하면 모두 기립하여 환호를 질렀다. 그러나 그는 입단 3년 만에 은퇴하고 1971년 니그로리그 출신 선수 중 재키 로빈슨(1962년)에 이어 두 번째로 명예의 전당에 헌액되었다.

스포츠에서의 인종차별은 1936년 베를린올림픽의 흑인 영웅 제시 오언스(Jesse Owens, 1913~1980)에 대한 대우에서도 나타났다. 100미터, 200미터, 400미터 릴레이, 멀리뛰기에서 우승해 4관왕이 된 오언스는 마라톤의 황인 영웅 손기정(1912~2002)과 함께, 베를린올림픽을 나치 독일의 선전장이자 '위대한 아리안족'의 우수성을 과시하는 행사로 이용하려던 히틀러의 계획에 치명타를 날렸다. 그래서 금메달 수상 선수들과 악수를 하던 히틀러가 오언스와의 악수는 거부한 채 경기장

1936년 베를린올림픽의 흑인 영웅 제시 오언스는 "루스벨트 대통령이 축전 하나도 보내주지 않았다"며 미국에서의 인종차별이 더 극심함을 대변했다.

을 나가버렸다는 설이 떠돌았다. 하지만 오언스의 이야기는 다르다. 오언스는 "나를 홀대한 것은 히틀러가 아니라 루스벨트 대통령이다. 나에게 축전 하나도 보내주지 않았다"고 말했다.

독일에서 백인들에게 갈채를 받고 백인 호텔에 투숙할 수 있었던 오언스는 미국에 돌아온 뒤엔 다시 '백인 전용'을 피해 흑인 전용 식당과 화장실을 찾아다녀야 했고, 뉴욕에서 열린 올림픽 승전 파티에선 주인공임에도 호텔 엘리베이터를 탈 수 없어 화물 승강기를 타고 올라가야 했다. 루스벨트는 물론 후임 대통령 해리 트루먼도 오언스에 대한 칭찬도, 시상도 하지 않았고 백악관 초청도 하지 않았다. 그는 스웨덴 대회에 참여하기를 거부했다는 이유로 미국육상연맹에서 축출돼 말이나 오토바이 등과 겨루는 깜짝 경주쇼 출연자로 몰락하고 말았다. 나중에 아이젠하워가 대통령직에 올랐을 때에야 오언스는 소급해서 표창을 받고 '스포츠 대사'로 임명되었다.(Cashmore 2001, Moore 2009)

1930년대의 농구 붐

오늘날 미국에선 해마다 3월이면 각급 학교의 농구 시즌이 마무리되면서 결선(playoff)이 벌어지는데, 그 모양이 광란에 가깝다 하여 '미친 3월(March Madness)'이라 표현하기도 한다. 이 농구 붐이 본격적으로 일기 시작한 건 1930년대였다.

다른 스포츠는 기원이 모호하지만 농구는 분명한데다 가장 급속도로 성장한 스포츠다. 농구는 1891년 12월 제임스 네이스미스(James Naismith, 1861~1939)가 발명했다. 캐나다 태생의 교사인 그는 상사인 루서 걸릭(Luther H. Gulick Jr., 1865~1918) 박사로부터 풋볼과 야구 시즌 사이에 젊은이들이 할 만한 것을 찾아보라는 지시를 받았다. 그가 몸담고 있던 매사추세츠 주의 스프링필드대학은 YMCA의 세계선교활동을 위한 훈련소였는데, 그는 일자리를 유지하기 위해선 반드시 무언가를 찾아내야만 했다. 당시 교실에서 남학생들은 거의 통제불능 상태였기 때문에 이들의 남아도는 힘을 발산시킬 수 있는 그 어떤 놀

1891년 스프링필드대학에 처음 생긴 농구 코트(왼쪽)와 캔자스대학 최초의 농구팀(오른쪽). 농구를 발명한 제임스 네이스미스(맨 뒷줄 오른쪽 끝)가 코치를 맡았다.

이가 필요했던 것이다.

1892년 네이스미스가 농구규칙을 설명한 팸플릿을 배포한 뒤 1890년대에 YMCA는 전국에 농구를 퍼뜨렸다. 1893년 프랑스에도 소개되었으며 1894년 중국과 인도에서도 첫 대회가 열렸다. 1893년 매사추세츠 주의 스미스대학에서 대학 대항 여자경기가 처음 열렸을 때 이 경기를 관람한 유일한 남자는 대학총장이었다. 그는 여자 운동선수를 보면서 불건전한 생각을 하지 않을 만큼 충분한 위엄과 연령이 있다고 간주되었기 때문이다.

1896년 뉴저지 주 트렌턴의 선수단은 입장료를 받음으로써 돈을 벌었는데, 이것이 농구 기업화의 원조다. 공을 패스하는 대신 드리블이 처음 도입된 것은 1890년대 후반이다. 초창기에는 공이 들어간 바구니에서 일일이 공을 꺼내야 했는데 1914년 림의 그물에 구멍을 만들어 공이 골인되면 관통하게끔 했다. 1921년부터 'Basket Ball'에서 'Basketball'로 표기가 바뀌었다.

1930년대에 농구는 비약적인 발전을 하기 시작했다. 1932년 6월 18일 스위스 제네바에서 국제아마추어농구연맹이 창립되었으며, 1936년 독일 베를린올림픽 때엔 정식 종목으로 등장했다. 여기선 미국이 캐나다를 19대 8로 꺾고 금메달을 차지했다. 조선 선수 3명이 들어간 일본 팀은 2승 5패로 13위를 기록했다. 1938년부터 두 구역으로 나뉜 플로어에서 6명의 선수가 경기를 벌이는 방식이 확정되었다. 1940년 『타임』은 7000개의 팀을 가진 농구가 미국 최대의 스포츠라고 썼다.

1946년 프로농구가 탄생하며, 1949년 농구단체들이 NBA(National Basketball Association)로 통합된다. 1952년 듀몬트 텔레비전 네트워크는 프로경기를 처음으로 중계하며, 1954년 경기 속도를 극적으로 올리기 위해 공을 가진 팀은 24초 안에 슛을 던져야 하는 24초 시간제가 도입된다.

야구와 농구 외에 폭발적 인기를 누린 또 다른 구기는 미식축구와 '미니골프'였다. 1920년대 말 대학 미식축구는 매년 입장료 수입만 2000만 달러가 넘는 등 그 자체로서 산업이 될 정도로 큰 인기를 누렸다. 미니골프도 이런 스포츠 붐에 편승했다. 1930년대에 전국에 약 4만 개의 미니골프 코스가 생겨났으며, 여기에 고용된 사람들의 수는 20만 명, 여기에서 생긴 이익은 2억 2500만 달러를 넘어섰다. 정규 골프장을 흉내 낸 9개 또는 18개의 홀에 공을 넣는 미니골프는 2000달러만 있으면 일주일 만에 얼렁뚱땅 코스 하나를 만들어내곤 했다. 심리학자와 종교인들은 미니골프에 대한 다양한 논쟁을 벌였는데 "생활고를 잊게 하는 데에 기여함으로써 대공황의 상처를 치유했다"는 평이 우세했다.

뎀프시와 브래독

1930년대의 또 다른 인기 스포츠 중의 하나는 권투였다. 이미 1920년대에 전설적인 헤비급 세계 챔피언 잭 뎀프시(Jack Dempsey, 1895~1983) 덕분에 권투의 인기는 한껏 높아진 상태였다. 콜로라도의 매너사(Manassa) 출신으로, 술집에서 내기권투로 푼돈을 벌던 그는 1914년 뉴욕에서 진짜 링에 올라 상체를 꼿꼿이 세우고 싸우던 다른 선수들과 달리 상하좌우로 상체를 격렬히 움직이며 타격하는 '뎀프시 롤' 이란 기술로 팬들을 매료시켰다. '매너사의 난폭자(Manassa Mauler)' 라는 별명을 얻으면서 1919년 7월 세계 챔피언에 오른 뎀프시의 3차 방어전 흥행수입은 사상 처음 100만 달러를 넘어섰고 미국 전역에 라디오로 생중계됐다.

1926년 뎀프시가 진 터니(Gene Tunney, 1897~1978)에게 타이틀을 빼앗긴 뒤 영화배우 출신 아내 에스텔 테일러(Estelle Taylor, 1894~1958)에게 했던 농담은, 1981년 3월 미국 워싱턴 힐턴호텔 앞에서 여

세계 챔피언을 거머쥔 잭 뎀프시가 아내 에스텔 테일러를 어깨에 태우고 대중의 환호에 화답하고 있다.

배우 조디 포스터(Jodie Foster)의 광팬 힝클리(John Hinckley, Jr.)가 쏜 총에 맞은 대통령 로널드 레이건(Ronald W. Reagan, 1911~2004)이 수술실에 들어가기 전에 부인 낸시(Nancy D. Reagan) 여사에게 다시 써먹어 유명해졌다. "여보, 내가 고개 숙이는 걸 깜빡 잊었어.(Honey, I just forgot to duck.)"

'신데렐라 맨' 제임스 브래독. 그의 이야기는 영화로도 제작되었다. ⓒ Alan Fisher

1930년대의 대표적인 스타 복서는 제임스 브래독(James J. Braddock, 1906~1974)이다. 1935년 6월 13일 뉴욕 매디슨 스퀘어 가든 경기장에서 열린 헤비급 세계 챔피언 맥스 베어(Max Baer, 1909~1959)와 도전자 제임스 브래독의 대결은 권투 역사상 보기 드문 세기의 결전으로 꼽힌다. 대공황이라는 상황 때문이기도 했다. 챔피언 베어는 멋진 몸매에 매력과 재치가 넘치는데다 뉴욕 일류 호텔에 살면서 멋진 야회복을 차려입고 화려한 레스토랑과 호화 나이트클럽을 오가는 스타인 반면, 도전자 브래독은 배고픔에 시달리는 아내와 아이들을 위해 부두노동을 하고 정부 구호금을 받던 처지에서 세계 챔피언 도전자의 위치에까지 오른 인물이었다.

박상익(2009)은 "경제난에 허덕이던 미국인들은 밑바닥까지 떨어졌다가 다시 올라온 그에게서 동질감을 느끼고 아낌없는 성원을 보냈다. 그러나 정작 그가 이기리라고 예상하는 사람은 거의 없었다"며 다음과 같이 말한다.

"그러나 브래독은 해냈다. 브래독이 챔피언 타이틀을 따냈을 때 그는 역대 챔피언 중 가장 인기 있는 인물이 되었다. 그가 대중에게 그토록 어필할 수 있었던 것은 링에서 보여준 비범함이나 카리스마 때문이 아니었다. 오히려 평범했기 때문이었다. 사람들은 '브래독이 할 수 있다면 나도 할 수 있다'고 생각했다. 미국민은 브래독에게 압도당했다. 이 완벽한 영웅! 겸손하며 누구나 좋아할 만한 이웃 친구, 아내와 세 아이가 있는 훌륭한 가장, 대공황의 희생자, 너무나 가난해 구제기금으로 살아야 했던 남자. 미국민은 패배자에서 스포츠 최정상에 오른 인물의 이야기에 고무되지 않을 수 없었다. 스포츠 동화의 원형이 된 브래독은 도전자 시절 '신데렐라 맨'이라는 별명을 얻었고, 그의 이야기는 2005년 러셀 크로 주연의 영화로 제작되기도 했다. 암울한 시대에 브래독은 서민의 영웅이었다. 역대 헤비급 챔피언 중 '보통 사람'으로 불릴 수 있는 사람은 브래독밖에 없었다."

서정권과 손기정

권투 열풍을 타고 당시 미국에서 맹활약을 한 조선인 선수가 있었으니, 그가 바로 플라이급 권투 선수 서정권(1912~1984)이다. 전 일본 아마추어 권투선수권자이며 프로권투 세계 랭킹 6위였던 서정권은 1931년 여름에 도미하여 3년간 총 54회의 대전 기록을 세우며 미국 서해안 일대의 권투 강자로 군림했다. 그는 1935년 10월 21일 밤 동대문 운동장 특설 링에서 귀국 환영경기를 가졌다. 이 경기는 미국에서 활약하는 스페인계 라슈 조와 치러졌는데, 서정권의 TK승으로 끝났다. 이 귀국 환영행사 때 조선총독부가 카퍼레이드를 위해 차를 내주는 등 서정권의 인기는 하늘을 찔렀다. 『삼천리』 1935년 11월호는 다음과 같이 주장했다.

"이 5척 어린 청년 앞에 전 세계의 코끼리 같은 양키들이 길을 피하고, 그의 앞에 무릎을 꿇음에 우리들은 그와 피와 산천을 같이했음을 열광이라 하지 않을 수 없다. …… 이리하여 아, 동방에도 우리 반도에는 세계적으로 우러러보는 새로운 영웅 한 분이 나타났다. 우리는 그의 장래를 빌며 그가 현재의 제6위로부터 제1위에 오를 날이 하루 급하기를 빌 따름이노라."

이렇게 해서라도 민족적 자존심을 세우고 싶어 했던 조선인들의 몸부림이 눈물겹다. 세계 랭킹 6위에도 '영웅' 칭호를 붙이고자 했던 조선인들이 손기정의 올림픽 마라톤 우승에 자지러진 건 너무도 당연한 일이었으리라. 베를린올림픽에서 금 6, 은 4, 동 10으로 전체 순위 7위를 기록한 일본은 손기정의 승리를 '1억 일본인의 승리'라고 주장했지만 조선인들의 생각은 전혀 달랐다.

시인 심훈(1901~1936)은 8월 10일 새벽 『조선중앙일보』가 발행한 신문 호외를 받아들고 그 뒷장에 "그대들의 첩보를 전하는 호외 뒷등에 붓을 달리는 이 손은 형용 못할 감격에 떨린다. 이역의 하늘 아래서 그대들의 심장 속에서 솟음치던 피가 2300만의 한 사람인 내 혈관 속을 달리기 때문이다. 오오 나는 외치고 싶다. 마이크를 쥐고 전 세계의 인류를 향해 외치고 싶다. 인제도 인제도 너희들은 우리를 약한 족속이라고 부를 터이냐!"라고 갈겨썼다. 감격에 몸을 떤 심훈은 그 즉흥시를 들고 『조선중앙일보』의 편집실을 찾아가 한바탕 읽어 들려주고는 사라졌는데, 그 이튿날 신문에 대문짝만하게 실렸다.

1936년 베를린올림픽에서 각각 1위와 3위를 차지한 손기정(가운데)과 남승룡(왼쪽). 일장기를 달고 뛰었다는 슬픔에 고개를 숙이고 있다.

'世界制覇(세계제패)의 凱歌(개가), 人類最高(인류최고)의 勝利(승리), 永遠不滅(영원불멸)의 聖火(성화).'『동아일보』1936년 8월 10일자 석간 1면 기사 제목들이다. 『동아일보』는 이 사건이 "조선의 피를 끓게 하고, 조선의 맥박을 뛰게 했다"고 쓰면서 "우리들의 승리"를 기뻐했다. 『동아일보』1936년 8월 13일자 사설 제목은 '청년들아 일어나자'였다. 그저 일어나서 '세계'로 가자는 막연한 구호였을 뿐이지만 사람들은 그게 무슨 말인지 알아차렸을 것이다.

참고문헌 Cashmore 2001, Foer 2005, Lafeber 2001, Leuchtenburg 1958, Moore 2009, Panati 1997, 강준만 2009, 민웅기 1999, 박상익 2009, 박중현 2008, 손대범 2007, 손세호 2007, 양종구 2007, 장석정 2003, 정운현 2000, 정진석 2001, 천정환 2005, 한겨레신문 문화부 1995, 한홍구 2002

문고본과 나일론
1930년대의 여가·소비문화

슈퍼마켓과 문고본

1930년 8월 4일 뉴욕 시 변두리 퀸즈의 자메이카 거리에 '킹 컬렌(King Kullen)'이란 간판이 등장했다. 미국 최초이자 세계 최초의 슈퍼마켓의 출현이다. 창업자 마이클 컬렌(Michael J. Cullen, 1884~1936)은 자신을 '가격 파괴자(Price Wrecker)'라고 불렀는데, 이 슈퍼마켓이 실현한 '가격 파괴'는 곧 미국 전역으로 퍼져나갔다.

대공황기 실직자들은 도서관에서 책을 빌려 보면서 남아도는 시간을 때우곤 했다. 1929년부터 4년간 도서관 회원 등록자가 400만 명이나 늘었다. 출판사들이 책도 가격파괴가 필요하다는 생각을 했음 직하다. 선수를 친 곳은 영국이었다. 1935년 7월 30일 문고본의 대명사인 '펭귄북스(Penguin Books)'가 영국에서 첫선을 보였다. 어니스트 헤밍웨이의 『무기여 잘 있거라(A Farewell To Arms)』, 애거사 크리스티(Agatha Christie, 1890~1976)의 『스타일즈 저택의 미스터리(The

Mysterious Affair at Styles)』 등 10권이 첫 시리즈로 나왔다.

펭귄북스는 젊은 출판업자 앨런 레인(Allen Lane, 1902~1970)이 추리소설 작가 애거사 크리스티 부부와 함께 열차 여행을 하면서 "일반 대중을 위해 싼값에 책을 제공할 수는 없을까"라고 궁리한 끝에 내놓은 것이었다. 가격은 당시 담배 한 갑 가격이던 6펜스였다. 펭귄북스는 첫선을 보인 지 1년 만에 300만 부가 팔리면서 '페이퍼백 혁명'을 불러일으켰다. 구텐베르크의 활판인쇄술 발명 이후 '독서의 민주화'에 기여한 가장 큰 업적이라는 평가마저 나왔다. 미국에서는 1939년 포켓북스(Pocket Books)가, 프랑스에서는 1941년 크세주문고(Collection Que Sais-je)가 뒤를 이었다.

마거릿 미첼의 『바람과 함께 사라지다』의 선전문구는 "단돈 3달러로 완벽한 휴가를"이었지만 당시 3달러는 결코 적은 돈이 아니었다. 데일 카네기의 처세술 책은 1.96 달러에 내놓아 수십만 부가 나갔지만 이 또한 부담이 되는 가격이었다. 페이퍼백으로 나온 카네기 책은 25센트라는 가격파괴를 가능케 해 수백만 권이 나갔다. 문고본의 유통엔 1926년에 출현한 '북 클럽(Book Club)'이 크게 기여했는데 문고본의 선구자인 포켓북스는 처음 8년간 475종, 총 2억 부 이상의 문고본을 판매했다. 북 클럽의 회원은 1940년대에는 300만 명에 달하게 된다.

다른 소비 상품들도 대공황 시대에 지친 대중을 위로하기 위해 발 벗고 나섰는데, 그 대표주자는 코카콜라였다. 코카콜라는 광고를 통해 상황은 나아질 것이고 인생은 다시 즐거워질 것이라는 메시지를 던졌다. 단 5센트만 내면 코카콜라가 당신을 '정상으로 돌아오게(Bounce Back to Normal)' 도울 수 있다는 것이었다. 코카콜라사는 할리우드의 모든 영화 스튜디오에 코카콜라 상자를 매일 5상자씩, 스타들에게는 매달 2상자씩 무료로 뿌리는 등 영화를 통한 홍보에도 심혈을 기울였다. 스펜서 트레이시(Spencer B. Tracy, 1900~1967)가 주연한 1938년 영화 〈시험비행 조종사(Test Pilot)〉(감독 빅터 플레밍)에 삽입된 "코카콜라 두 병 부탁해요"라는 대사는 코카콜라사가 원했던 것 이상의 보상을 가져다주었다.

'금붕어 통째로 삼키기' 열풍

1937년 말까지 미국에는 레크리에이션 센터 3700곳, 공원 900곳, 운동장 1500곳, 수영장 440곳, 테니스장 3500곳, 골프장 130곳이 새로 생겼다. 주크박스도 폭발적으로 늘어나 1930년대 말 월리처(Wurlitzer)라는 회사 혼자 팔아치운 주크박스만 해도 4만 5000개에 달했다. 게임도 열광의 대상이었다. 1920년대엔 중국 게임인 마작을 하는 인구가 1500만 명이나 될 정도로 폭발적인 인기를 누리더니 1930년대엔 '빙고(Bingo)'가 그 뒤를 이었다. 사회자가 큰 소리로 불러주는 숫자가 각자 가진 카드에서 가로 세로 혹은 대각선으로 일치하는 사람에게 상을 주는 '빙고'는 1930년대 대공황 시기에 주로 가톨릭 교도들을 중심으로 유행했던 게임이었다.

여가와 소일거리가 주요 관심사가 된 사회 분위기를 타고 이상한 일도 벌어졌다. 1920년대 후반 미국 사회를 휩쓸었던 '마라톤 열풍'과 '댄스 마라톤 열풍' 중 '댄스 마라톤 열풍'은 1930년대까지 인기를 지속했다. 상금과 더불어 기록이라는 명예를 노린 참가자들은 수십 일간 계속 쉬지 않고 춤을 추었는데 이들이 무대에서 벗어날 수 있

1920년대 후반부터 1930년대까지 선풍적인 인기를 끌었던 '댄스 마라톤'에 참가한 사람들.

는 유일한 시간은 화장실을 찾을 때뿐이었다. 과로와 수면부족으로 참가자들이 피를 토하고 쓰러지면서 수많은 사람이 죽어 나가자 1933년 뉴욕 주지사는 쉬지 않고 계속 춤을 추는 데 합리적인 시간을 8시간으로 규정하고 이 시간을 넘겨 춤을 추는 사람을 형사처벌할 수 있는 법을 만들었다.

더 엽기적인 것은 1939년 미국 대학가를 휩쓴 금붕어 삼키기 열풍이다. 이 열풍은 하버드대학에서 시작되었다. 신입생 로드롭 워싱턴 주니어는 1학년 학생회장이 되고 싶은데 내세울 것이 없자 "금붕어를 통째로 삼킨 적이 있다"고 과시했다. 급기야 10달러를 걸고 다시 한번

'금붕어 통째로 삼키기'에 도전한 그는 1939년 3월 3일 하버드대학 학생식당에서 길이 8센티미터 금붕어 한 마리를 입안에 털어넣었다. 그는 비록 선거에는 떨어졌지만 10달러를 벌었고 역사에 이름을 남기게 되었다.

그가 금붕어를 삼키는 사진이 신문에 실리고 소문이 퍼져나가면서 미국 대학가의 대유행으로 번져나갔다. 이젠 누가 더 많이 삼키나 경쟁으로 발전되었다. MIT 학생 앨버트 헤이즈는 42마리를 삼키는 기록을 세웠다. 나중엔 대학별 대항전으로까지 번졌다. 한 해부학 교수는 보통 몸집의 남자가 최대로 삼킬 수 있는 금붕어는 150마리라는 분석결과를 발표했지만, 한자리에서 금붕어 300마리를 먹어치우는 대기록이 등장하면서 신기록 행진은 막을 내렸다.

어떤 학생은 금붕어 모양 과자를 만들어 일반 사람들도 금붕어 삼키기 흉내를 낼 수 있게 했고, 신문들은 금붕어를 안전하게 삼킬 수 있는 방법을 알려주기도 했다. 동물보호단체들이 '금붕어 학대'로 고소하겠다고 나섰고 의사들과 정부당국은 "산 금붕어가 기도를 막아 사망할 수 있다", "기생충 감염 우려가 있다"고 경고했지만, 한동안 이 열풍은 가라앉지 않았다. 1939년 3~4월 2개월간 미국 대학가를 휩쓴 이 미치광이 유행은 1970년대에 잠깐 다시 살아났다가 사라졌다.

"거미줄보다 가늘고 강철보다 강한 섬유"

1924년 『타임』은 플라스틱의 아버지 리오 베이클랜드(Leo Baekeland, 1863~1944)를 표지인물로 실었다. 1920년대는 '플라스틱의 시대'이기도 했다. 베이클라이트(합성수지), 아세테이트(초산인조견산), 비닐, 셀

로판, 플렉시 유리 등의 합성물질이 모두 1920년대에 등장했다. 이 모든 과학적 성과를 무색케 할 또 다른 혁명이 1930년대에 일어났으니, 그건 바로 나일론의 등장이다.

1938년 9월 28일 종합화학회사 듀폰(DuPont)은 석탄과 물, 공기에서 뽑아냈다는 최초의 합성섬유 나일론의 제품화를 발표했다. 1889년 프랑스 화학자 샤르도네(Hilaire de Chardonnet, 1839~1924)가 레이온이라는 이름의 인공견사를 파리박람회에 전시해서 사람들을 깜짝 놀라게 한 지 50년 만의 일이었다.

나일론을 발명한 사람은 유기화학자 윌리스 흄 캐러더스(Wallace H. Carothers, 1896~1937)다. 일리노이 주립대학에서 분자결합론을 전공해 박사학위를 받은 그는 1929년 듀폰사 기초화학 연구부장으로 입사해 나일론 개발에 심혈을 기울여 1935년 2월 16일 마침내 '폴리아미드'라는 새로운 물질을 만들었다. 폴리아미드에서 뽑혀 나온 가늘고 긴 실이 바로 나일론이었다. 그는 심한 우울증으로 나일론이 세상 빛을 보기 1년 전 필라델피아의 한 호텔에서 청산가리를 먹고 자살했지만, 나일론의 발명가로 이름을 남기게 되었다. 나일론(nylon)이란 명칭은 캐러더스의 허무한 죽음에서 따온 '니힐(nihil)'과 듀폰(Dupont)의 '온(on)'을 합쳐 만든 이름이다.

"꿈의 섬유" "기적의 섬유" "물과 석탄과 공기로 만든 섬유" "거미줄보다 가늘고 강철보다 강한 섬유" 등으로 알려진 나일론으로 만든 최초의 상품은 칫솔모였으며 그다음은 양말, 그다음은 여성용 스타킹이었다. 센세이션을 일으킨 것은 여성용 스타킹이었다. 스타킹은 듀폰 여비서들이 총동원되어 실험을 거친 끝에 1940년 5월 15일 세상에

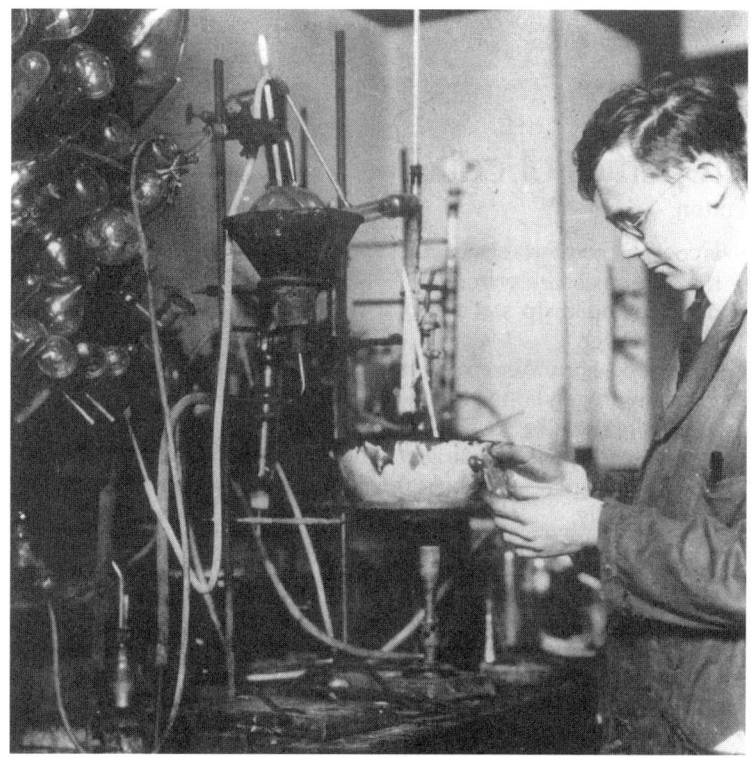

나일론을 발명한 월리스 흄 캐러더스. ⓒ Universidad de Valladolid

첫선을 보였다. 듀폰사는 전국의 백화점에 나일론 스타킹이 전시된 이날을 '나일론의 날'로 선포했다. 그날 뉴욕에선 차례를 기다리던 여성들의 기다란 줄이 판매가 시작되자마자 허물어졌고 사들인 스타킹을 치마를 걷어붙이고 즉석에서 신는 젊은 여성의 사진이 신문을 장식했다. 기존 실크 스타킹보다 값이 2배나 비쌌지만 발매 며칠 만에 400만 켤레, 한 해 동안 6400만 켤레가 팔려나갔다.

나일론은 2차 세계대전 시 낙하산, 로프, 텐트, 절연제 등 군수용품으로 광범위하게 사용되었다. 전쟁이 끝난 1945년 나일론 스타킹이

시장에 돌아왔을 때 여성들은 상점마다 몰려들어 폭동이 일어날 지경이었다. 샌프란시스코의 한 가게에서는 여성이 1만 명이나 몰려드는 바람에 유리창이 깨지고 몇몇 여성이 기절하는 사태가 빚어졌다. 한국에선 '나이롱'이란 이름으로 1953년 여름에 소개되었으며 1963년부터 자체 생산에 들어갔다.

프랭클린 루스벨트는 나중에 모든 소련 국민에게 주고 싶은 책이 시어스 백화점의 카탈로그라고 말한다. 나일론으로 대변되는 미국 소비문화의 파워, 즉 소프트 파워가 이데올로기 파워보다 더 강력할 수 있다는 걸 지적한 셈이다. 실제로 이후 역사는 루스벨트가 주장한 방향으로 흘러간다.

참고문헌 Beatty 2002, Means 2002, Mendes & Haye 2003, Panati 1997, Peterson & 카네히라 쇼노스케 1996, 김진우 2009, 도재기 2009, 민용기 1999, 손동우 2009, 조선일보 문화부 1999, 한겨레신문 문화부 1995

"기생충보다 못한 놈들"
존 스타인벡의 '분노의 포도'

"트랙터는 오르가슴을 느끼며 땅을 강간한다"

1930년대 중반 가뭄과 바람 때문에 남부 평원의 주들이 황진지대(Dust Bowl)로 변함에 따라 수천 명의 농부들이 담보잡힌 농장에서 쫓겨나 길거리로 내몰렸다. 그것이 바로 존 스타인벡(John E. Steinbeck, Jr., 1902~1968)의 『분노의 포도(The Grapes of Wrath)』(1939) 속에 영원히 살아남은 처절한 엑소더스(exodus) 행렬이었다. 소설의 제목은 '공화국의 전송가(The Battle Hymn of the Republic)'에 나오는 구절에서 따온 것이다.

황진지대는 텍사스, 콜로라도, 뉴멕시코, 오클라호마, 캔자스 등이 포함되는 지역으로서 엄청난 먼지 폭풍과 한파로 인해 토양이 황폐하게 되었다. 농민들이 은행에서 비싼 이자로 농자금을 빌려 농사를 지었지만 가뭄과 흉작으로 빌린 돈을 갚지 못하자, 농지는 트랙터로 재빨리 정리되었다. 농민들은 토지를 빼앗기고 이주의 길을 떠나야만

했다. 앞서 지적했듯이 "은행은 땅을 사랑하지 않는다. …… 트랙터 기계는 오르가슴을 느끼며 땅을 강간한다"는 말이 나온 이유다. 수십만 명의 농민들이 오클라호마 땅에서 강제이주 당해 캘리포니아로 향했다. 오클라호마에서 온 사람들이라는 이유로 오키(Okie)라 불린 이들은 그 어느 곳에서도 환영받지 못했다. 캘리포니아 주민들은 "오클라호마 놈들은 기생충보다 못한 놈들이야"라는 말까지 했다.

캘리포니아 주 샐리너스(Salinas)에서 출생한 스타인벡은 고교시절 근처에 있는 대목장에서 날품팔이로 일하면서 그곳에서 일하는 이주노동자들의 참상을 목격하며 이주노동자들에 대한 비인간적인 취급에 분노했다. 『분노의 포도』는 작가 자신의 분노를 표현한 소설로 오클라호마의 소작농인 조드 일가(The Joad Family)의 이야기다. 그는 이 책이 사회적 기록으로 남기를 바라는 의미에서 반년간에 걸친 조드 일가의 이동 궤적을 추적했다. 오클라호마의 동부지역에서 캘리포니아의 중부지역에 이르는 2000마일(약 3218km)의 거리였다.

스타인벡은 소설에서 당시 금기시되었던 욕설들을 사용하여 농장주들을 비롯한 이주노동자의 가난에 책임이 있는 사람들을 비난했다. 공산주의자로 낙인찍힐 우려도 있어 출판사는 손을 좀 보자고 했으나 스타인벡은 그대로 밀어붙였다. 이 책은 발간 즉시 50만 부나 나가는 베스트셀러가 되면서 풀리처상을 받았고 세계 각국에 번역되었다. 1940년엔 존 포드(John Ford, 1894~1973) 감독에 의해 영화화되어 그해의 아카데미상을 수상했다. 그럼에도 일부 도서관과 학교에서는 구입을 금지했고 오클라호마 주를 비롯한 여러 주에서 금서 판정을 받았다. 분서(焚書) 소동이 벌어지기도 했다.

1936년 오클라호마 평원에 먼지폭풍이 불어오자 한 농부가 아이들을 데리고 피신하고 있다. ⓒ Arthur Rothstein

    FBI는 스타인벡을 공산주의자로 의심하고 감시했다. 그는 자신을 공산주의자나 사회주의자로 규정한 적은 없었지만 『분노의 포도』를 썼을 당시 인민전선(Popular Frontist) 당원이었다. 인민전선은 1935년 공산주의인터내셔널(코민테른) 제7차 대회에서 파시즘에 대항한 비공산당 좌파와의 동맹을 결성하기로 하면서 국가별로 만들어진 조직이다. 스타인벡은 1962년 『울적한 겨울(The Winter of Our Discontent)』로 노벨문학상을 수상한다. 이후 존슨 대통령의 베트남전 참전 결정을 지지했다가 진보적인 독자들의 분노를 사기도 했지만 1967년 반전 입장으로 돌아선다.

'현충일 학살' 사건

'분노의 포도'는 노동현장에서도 열매를 맺었다. 한 노동자가 미국 미시간 주 플린트(Flint) 시에 있는 GM 공장으로 헐레벌떡 뛰어 들어왔다. "회사가 설비기기를 다른 공장으로 빼돌리려 한다." 그의 외침에 공장은 일순 크게 술렁였다. 잠시 후 노동자들 사이에서 구호가 터져 나왔다. "공장 점거, 공장 점거……."

1936년 12월 30일 미국 최초의 연좌파업이 시작되는 순간이었다. 노동자들은 곧 공장 출입문을 차단하고 공장을 점거한 채 파업에 돌입했다. 공장 밖에 모여 피켓을 들고 구호를 외치던 이전까지의 파업 양태와는 전혀 다른 것이었다. 미국 노동운동사에 기념비로 남은 이 파업은 전미자동차노동조합(UAW)에 의해 사전에 치밀하게 준비됐다.

1935년 결성된 전미자동차노동조합은 1936년 첫 회의를 열고 가장 크고 강력한 노동자 집단을 조합으로 이끌어야만 한다는 결론을 내렸다. 목표는 플린트 시의 GM 생산공장에 맞춰졌다. 조합은 윈덤 모티머를 플린트 시로 파견했다. GM도 호락호락 당하지는 않았다. 경찰과 정치권을 통해 조합의 움직임을 예의 주시하며 외부인의 공장 출입을 철저히 통제했다. 모티머는 호텔에서 짐을 풀자마자 익명의 남자로부터 "나무 관에 실려 나가지 않으려면 즉시 돌아가라"는 협박성 전화를 받기도 했다.

그러나 플린트 시에 있는 공장의 설비시설을 노조가 없거나 조합의 힘이 약한 다른 공장으로 옮기려는 GM의 계획이 사전에 누설되며 결국 조합의 계획대로 파업은 시작됐다. 연좌파업이 10일을 넘기자 경찰은 1937년 1월 11일 공장 진입을 시도했다. 경찰은 피켓을 향해 총

플린트 시 GM 공장의 노동자들이 공장을 점거하고 있다.

을 쏘고 최루탄을 퍼부었지만 볼트와 너트를 던지며 격렬하게 저항하는 노동자들에게 밀려 6시간 만에 아무 소득 없이 철수했다. 연좌파업은 40일을 넘겼고 결국 GM은 두 손을 들었다. 1937년 2월 11일 GM과 조합은 '전미자동차노동조합을 GM 노동자의 포괄적인 협상대표로 인정한다'는 한 장짜리 합의서에 서명했다.

그러나 모든 노동운동이 다 성공을 거둔 건 아니었다. 1937년 5월 국가 공휴일인 현충일(Memorial Day)에 리퍼블릭철강회사(Republic Steel)에서 해고된 노동자들이 가족들을 동반하고 시카고 남부에서 야유회 겸 시위를 벌였다. 그들이 자신들이 다녔던 공장으로 향하자, 시위대 뒤에서 총성이 울렸다. 그러자 경찰은 즉각 총으로 응사했고, 그 결과 시위자 가운데 10명이 사망하고 90명이 부상을 당했다. 이날 사건은 '현충일 학살(Memorial Day Massacre)'로 불리고 있다.

산업별조직위원회의 결성

그런 비극이 있긴 했지만 1935년 뉴욕 주 출신 상원의원 로버트 와그너(Robert F. Wagner, 1877~1953)의 발의로 전국노동관계법(National Labor Relations Act), 일명 와그너법(Wagner Act)이 제정됨으로써 노조의 단체교섭권이 인정되어 노조활동은 전반적으로 활성화되었다. 와그너법으로 탄생된 전국노동국(National Labor Relations Board)은 노사 간 단체교섭 시 공정성을 보장하기 위한 중재를 맡았다.

뉴딜정책은 노조와의 전반적인 공감을 바탕으로, 훗날 경제학자 존 케네스 갤브레이스(John K. Galbraith, 1908~2006)가 『미국의 자본주의: 상쇄력 개념(American Capitalism: the Concept of Countervailing)』(1952)에서 밝힌 미국 경제의 '상쇄세력(countervailing force)'이라고 부른 세력을 키우는 효과를 냈다. 상쇄세력 또는 상계세력이란 기업 경영진에 반대하여 행동하고, 한동안 만만찮은 규모의 알력을 초래하며, 국가 수입을 저소득층에게 재분배하려고 노력하는 세력을 말한다. 갤브레이스의 주장에 따르면 '큰 노조(big labor)'와 '큰 정부(big government)'의 출현은 '대기업(big business)'의 등장과 확산에 따른 정치적 대응의 산물이라는 것이다.

존 루이스(John L. Lewis, 1880~1969)가 위원장을 맡고 있던 광산노조는 50만 회원을 가진 조직으로 성장했다. 루이스는 다른 노조와 함께 산업별조직위원회(CIO)를 결성하여 1938년 보수적인 미국노동총연맹(AFL)으로부터 독립했다. 산업별조직위원회는 인종 통합의 방향으로 나아갔다. 소련에서 인종평등을 내건 새로운 헌법이 1936년에 선포되자 다문화주의에 대한 좌파인사들과 학생들의 관심이 커졌다. 학생들은 대학에 흑인학을 개설하라고 외치고 ROTC에서 흑백차별을 철폐하라고 요구했다. 산업별조직위원회는 얼마 후 회원 수와 영향력 면에서 미국노동총연맹의 라이벌이 되었다. 두 조직은 1955년 AFL-CIO(American Federation of Labor-Congress of the Industrial Organization)로 다시 태어난다.

1938년 1월 3일 소아마비 퇴치를 위한 루스벨트 자선재단 '마치 오브 다임스(March of Dimes)'가 설립된 것도

소아마비 퇴치를 위한 루스벨트 자선재단 '마치 오브 다임스'의 홍보 포스터.

뉴딜시대의 한 풍경이었다. "전 국민이 백악관으로 10센트씩 보내자"는 가수 에디 캔터(Eddie Cantor, 1892~1964)의 제안에 따라 붙여진 이름이었다. 루스벨트가 세상을 떠난 뒤, 어떤 동전에 그의 얼굴을 새겨 오래도록 기억할 것인지는 고민거리가 되지 못했다. 당연히 다임(10센트)이었다. 1955년 '마치 오브 다임스'는 미시간대학에서 기자회견을 열고 세계를 향해 공표했다. 이 단체의 지원을 통해 조너스 소크(Jonas E. Salk, 1914~1995) 박사가 소아마비 백신을 개발한 것이다. 이제 소아마비는 찾아보기가 거의 힘들어졌다. 임무를 완수한 '마치 오브 다임스'는 선천성 기형, 조산, 1세 미만 유아 사망 예방 쪽으로 초점을 옮겨 활동하고 있다.

참고문헌 Allen 2008, Davis 2004, Englert 2006, Ferro 1999, Porter 1998, 김용관 2009, 김유조 1997, 김형인 2003, 손세호 2007, 윤재설 외 2009, 이현두 2008, 조이영 2008-2009

제5장
2차 세계대전과 태평양전쟁

'30만 명 대도살'
중일전쟁과 난징 대학살

중일전쟁의 시작

유럽에서 스페인내전이 일어나고 있을 때 일제의 전쟁광기는 덩달아 벌겋게 달아오른 반면 중국은 내분으로 점점 더 망가지고 있었다. 1932년 공산주의자들은 장제스의 대일본 유화책을 비난하며 일본에 전쟁을 선포했다. 그러나 장제스는 일본보다는 공산당을 더 염려해 1937년까지 일본군보다는 공산주의자들에 대항하여 더 많은 싸움을 했다. 1935년에서 1937년까지 공산주의자들은 남부의 피난처에서 북쪽의 연안까지 6000마일(약 9656km)의 대장정을 하며 장제스의 북벌군의 포위망을 피해 도망하는 데 성공했다.

1936년 12월 12일 만주의 군벌 장쉐량(張學良, 1898~2001)은 북벌작전을 독전하러 온 장제스를 납치하여 그의 목숨을 담보로 연합정부를 구성하여 내전을 끝낼 것을 주장했다. 이른바 서안사변(西安事變)이다. 1937년 초 이오시프 스탈린과 중국 공산주의자들은 그의 석방을 보장하고 대일전에 관한 연합전선을 구성할 것을 설득했다. 그 결과 1937년 2월에 빈약하고 비효율적이나마 항일 통일전선이 구축되었다.

한편 일제는 점점 더 군국주의적 광란으로 빠져들고 있었다. 1932년 5월 15일 해군 청년 장교들이 수상 관저 등을 습격해 수상을 암살한 5·15사건, 1936년 2월 26일 육군 청년 장교들이 병사 1500명을 움직여 쿠데타를 결행해 수상 관저와 육군성, 경시청 등을 점거하고 대장(재무상) 등 정부 요인 세 명을 살해한 2·26사건 등을 거치면서 일제는 '전쟁기계 국가'로 가고 있었다.

1937년 7월 7일 밤 10시 40분. 중국 베이징 교외 루거우차오(노구교 또는 마르코폴로교) 근처에서 군사훈련 중이던 일본군 중국 주둔 보병 제1연대 제3대대 8중대가 누군가로부터 몇 발의 총격을 받았으며, 사병 한 명이 행방불명이었다. 이 사실은 바로 연대장에게 전달됐다. 밤 11시께 행방불명이라던 사병이 귀대했지만 다음 날 아침 일본군은 중국군을 공격했다. 일본의 중국 본토 침략, 즉 중일전쟁의 시작이었다.

난징 대학살

일본은 1937년 7월 베이징을 점령하고 12월에는 난징을 점령해 '난징학살사건'을 일으켰다. 12월 13일 난징을 점령한 일본군 5만여 명은 다음 해 1월까지 40여 일간 무기를 들지 않은 일반 시민을 상대로 광란의 학살극을 연출했다. 무려 30만 명이 살해됐다. 총살, 난자, 생매장, 불태워 죽이기 등 살해 수법도 잔혹하기 이를 데 없었던바, 중국인은 이를 대도살(大屠殺)이라고 불렀다.

기자 에드거 스노(Edgar P. Snow, 1905~1975)는 "적어도 여자라면 10

1937년 10월 14일 일본 호위군사가 짱수성 주민들을 압송하고 있다(아이리스 장의 책 『난징의 강간』에서 다시 실음).

세부터 70세까지 모두 강간당했다. 피란민은 만취한 병사에 의해 종종 총검으로 살해되었다. 대낮에 벌어지는 성폭행도 낯선 일이 아니었다"고 썼다. 중국계 미국인 여성 아이리스 장(Iris Chang, 1968~2004)이 쓴 『난징의 강간: 2차 대전의 잊힌 홀로코스트(The Rape of Nanking: The Forgotten Holocaust of World War II)』(1997)에는 일본군의 대도살을 고발하는 목격자, 사진과 기록이 수두룩하다. 일본군은 비무장 중국인들을 대상으로 목 베기 경쟁을 벌이고 신병들의 담력을 키우기 위한 총검술 표적으로 삼았다. 산 채로 매장하기와 불태우기 같은 인종청소가 벌어졌다. 여성 2만 명 이상이 강간·살해 당했고 능욕한 여성의 외설사진을 찍어 기념품으로 간직하고 다니다 패전 후 포로가 되면서 압류당한 병사들도 있다.

그럼에도 일왕 히로히토(裕仁, 1901~1989)는 난징 공략부대에 찬양 칙어(勅語)를 내렸다. 이미 중일전쟁의 발발과 함께 일왕이 사는 궁엔 전쟁을 지휘하는 최고 통수기관인 대본영이 설치되었다. 대본영은 참모총장(육군)과 군령부 총장(해군)을 핵심으로 육해군 대신들이 참가한 군부 지도자들의 회의였으며, 이 회의를 주재하는 우두머리는 일왕이었다.

일본군은 1937년 7월 27일 독가스를 쓰기 위해 중국에 파견할 화학부대를 조직해 1938년 중반부터 중국의 주요 전투지역에서 독가스를 대규모로 사용하기 시작했다. 2000여 차례에 걸친 화학무기 사용으로 9만여 명의 중국 군인이 피해를 입게 된다.

이에 대한 미국의 정책은 방관에 가까웠다. 루스벨트는 1937년 가을 시카고에서 행한 이른바 '격리 연설(Quarantine Speech)'에서 일본의 침략행위에 대해 경고하면서 전염병처럼 퍼져가는 전쟁을 막기 위해 침략자들을 국제사회에서 '격리'시켜야 한다고 주장했지만, 단지 주장뿐이었다. 1937년 12월 일본이 양쯔강을 항해 중이던 미국 전함 파나이(Panay)호를 격침시켰다. 그럼에도 미국은 선박 한 척 때문에 전쟁을 벌일 생각은 없었다. 미국의 그런 생각을 잘 안다는 듯 일본은 우연한 실수라고 사과했고, 그걸로 끝이었다. 심지어 미국 의회에서는 이런 사고에 의해서 미국이 전쟁에 돌입하는 것을 막기 위해 향후 미국이 전쟁을 하기 위해서는 국민투표를 거쳐야 한다는 헌법수정안까지 내놓았다.

미국이 일본에 대해 취한 행동은 간접적인 견제뿐이었다. 루스벨트는 미국 선박의 전쟁지역 출입과 무기판매를 금지시킨 중립법을 위반하지 않으면서도 중국이 미국으로부터 무기 구입이 가능하도록 중국이 전쟁 상태에 있다는 것을 선포하지 않았다. 그는 중일전쟁의 결과에 영향을 미치려는 의도로 중국 국민당에 자금을 지원하면서 미얀마 통로(Burma Road)를 통해 군수물자를 판매하는 동시에 일정 품목에 대한 일본 수출을 금지하기 시작했다. 시간이 가면서 금지 품목에는 가솔린, 고철, 석유가 포함되었다.

1938년 10월 일본군이 주요 대도시와 상공업지대를 거의 모두 장악하자 국민당의 통치구역은 내륙지방으로 축소되었다. 중국 공산당의 팔로군과 신사군은 일본군이 점령한 배후지역과 국민당군이 철수한 광대한 지역에서 게릴라전을 전개하면서 농촌해방구를 건설했다.

조선인에게 닥친 재앙

중일전쟁은 조선인에게도 재앙이었다. 전쟁이 확대되면서 유언비어로 구속되는 사람이 많아지자 『동아일보』는 1937년 8월 3일자 사설 「말을 삼가라」에서 "말을 삼가라. 자칫하면 금고 3년이다"라고 했다. 그러나 삼가는 것만으론 부족했다. 일제는 충성을 요구했다.

총독부 경무국은 이미 1937년 7월 12일 경성부 내에서 발행되는 신문사 대표 및 각 지국장 50여 명을 불러 전쟁에 대한 언론기관의 협력을 요구했다. 7월 13일에는 총독이 직접 조선에 있는 언론계 대표자를 불러 시국에 협조할 것을 요구했다. 조선총독부 기관지인 『매일신보』를 제외하곤 『조선일보』와 『동아일보』 등이 중일전쟁에 대해 침묵하고 회피한다고 보았기 때문이다.

『조선일보』는 7월 19일자부터 일본군을 '아군' 혹은 '황군'으로 표기하기 시작했다. 『조선일보』 1937년 8월 2일자 사설 「총후(후방)의 임무-조선군사후원연맹이 목적」은 "제국 신민으로서 응분의 의무와 성의를 다하고자 시국대책을 강구 실시하고 있는 중 조선군사후원연맹은 그 가장 중요한 것의 하나"라면서 "황군의 사기를 고무 격려하는 것"이 후원연맹의 중요 임무라고 강조했다. 8월 12일자는 일본의 중국 침략으로 전선이 확대돼 전쟁자금이 부족하게 되자 조선동포들에게 국방헌금을 내도록 독려하는 '사고(社告)'를 냈다. 이 사고는 신문사와 사원들의 헌금 솔선을 밝히며 "북지사변(중일전쟁) 발발 이래 민간의 국방헌금과 군대위문금은 날로 답지하는 형편인데 본사에서는 일반 유지의 편의를 위하여 이를 접수 전달하려 하오니 강호 유지는 많이 분발하심을 바랍니다"라고 했으며, 이후 고정란으로 실렸다.

지식인의 친일화도 중일전쟁이 분기점이 되었다. 이전엔 『매일신보』에 몸담으면 이 신문을 줄인 이름인 '매신(每申)'에 빗대 '매신(賣身)' 했다는 말을 들어야 했다. 지식인에게 '몸을 판다'는 말 이상 치욕이 어디 있으랴. 그러나 중일전쟁 이후 양상이 달라졌다. 친일로 전향하는 이들이 크게 늘기 시작했다.

중일전쟁의 와중에 조선인 중에서도 가장 큰 재앙을 당한 사람들은 러시아 지역에서 살던 고려인(高麗人; 까레이스키)이었다. 가해자는 이미 '피의 숙청'으로 악명을 떨친 소련의 스탈린이었다. 1937년 8월 21일 스탈린은 한인이 일제에 협력하는 것을 예방한다는 명분으로 17만 5000명의 연해주 '까레이스키'들을 중앙아시아로 강제이주 시키라고 명령했다. 극동지방에 일본 정보원들이 침투하는 것을 차단하기 위해서라는 명목도 덧붙여졌다.

엄청난 비극 아니, 대재앙이 고려인들에게 닥쳤다. 한인들은 옷가지와 먹을 것만 들고 화물 열차에 강제로 태워졌으며 이후 벌어진 40일간의 여정은 처참했다. 한인들은 6000킬로미터가 넘는 길을 달려 불모의 땅에 버려졌다. 소련 당국은 고려인 지식인 2500명을 반역죄 명목으로 총살했고 이주 후에는 이동의 자유를 제한했다. 그해 말까지 계속된 이주 길에 추위·굶주림·병으로 1만 1000명이 숨졌다. 고려인은 낯설고 물선 땅에 간신히 정착한 뒤에도 '적성(敵性) 민족'으로 분류돼 오랫동안 취업과 진학, 여행에 제한을 받았다. 거처도 없이 한겨울에 내동댕이쳐진 탓에 카자흐스탄 이주민 20만 명은 동굴을 파고 추위를 견뎠지만 결국 1~2년 만에 2만 명이 죽었다.

1991년 12월 소련 해체 이후 조국이 있는 다른 민족들은 자기 나라로 돌아가거나 본국이 재빨리 현지 정착촌을 만들어 자국민을 보호했지만, 한국 정부는 큰 고통을 겪고 있는 고려인들을 위한 어떤 대책도 마련하지 않았다. 한국 정부뿐만 아니라 모든 한국인들이 그들을 까맣게 잊고 있는 건 아닐까? 고려인에 대한 관심과 지원은 국내적으로 아무런 갈등을 일으키지 않는 건 물론이고 오히려 국민 화합에 크게 기여할 수 있는 일이다. 그러나 한국의 과거사 정리 작업이 그런 시급한 일은 제쳐놓고 '응징' 위주의 다른 일에만 몰두한 이유는 무엇일까? 고통받은 동포에 대한 죄책감보다는 친일세력에 대한 정의감과 분노가 앞섰기 때문일까?

참고문헌 Davis 2004, May 1964, 강만길 1999, 권희영 1999, 김봉중 2006, 남종호 2002, 박민영 1998, 손세호 2007, 송건호 2002, 신동준 2004, 신주백 1998, 이상옥 1997, 이이화 2004, 이주천 1999, 이중연 2003, 이창위 2005, 이훈성 2007, 장신 2005, 표상용 2007, 하종대 2007, 한중일3국공동역사편찬위원회 2005, 황호택 2007

파시즘에 대한 오해와 착각
2차 세계대전

뮌헨협정

1938년 3월 히틀러는 총 한 방 쏘지 않고 오스트리아를 점령하고 병합했으며, 오스트리아 국민 대다수의 열광적인 환영을 받았다. 그로부터 6개월 후인 1938년 9월 30일 오전 2시, 영국 프랑스 독일 이탈리아 4국 수뇌는 뮌헨에 모여 한 장의 협정문에 서명했다. 10월 10일까지 체코슬로바키아 내 독일인 다수 거주지역인 주데텐(Sudeten) 지역을 독일이 점령할 수 있도록 허용하는 내용이었다. 주데텐 지역을 차지하기 위해 전쟁을 불사하겠다는 독일의 압력에 영국과 프랑스가 동맹국 체코슬로바키아 영토의 3분의 1을 내주는 일방적인 양보였음에도 불구하고 이날은 영국과 프랑스 외교의 승리로 비쳤다.

그날 런던과 파리로 돌아간 네빌 체임벌린(Neville Chamberlin, 1869~1940) 영국 총리와 에두아르 달라디에(Édouard Daladier, 1884~1970) 프랑스 총리는 열렬한 환영을 받았다. 체임벌린은 런던에 도착하자마자

뮌헨협정에 서명하기 전 기념촬영에 임한 각국 수장들(왼쪽부터 체임벌린, 달라디에, 히틀러, 무솔리니).
ⓒ Deutsches Bundesarchiv

열광하는 군중을 향해 60년 전인 1878년 유럽 열강이 모여 러시아의 남하정책을 저지한 베를린회의에서 당시 영국 총리 벤저민 디즈레일리(Benjamin Disraeli, 1804~1881)가 했던 말을 그대로 빌려서 자신이 '영예로운 평화'와 '우리 시대를 위한 평화'를 가져왔다고 말했다. 그는 종잇조각을 높이 흔들며 "국민 여러분, 독일로부터 명예로운 평화를 가지고 귀국했습니다. 이제 여러분 모두 집으로 돌아가 편안한 잠을 즐기시기 바랍니다"라고 했다. 분노한 시위대의 물결을 예상했던 달라디에는 환호하는 사람들을 가리키며 측근에게 "멍청이들!"이라고 말했다.

개선장군이 되어 베를린으로 돌아온 히틀러는 자신이 '평화의 수호자'로 박수를 받은 것에 불만을 터뜨렸다. 특히 체임벌린이 자동차로 뮌헨 거리를 지나는 동안 주민들이 열광적으로 환호했다는 말을 전해 듣고 분노는 더 커졌다. 히틀러는 이 승리를 너무 비싼 값을 치르고 얻은 것처럼 여겼다. 히틀러는 당장 프라하로 쳐들어가려던 자신의 계획을 당분간 중단해야 한다는, 그래서 정복자로서의 승리를 도둑맞았다는 생각에 신경질이 났다. 그는 측근에게 "체임벌린, 그놈이 내가 프라하로 진군하는 것을 망쳤어" 하고 성을 냈다.

뮌헨협정에 대한 냉정한 평가는 며칠 뒤 영국 하원에서 나왔다. 윈스턴 처칠(Winston S. Churchill, 1874~1965)은 "우리는 전면적이고 포괄적인 패배를 했다. …… 우리가 자유를 위해 다시 일어서지 않는 한 이것은 앞으로 마셔야 할 쓰디쓴 잔의 첫 모금일 뿐이다"라고 비판했다.

미국은 체코슬로바키아를 분할하는 히틀러의 뮌헨협정을 승인했다. 루스벨트의 측근인 섬너 웰스(B. Sumner Welles, 1892~1961)는 그 협정이 나치의 온건파가 주도적 역할을 수행하게 되는 "정의와 법에 기초한 새로운 세계질서를 열국들이 창설할 수 있는 기회를 제공할 것"이라고 생각했다.

왜 체임벌린은 그런 유화정책을 폈던 걸까? 역사가 레이몽 손타그(Raymond J. Sontag, 1897~1972)의 해석에 따르면 "독일이 경체적으로 번영하게 됨에 따라 식민지를 확보한 국가로서 평등을 확보한다면, 또 독일이 다른 나라에 거주하는 독일계가 불공정하게 대우받고 있다는 감정을 가지지 않게 된다면, 상대하기 어려운 이웃인 독일의 신경질적이고 흥분된 감정은 가라앉게 될 것이다. 더욱이 진정된 독일은 공산주의 소련에 대한 유용한 억제력을 가진 국가로 활용될 수 있을 것이다."

물론 그런 생각이 일장춘몽(一場春夢)임을 깨닫는 데엔 오랜 시간이 걸리지 않았다. 몇 주일 뒤 히틀러는 몇 백 명의 독일 언론인들을 모아 놓은 자리에서 무력행사가 필요하다는 뜻의 연설을 했다. 무력행사도 오래 걸리지 않았다. 어디에도 기댈 곳이 없어진 체코슬로바키아는 결국 6개월도 지나지 않은 1939년 3월 독일의 무력압박에 완전히 백기를 들고 말았다. 히틀러는 프라하에 무혈입성한 뒤 "체코슬로바키아는 이로써 존재하기를 멈췄다"고 선언했다. 히틀러는 1년 뒤 폴란드 점령을 앞두고도 이렇게 말했다. "우리 적들은 작은 벌레에 불과하다. (뮌헨에서처럼) 그놈들이 다시 막판에 중재안을 내밀까 걱정이다."

2차 세계대전 발발

1939년 8월 23일 소련 모스크바에서는 세계를 깜짝 놀라게 할 밀약이 이루어졌다. 독일 외상 요아힘 리벤트로프(Joachim von Ribbentrop, 1893~1946)와 소련 인민위원회 의장 겸 외무인민위원 뱌체슬라프 몰로토프(Vyacheslav M. Molotov, 1890~1986)가 '상호불가침, 한쪽이 제3국의 공격을 받을 시 제3국 원조 금지, 상호 분쟁의 평화적 해결' 등에 합의한, '독소상호불가침조약' 체결이 바로 그것이다. 유성운(2007)은 "이로써 독일은 영국, 프랑스 등을 상대로 벌일 전쟁에 앞서 든든하게 뒷문을 단속할 수 있었고 소련은 호시탐탐 노리던 폴란드로의 영토 확장을 성사시킬 수 있었다"며 다음과 같이 말한다.

"이는 서방국가의 허를 찌른 사건이었다. 애초 영국과 프랑스는 소련으로 하여금 독일을 견제하게 할 계획이었다. 독소 양국은 정치적·사상적으로 서로를 용납하기 어려운 상황이었다. 소련의 사회주

1939년 8월 23일 소련 인민위원회 의장 몰로토프가 독소상호불가침 조약에 서명하고 있다.

의자들은 공개적으로 나치즘을 비롯한 파시스트 체제를 척결 대상으로 선언했고 히틀러 역시 집권 후 대대적인 공산주의자 탄압 정책을 펼치면서 양국의 관계는 험악할 대로 험악해져 있었다. 그러나 독소불가침조약이 체결되면서 이 계획은 수포로 돌아갔다."

스탈린으로선 군비확장을 할 시간을 벌기 위해 맺은 조약이었지만 희대의 살인마들끼리의 결탁이었다는 건 분명하다. 그 결탁 직전까지 2000만 명이 넘는 사람을 처형하는 등 가공할 '피의 숙청'을 일삼았던 스탈린이 이제 곧 자신의 뒤를 따라 대량학살에 뛰어들 히틀러와 손을 잡은 것이다. 볼코고노프(Volkogonov 1996)는 "두 독재자가 전격적인 합의를 이끌어낼 수 있었던 것은 그들의 전체주의적 정신의 유

2차 대전의 서막을 여는 독일과 일본의 공격이 시작됐다. 1939년 9월 독일의 제트전투기가 폴란드 바르샤바에 폭탄을 떨어뜨렸으며(왼쪽), 그에 앞서 1939년 2월 10일 일본군이 침략을 위해 하이난섬에 상륙했다(오른쪽).

사함 때문이었다"고 주장한다. 최정호(1999)는 "스탈린과 히틀러의 악수. 유럽의 천진한 진보적 지식인들에게는 절대선과 절대악, 신과 악마의 악수로 비쳐졌다는 독소불가침조약의 체결은 스페인내전 과정에서 공산주의에 동조하게 된 많은 사람들의 머리 위에 냉수를 끼얹었다"고 말한다.

그로부터 일주일 후인 1939년 9월 1일 오전 4시 45분, 히틀러 군대의 폴란드 침공으로 2차 세계대전이 시작되었다. 그러나 실제로는 1939년 2월 10일 일본군이 대만으로부터 출격하여 하이난섬 침략을 개시한 날이 2차 세계대전의 시작이다. 2월 12일 장제스는 "봉천은 만주사변의 발단이었고 하이난섬은 태평양전쟁(2차 세계대전)의 발단일

제5장 2차 세계대전과 태평양전쟁 269

것"이라고 말했다.

히틀러가 폴란드를 침공하자 영국과 프랑스는 곧 독일에 대해 선전포고를 했으며, 그로부터 3시간 뒤 미국 대통령 프랭클린 루스벨트는 이른바 '노변담화'로 유명한 라디오 방송 연설을 통해 연합국에 대한 무기판매를 금지시킨 중립법의 개정을 강력하게 촉구했다. 중립법 개정안은 그해 11월 4일 의회를 통과했다.

사실 미국도 뒤통수를 맞은 격이었다. 무솔리니를 "훌륭한 이탈리아 신사"라고 묘사했던 프랭클린 루스벨트 대통령은 1939년 이탈리아 파시즘을 칭찬하면서 히틀러가 파시즘을 "타락시켰다"고 주장했지만, 무솔리니 파시즘과 히틀러 파시즘을 애써 구분하려는 것 자체가 문제였다. 1937년 미 국무부의 유럽국은 무솔리니건 히틀러건 파시즘이 "반드시 성공" 해야 한다고 주장했는데 그 이유인즉슨 "불만을 품은 대중이 러시아 혁명의 사례를 따라 좌경화"할 우려 때문이었다.

1940년 4월 초 히틀러가 덴마크와 노르웨이를 침공하고 이를 저지하기 위해 파병된 영국군이 노르웨이 해안 이곳저곳에서 비참할 정도로 패배하자, 뮌헨협정을 성사시킨 체임벌린에 대한 열광은 이제 완전히 환멸과 악몽으로 변하고 말았다. 그는 1940년 5월 10일 수상직에서 사실상 쫓겨나 11월 9일 사망했다.

체임벌린의 뒤를 이어 수상에 오른 처칠은 하원에서 낭독한 추도문에서 "앞으로 역사가 이처럼 끔찍하고 무시무시한 시절에 대해 어떤 말을 하든 우리는 체임벌린이 그의 재능에 따라 지극히 성실하게 행동했으며, 우리가 지금 얽혀 들어가 있는 끔찍하고 파괴적인 투쟁에서 세계를 구하고자 그가 자신의 강력한 능력과 권한을 다하여 투쟁했다는 사실을 확신하는 바입니다. 이 사실만으로도 역사의 심판이라 불리는 것에 대해서 그는 유리한 입장에 서게 될 것입니다"라고 말했다.

자신의 오랜 정적(政敵)에 대해 너그럽게 말한 처칠의 관대함은 평가할 만하지만, 체임벌린에 대한 역사적 평가는 처칠의 기대와는 동떨어진 것이 되었다. 오늘날에도 실패한 유화정책(appeasement)의 대표 사례로 꼽히는 뮌헨협정은 '뮌헨의 배신' '뮌헨의 비굴'로 기록된다. 좋게 보자면 체임벌린은 어떻게 해서건 국민을 전쟁의 고통으로 몰아넣지 않기 위해 전쟁을 피하고자 했던 것이지만, 결과도 좋지 않았거니와 역사는 아무 일도 없었던 평화 시의 지도자보다는 그 어떤 희생이 있었건 전쟁에서 승리한 지도자를 기리게 마련이다.

보수당 의원인 랜돌프 처칠(Lord Randolph Churchill, 1849~1895)과 미국계 어머니 제니 제롬(Jennie Jerome, 1854~1921) 사이에서 태어난 처칠은 1895년 정계에 입문해 무역부장관, 내무장관, 해군장관, 국방장관, 식민장관, 재무장관 등을 역임한 인물이었다. 피어슨(Pearson 1992)에 따르면 "처칠과 히틀러는 여러 면에서 닮았다. 둘 다 냉정한 사람으로서 전쟁과 개인적 운명의 격정적인 성격으로 괴로움을 당했다. 둘은 자수성가했고 자기 열중적이며 강력한 국수주의자이자 상대편에 대해 대단히 공격적인 사람이었다. 또한 그들은 대단히 자기중심적이고 훌륭한 웅변가요, 천부적인 배우요, 그들 휘하의 부하들을 통괄하는 능력 이상의 마력적인 설득가이기도 했다."

그런 이유 때문인지는 몰라도 처칠은 전쟁 전의 무솔리니와 히틀러에 대해 매우 우호적이었다. 그는 1926년 이탈리아 방문 중 무솔리니에게 "내가 이탈리아인이었다면 레닌에 대한 광적인 태도와 열정에 반대하는 투쟁에 처음부터 끝까지 당신과 함께했을 것이오"라고 말했고, 1933년엔 무솔리니를 '로마의 천재이자 살아 있는 가장 위대한 입법가'로 묘사했다. 또 처칠은 1935년 히틀러에게 쓴 글에서 "길을 가로막는 모든 권위와 저항에 도전하고, 반항하고, 화해하고, 극복하는 용기·인내·추진력에 찬사를 보낸다"고 했다.

'일본은 피부병, 공산당은 심장병'

좌경화에 대한 우려 때문에 일을 그르친 건 중국의 장제스도 마찬가지였다. 중국은 내분에 정신이 팔려 일본군에 제대로 대항하지 못하고 있었기 때문이다. 1941년 1월 공산당 세력의 급속한 성장에 위협을 느낀 장제스의 지시에 따라 국민당군은 공산당군을 급습했다. 마오쩌둥(毛澤東, 1893~1976)은 장제스에게 불을 가지고 장난하는 사람은 조심해야 되며 사태가 이런 식으로 지속된다면 온 국민이 당신을 시궁창에 버릴 것이라는 전문을 보냈다. 장제스는 이에 대응해 '일본은 피부병, 공산당은 심장병'이라고 맞받았다. 이후 중국 내 전쟁은 항일전쟁과 국공(國共) 간 교전이 병행되는 이중적 성격을 갖고 전개되었다.

장제스는 50만의 정예부대를 가지고 있었음에도 공산당과의 싸움에 대비해 일본군과의 전쟁에 대규모의 군대를 투입하지 않았다. 게다가 국민당군은 엄청난 부정부패로 안에서 썩어 문드러져가고 있었다. 국민당에 징집된 군인들은 심하게 학대당했으며 거의 150만에 이르는 군인들이 자신의 부대에 도착하기도 전에 굶주림과 병으로 죽어갔다.

반면 마오쩌둥은 중국 내의 계급 간 모순은 2차적이고 중국과 일본의 모순이 1차적이므로 전자는 후자에 종속적인 것이라고 했다. 선전 과정에서도 공산주의 색채를 버리고 구국(救國)을 강조하고 애국 항일적 호소를 사용했다. 이런 선전술로 농촌 민심을 얻는 데 성공했다.

한편 일제는 1938년에서 1943년까지 국민당 정부를 굴복시키기 위해 중국 항전의 중심지인 충칭(重慶)에 수년간 지속적으로 폭격을 가했다. 그 와중에 1941년 6월 5일 폭격 시 일반 민중이 터널로 피신했다가 환기가 되지 않아 1200여 명이 질식사하는 '6·5 터널 대참변'이 발생했다.

일본군은 공산당이 장악한 지역에서는 가옥을 불태우고 사람들을 죽이고 재물을 약탈하여 생존조건을 철저하게 파괴하는 이른바 삼광(三光)작전을 실시했다. 1942년 5월 일본군 제110 사단의 부대원 500여 명이 중국 북부 지역의 베이탄 마을을 습격했는데, 이것이 바로 전형적인 삼광작전이었다. 일본군은 일본군을 피하기 위해 만든 지하도에 독가스탄을 발사했다. 1100여 명이 중독사하거나 총살당했다. 가옥이 불태워지고 양식과 재물은 약탈되었으며 살아남은 부녀자들은 모두 강간당했다. 천인공노(天人共怒)라는 말을 무색케 하는 일제의 만행은 앞으로도 수년간 한국을 비롯한 동아시아 지역을 재앙으로 몰고 간다.

참고문헌 Chomsky 2004, Chomsky & Barsamian 2002, Fest 1998, Hayward 1998, Kershaw 2010, Lukacs 2000, Morris 2003, Pearson 1992, Spanier 1972, Volkogonov 1996, 김승채 1989, 김현수 1999, 남종호 2002, 사토 쇼닌 1999, 유성운 2007, 이종호 2010, 이주천 1999, 이철희 2008-2009, 최정호 1999, 한중일3국공동역사편찬위원회 2005

"20세기는 미국의 세기"
미국의 무기대여법

'세계의 운명을 바꾼 1940년 5월 런던의 5일'

1940년 미국 인류학자 마거릿 미드(Margaret Mead, 1901~1978)는 「전쟁은 발명품에 불과하다: 그것은 생물학적 필연이 아니다」라는 제목의 논설을 발표하지만, '발명'과 '필연'의 경계가 분명하거나 둘 사이의 거리가 그리 먼 것도 아니라는 게 점점 더 분명해졌다.

1939년 2월 갤럽 여론조사의 결과에 따르면 "당신은 루스벨트의 3선에 찬성합니까?"라는 질문에 대해 찬성은 31퍼센트에 지나지 않았다.(반대 69퍼센트) 그러나 2차 세계대전의 발발 후 여론은 급속히 변하기 시작한다. 1940년 3월 조사에선 "루스벨트가 출마한다면 그에게 투표하겠습니까?"라는 질문에 47퍼센트가 찬성했다.(반대 53퍼센트)

유럽은 최악의 상황에 처해 있었다. 윈스턴 처칠이 새로운 영국 수상이 된 1940년 5월 10일 바로 그날 새벽, 히틀러는 서유럽 침공을 개시했다. 침공 3일 만에 독일군이 프랑스의 스당(Sedan) 전선을 돌파하자

1940년 독일의 111전투기 부대가 영국해협을 건너고 있다. 나치의 영국 침공이 임박한 가운데 처칠은 구국의 결단을 눈앞에 두고 있었다. ⓒ Deutsches Bundesarchiv

네덜란드는 항복하고 벨기에는 포기상태에 들어갔다가 5월 27일 항복했다. 프랑스 북부 도시 됭케르크(Dunkerque)에서 포위된 영국군과 프랑스군 50만 명을 안전하게 영국으로 철수시킬 가능성도 희박했다.

영국에선 독일과의 화평교섭의 목소리가 높아졌다. 처칠은 독일과 화평교섭을 벌여야 될지도 모를 '최악의 상황'에 대비하기 위해 노골적인 히틀러 숭배자인 로이드 조지(D. Lloyd George, 1863~1945)를 자신의 내각에 입각시키려고 애쓰고 있었다. 외무장관 핼리팩스(Lord Halifax, 1881~1959)는 무솔리니의 중재를 통해 히틀러와 유리한 조건으로 화평교섭을 벌이자며 구체적인 안을 내놓았다.

5일간의 치열한 논쟁 끝에 결단의 시간이 임박했다. 5월 28일 오후 5시 처칠이 결단을 내렸다. 화평교섭을 물리치고 끝까지 싸우기로 한 것이다. 당시 영국에서 대중관찰보고 종사원으로 일하던 넬라란이란 여성은 훗날 자신의 보고 내용을 묶어 책으로 출판했는데 1940년 5월 11일에 "한 남자와 평생을 보내야 한다면 나는 체임벌린을 선택하겠지만 폭풍우가 몰아쳐 조난상태에 빠졌다면 처칠을 취할 것이다"라고 썼다.

6월 19일 프랑스마저 항복함으로써 처칠의 결단은 어리석은 듯 보였지만, 역사는 뜻하지 않은 방향으로 흘러갔다. 역사가 존 루카치(John Lukacs 2000)는 『세계의 운명을 바꾼 1940년 5월 런던의 5일(Five Days in London, May 1940)』에서, 만약 그때 영국이 독일과 화평교섭을 갖기로 했다면 히틀러는 2차 대전을 승리로 마무리 지었을 것이며 그렇게 되었다면 우리는 지금과는 다른 세상에서 살고 있을 것이라고 주장한다.

처칠에겐 '믿는 구석'이 있었으니 그건 바로 미국이었다. 1940년 6월 처칠은 프랭클린 루스벨트 대통령에게 보낸 서한에서 "우리가 패한다면 대통령께서는 나치의 지배하에 통일된 유럽과 맞서야 합니다. 그 유럽은 신세계보다 훨씬 인구가 많고 훨씬 강력하며 군비를 훨씬 더 잘 갖추고 있을 것입니다"라고 호소했다.

1940년 대선

미국 유권자들도 비슷한 생각을 했던 걸까? 에이브러햄 링컨(Abraham Lincoln, 1809~1865)이 남북전쟁 중 치러진 대선에서 시종일관 "강을 건너는 중에는 말을 갈아탈 수 없다(It is best not to swap horses while crossing the river)"고 주장한 걸 상기했던 걸까? 1940년 8월 파리가 히틀

1940년 3선 도전에 나선 루스벨트의 경쟁자 공화당 후보 웬델 윌키의 홍보 포스터. 윌키는 미국의 참전에 적극적으로 반대하는 입장을 밝혔다.

러 군대에 함락되자, 여론은 더욱 루스벨트 쪽으로 기울기 시작했다. 이때에 루스벨트에게 표를 던지겠다는 유권자가 51퍼센트로 최초로 과반수에 이르렀다.

루스벨트가 3선 도전에 나선 1940년 대선에서 공화당 후보는 인디애나 주 출신으로 과거 민주당원이었던 웬델 윌키(Wendell L. Willkie, 1892~1944)였다. 윌키는 미국의 참전에 적극적으로 반대하는 입장을 밝혔다. 물론 이때까지도 루스벨트 역시 중립론을 역설했다. 루스벨트는 선거전이 막바지에 이른 10월 30일 보스턴 연설에서 다음과 같이 공약했다.

"이 나라의 어머님과 아버님, 여러분의 자제는 외국의 전쟁에 파견되지 않으리라는 것을 나는 여러분에게 다시 한번 약속합니다. 이 약속은 이전에도 말한 적이 있고 이후에도 몇 번이든지 거듭 말할 것입니다. 여러분의 자제들은 오직 막강한 군대가 되기 위해 훈련을 받을 것이고 막강한 군대가 존재한다면 전쟁의 위협은 이 나라의 해안에서 물러갈 것입니다. 우리가 군비를 준비하는 목적은 오로지 방어에만 그칠 것입니다."

루스벨트도 반전 무드의 힘을 잘 알고 있었다는 뜻이다. 고립주의는 미국의 오랜 전통이기는 하지만, 이처럼 강한 반전 무드엔 1차 세계대전에 대한 강한 환멸이 자리 잡고 있었다. 역사가 칼 베커(Carl Becker, 1873~1945)는 1차 대전에 대해, 미국이 민주주의를 위해 세계의 안전과 번영을 수호했다기보다는 오히려 독재자에게 안전한 세계를 만드는 데 기여했고, 경제적으로는 악성부채로 고통을 가져왔다고 말했다.

전쟁으로 이익을 보는 집단이 따로 있다는 사실에 대한 깨달음도 적잖은 영향을 미쳤다. 1934년 헬무드 앵글브리히트(Helmuth Engelbrecht, 1895~1939)와 프랭크 하니겐(Frank Hanighen, 1899~1964)이 출간한 『죽음의 상인(Merchants of Death)』이라는 책은 막대한 이윤을 챙기는 무기 제조업자들이 미국의 경제와 정치체제에 큰 영향을 미치고 있고 그들이 1차 대전 동안 미국의 중립을 망치는 데에 기여했다고 주장했다. 이는 당시 널리 퍼져 있던 생각이었기에, 미 상원위원회는 제럴드 나이(Gerald P. Nye, 1892~1971) 상원의원의 주도하에 1934년부터 1936년까지 청문회를 열었다. 무기 제조업자와 은행가들이 윌슨 대통령으로 하여금 참전하게끔 부추겼는지의 여부를 가리기 위해서였다. 위원회는 혐의를 확인할 증거를 확보하지는 못했지만 반전 무드를 강화하는 데엔 일조했다.

미국의 무기대여법 통과

루스벨트는 1940년 11월 5일 대선에서 공화당 후보 웬델 윌키를 '27대 22' 비율로 꺾고 세 번째로 대통령 연임에 성공했다. 민주당도 하원에서 267대 162, 상원에서 66대 28로 압승을 거두었다. 루스벨트가 대선 승리를 만끽하고 있을 때에 처칠은 루스벨트에게 더 이상 현금으로 무기값을 지불할 수 없는 상황이라며 무기와 탄약 부족을 또 한번 호소했다.

선거결과에 고무된 루스벨트는 점점 자신의 공약과는 다른 길로 나아가기 시작했다. 그는 1940년 12월 17일에 가진 기자회견에서 처칠의 호소에 부응하는, 이른바 '무기대여법(Lend-Lease Act)'의 구상을 발표했다. 미국의 방위에 절대 필요하다고 간주되는 곳이면 어느 나라든 원조할 수 있으며 탱크, 전투기, 전함을 대여해주고 전쟁이 끝나면 현금이 아닌 현물로 돌려받자는 내용의 법안이었다. 쉽게 말하자면 무기를 살 돈이 없는 영국에 무기를 무상으로 제공하자는 것이었다. 루스벨트는 그 취지를 다음과 같이 설명했다.

"가령, 이웃집에 불이 났다고 가정해봅시다. 이웃집 주인이 우리집 정원의 호스를 가져가 자기 집 수도에 연결하여 불을 끌 수 있는 상황이라면 그렇게 하도록 도와줄 수도 있겠지요. 자, 이제 나는 어떻게

> 1941년 1월 루스벨트가 의회에 제출한 '무기대여법안'의 첫 페이지. 루스벨트는 대통령 당선 후 참전 반대를 내세웠던 유세 당시의 공약과 다르게 법안 통과를 위한 물밑작업에 착수했다.

할까요? 나는 이렇게는 말하지 않겠습니다. '이봐요, 15달러 주고 산 호스요. 쓰려거든 15달러 내고 가져가시오.' 그 상황에 거래가 될 말입니까? 나는 15달러 필요 없어요. 불을 끄고 호스를 돌려주기만 하면 그만이오."

참 말도 잘한다. 데이비스(Davis 2004)의 평가에 따르면 "이것이 바로 루스벨트의 명석함을 보여주는 대목이다. 그에게는 복잡한 것을 단순화시키는 능력이 있었다. 위험한 것도 무해한 것으로 보이게 하는 것이다. 루스벨트는 이 같은 소박한 비유를 들어 미국이 10여 년 동안이나 회피해온 현실에 한발 가까이 다가설 준비를 하고 있었다. 이웃집은 불만 붙은 게 아니라 전소될 위기에 처해 있었다."

이어 12월 29일 노변담화에서 루스벨트는 미국이 '민주주의의 병기창'이 되어야 한다고 역설했다. 그는 1940년 말 징집령을 발동할 수 있는 군사력 증강법안에 이어 1941년 1월 6일 의회에 보낸 연두교서에서 '언론의 자유, 신앙의 자유, 결핍으로부터의 자유, 공포로부터의 자유' 등 네 가지 자유를 역설하면서 미국의 이익을 위해 꼭 방위할 필요가 있다고 생각되는 국가들에 무기를 원조해줄 것을 요청했다.

루스벨트는 이렇게 멍석을 깐 다음 1941년 1월 하순, 무기대여법안을 의회에 제출했다. 무기대여법안은 3월 8일 상원에선 60대 31, 3월 11일 하원에선 317대 71로 가결되었다. 이 법안에 반대한 로버트 태프트(Robert A. Taft, 1889~1953) 상원의원은 무기대여를 정원의 호스가 아닌 씹고 나면 버려야 하는 껌에 비유했다. 『시카고 트리뷴』은 이 법안을 '독재자 법(Dictator Bill)'이라고 비난했으며, 일부 여성들은 백악관 앞에서 무기대여법 반대 시위를 벌이기도 했다. 비록 의회의 첫 승인은 70억 달러였지만 전쟁이 종결될 때까지 미국은 무기대여 비용에 500억 달러 이상을 지출하게 된다.

루스벨트와 조지프 케네디의 충돌

무기대여법에 반대한 사람들 중엔 '유대인들의 영향'을 우려하는 이들도 있었다. 그 대표적 인물이 존 F. 케네디의 아버지 조지프 케네디다. 그는 증권거래위원회 회장으로 1년간 일하다가 1937년 봄 해사(海事)위원회 의장으로 임명되었지만 이 또한 수개월 만에 사임하고, 1938년 자신이 원하던 영국 대사가 되었다. 케네디는 1937년에 영국 수상이 된 체임벌린의 지지자였으며 1940년 5월에 수상이 된 처칠은

조지프 케네디는 '유대인들의 영향'을 우려해 무기대여법에 반대했고 이 일로 루스벨트와 극심한 갈등을 빚었다.

싫어했다. 케네디는 미국이 전쟁에 끼어들어서는 안 된다는 완강한 고립주의자였기 때문이다.

케네디는 1940년 10월 일시 귀국했는데, 루스벨트에 강한 불만을 품고 있었다. 그의 아내 로즈(Rose F. Kennedy, 1890~1995)에 따르면 "조(Joe)는 루스벨트 대통령의 주변 사람들이 그를 파멸시키려 하고 있고, 어느 정도는 대통령이 그에게서 등을 돌렸다고 느끼고 있었어요. 그것은 언론계 내에서 유대인의 입김이 아주 셌고 나치에 대한 어떤 유화정책도 반대하고 있었기 때문이었죠."

실제로 루스벨트는 케네디를 소외시킨 채 밀사를 런던으로 보내 직접 처칠 수상과 연락을 취하고 있었다. 케네디는 이 문제로 루스벨트와 한판 싸우려고 잔뜩 별렀지만, 아내의 간곡한 설득과 루스벨트가 케네디의 아들들을 잘 돌봐주겠다고 하는 말에 넘어가 선거 막판에 루스벨트 지원 연설을 했다.

그러나 선거 후에도 케네디는 계속 루스벨트와 갈등을 빚었다. 히틀러는 폴란드 문제에서 기꺼이 양보할 것이며 오히려 막강한 영향력을 가진 미국 내 유대인들이 세계 평화를 위협하고 있다는 게 케네디의 주장이었다. 결국 어느 날 둘이 만난 자리에서 대판 싸움이 벌어지고 말았다. 루스벨트가 케네디 면담 직후 부인 엘리너에게 "내가 살아 있는 한 그 개자식을 다시 보지 않을 거야. 그의 사표를 수리하고 이곳에서 내쫓아버려"라고 말할 정도였다.

베를린 주재 미국 영사였던 조지 케넌(George F. Kennan, 1904~2005)도 히틀러에 대해선 케네디와 비슷한 생각을 갖고 있었다. 그는 1941년 4월, 독일 지도자들이 "독일 통치 아래서 다른 국민이 고통받는 것을 보기"를 원하지 않으며 그들은 "새로 자신들의 백성이 된 사람들이 독일의 보살핌 속에서 행복해지기를 간절히 바라며" 이러한 관대한 결과를 보장하기 위해서 "중대한 타협책들"을 마련하고 있다는 내용의 편지를 썼다.

헨리 루스의 '미국의 세기'론

무기대여법안이 이슈가 되고 있던 1941년 2월 헨리 루스는 「미국의 세기(American Century)」라는 표제가 붙은 그 유명한 『라이프』(2월 17일자) 사설을 통해 미국이 다가오는 세계대전의 결과를 결정하고 연합국의 승리 이후 세계를 자유와 질서로 선도할 의무와 기회를 가지고 있다고 주장했다. 그는 미국을 "인류의 재능 있는 공복, 선한 사마리아의 사람, 자유와 정의라는 이상 실현의 원동력"으로 규정하면서 "미국의 세기가 오고 있다"고 단언했다. 그는 자신의 논설과 다른 사람들의 논평들을 모아 같은 제목의 책까지 내면서 '미국의 세기' 전도사 역할을 자임하고 나섰다.

'미국의 세기'는 새로울 것은 없는 말이었다. 이미 1899년 바티칸 교황이 '미국주의'를 공공연히 비난한 이래로 그간 수많은 유럽인들이 '미국의 세기'를 역설해왔다. 물론 비판적인 어조로 말이다. 즉 '미국의 세기'를 어떻게 볼 것이냐 하는 관점의 차이만 있었을 뿐이다. 그럼에도 루스의 '미국의 세기'론은 미국 사회에 큰 영향을 미칠 수 있는 막강한 언론권력자가 정색을 하고 긍정적 어조로 본격적으로 제기했다는 점에서 주목할 만한 것이었다.

미국에도 전운이 감돌기 시작한 상황에서 왜 그는 그런 말을 했던 걸까? 한때 세계 최강대국이었던 나라에 값비싼 무기를 공짜로 줄 수 있는 미국의 풍요에 감동을 받았기 때문일까? 전쟁이야말로 '미국의 세기'를 완성시킬 수 있는 기회라고 보았기 때문일까?

루스는 미국이 사실상 이미 2차 세계대전에 참전했다는 관점에서 미국의 전쟁 목표를 미국의 이상인 자유와 정의의 이념을 구현한 개방된 자본주의 세계시장경제를 창출하는 것으로 규정하는 동시에 그러한 비전을 전파하고자 했다.(권용립 2003a)

루스의 뒤엔 자신도 참여한 '외교협회'가 버티고 있었다. 외교협회는 이른바 '동부 연안 권력계급'의 대(對)정부 로비기관이었다. 이 협회의 창설에 자금을 댄 사람들은 J. P. 모건(John P. Morgan, 1837~1913), 존 록펠러(John D. Rockefeller, 1839~1937), 오토 칸(Otto H. Kahn, 1867~1934), 버나드 바루크(Bernard M. Baruch, 1870~1965), 제이콥 시프(Jacob H. Schiff, 1847~1920), 폴 와버그(Paul M. Warburg, 1868~1932) 등 미국의

내로라하는 재력가들이었다.(Engelhardt 2008)

재력가들이 지지하는 비전을 언론의 이름으로 당당하게 설파한다는 건 쉬운 일은 아니었건만 루스는 그 일을 해냈다. 그는 저널리스트 퀸시 하우(Quincy Howe, 1900~1977)의 말처럼 "미국의 이해관계를 전 인류 그리고 도덕법칙의 이해관계와 완전히 동일시하는" 대담함(또는 뻔뻔함)을 보였다. 훗날 테일러(Taylor 2005)는 "50여 년 전 발표된 루스의 이 글을 읽다 보면 우리는 미국에게 나머지 세계의 미래를 결정할 수 있는 능력이 있다고 본 그의 엄청난 확신에 놀라게 된다"며 다음과 같이 말한다.

"그의 확신은 전시에 흔히 볼 수 있는 국수주의적 허세가 아니었다. 오히려 루스의 말은 그람시의 『옥중수고』를 읽고 나서 그의 헤게모니 개념을 세계무대에 투영하려 한 것처럼 보이는 말이었다. 즉각적인 승전보다 훨씬 더 큰 문제에 관심을 보였다는 점에서 이 글은 루스의 헤게모니적 기질을 잘 드러낸 글이었다. 그람시의 말을 빌리자면 이 글의 등장은 미국의 '지적·도덕적 지도력'을 확립하려는 국제적 사건이었던 셈이다."

'헤게모니(hegemony)'란 이탈리아 공산주의 운동가이자 사상가인 안토니오 그람시(Antonio Gramsci, 1891~1937)가 "왜 프롤레타리아 혁명이 일어나지 않는가?"라는 의문을 갖고 제기한 개념이다. 헤게모니는 "특정한 역사적 시기에서 지배계급이 국가의 경제적·정치적·문화적인 방향에 있어 자신들의 권력을 유지하기 위해 피지배계급에 대한 직접적인 강압보다는 문화적 수단을 통해 사회적·문화적인 지도력을 발휘하는 능력"을 의미한다. 즉 루스는 '미국의 세기'는 미국의 군사력과 경제력만이 아니라, 사회문화적인 '소프트 파워'에 의해 지속되리라는 걸 예고한 셈이다.

사이즈의 정치학

훗날의 역사는 루스의 예언이 적어도 반은 옳았음을 입증한다. 미국이 "인류의 재능 있는 공복, 선한 사마리아의 사람, 자유와 정의라는 이상 실현의 원동력"인지는 알 수 없으나, 미국이 모든 것을 지배하는 '미국의 세기'가 도래한 것은 분명했다. 다른 것은 제쳐놓더라도 1940년대 전반 미국의 강철 생산량은 미국을 제외한 세계 모든 나라의 생산량을 합한 것보다 많았으니 이 어찌 '미국의 세기'가 아니랴.

1940년대 후반으로 가면 '미국의 세기'라는 게 점점 더 분명해진다. 예컨대, 미국은 1946년 연간 350만 대의 자동차를 팔아치우고 1949년 최초로 500만 대를 넘어서는 자동차 생산량을 기록한다. 이 지구상의 어떤 나라가 감히 미국의 이런 풍요에 대적할 수 있단 말인가. 이 모든 게 유럽이나 다른 나라들과는 확연히 다른 미국식 제도의 성공에 힘입은 게 아니었던가. 이와 관련, 로젠버그(Rosenberg 2003)는 다음과 같이 말한다.

"미국의 팽창은 군대의 무력과 정부의 주도에 의하지 않고 민간 산업의 조직, 전문가의 재능, 박애주의자들의 선의를 발전 기반으로 하고 있다. 미국의 이상에 대한 루스의 비전 제시는 1893년 컬럼비아박람회의 그것들과 거의 차이를 보이지 않고 있다. 그러나 루스를 비롯한 여타의 합리주의자들은 19세기 자유주의와 미국의 특수한 사명이라는 독단적 신화에 빠져, 세계의 여러 국가에 대해 오도되고 왜곡된 강요를 함으로써 나타나게 된 문제점을 분명히 이해하지 못했다."

어쩌면 그런 문제점을 이해하지 못했다기보다는 미국의 국익을 위해 그런 문제점은 불가피하다고 보면서 '소프트 파워'로 그걸 상쇄하거나 누그러뜨리려는 생각을 했다고 보는 편이 옳으리라. '미국의 세기'라는 구호 자체가 그런 '소프트 파워'의 한 표현이 아니겠는가.

'미국의 세기'라는 표현이 수많은 사람들에 의해 상시적으로 인용되면서 덕분에 루스의 명성까지 불멸의 왕관을 쓰게 된다. 그게 부러웠던 건지는 몰라도 훗날 문화사가 모리스 버만(Morris Berman 2002)은 "20세기가 '미국의 세기'였다고 한다면 21세기는 '미국화된 세기'가 될 것"이라고 큰소리친다.

따지고 보면 이런 예언의 원조는 새뮤얼 애덤스(Samuel Adams, 1722~1803)다. 그는 이미 1775년 "풍요로움으로 인해 미국은 강력한 제국이 될 것이다"라고 했다. 그 풍요는 어디에서 오는가? 우선적으로 방대한 국토 사이즈였다. 무작정 넓기만 한 게 아니었다. 당장 사람이 농사를 지으면서 살 수 있을 정도로 '품질'이 좋은 수준의 국토 크기로만 따진다면 미국은 세계 최고였다.

20세기 동안 프랑스 인구는 52퍼센트, 독일은 46퍼센트, 영국은 42퍼센트 증가한 반면 미국의 인구는 270퍼센트나 증가한다. 국토 사이즈의 축복 때문에 가능한 일이다. 국토 사이즈는 인간의 사고에까지 영향을 미친다. 노르웨이 출신의 어느 지도 제작자는 미국으로 이민을 온 후 거리감각에 변화가 생겼다며 다음과 같이 말했다.

"미국에 도착한 유럽인은 처음에는 관점뿐만 아니라 계획을 세우는 데 있어 제한적인 모습을 보여준다. 그러다 점차 자신의 스케일을 넓히게 된다. 이전에는 300킬로미터 거리가 상당히 멀게 느껴졌지만 미국에서는 아주 가까운 거리처럼 여겨졌다. 미국의 공기를 마시자마자 이전에 있던 나라에서는 상상도 못할 규모로 틀을 세우고 설계를 시작하게 된다."(Brooks 2008)

사이즈에 대한 미국인들의 자긍심은 전 분야로 퍼져나간다. 인구도 많지만 전 세계와 비교할 때엔 '비교적 작은 인구 사이즈에도 불구하고'라는 말이 따라붙는다. 정치가 체스터 바울스(Chester B. Bowles, 1901~1986)는 "우리 미국 인구는 전 세계 인구의 7퍼센트에 지나지 않지만"이라고 전제한 뒤 1940년을 기준으로 미국이 각 분야에서 누리는 사이즈를 다음과 같이 과시했다.

"우리는 세계 자동차와 트럭의 70퍼센트, 세계 전화의 50퍼센트, 세계 라디오의 45퍼센트, 세계 철도의 35퍼센트를 갖고 있으며 세계 석유의 59퍼센트, 세계 비단의 56퍼센트, 세계 커피의 53퍼센트, 세계 고무의 50퍼센트, 세계 설탕의 25퍼센트를 소비하고 있다."(MacDougall 1952)

이제 우리는 20세기가 '미국의 세기'가 되는 과정을 자세히 살펴보겠지만, 그 과정에 영광만 있었던 건 아니다. 시련과 고통도 있었다. 루스의 주장 또는 예언 이후 당장 닥친 시련은 일제의 하와이 진주만 폭격이었다.

참고문헌 Bender 2006, Berman 2002, Brooks 2008, Chomsky 2004, Davis 2004, Edwards 1970, Engelhardt 2008, Gramsci 1999, Greenstein 2000, Homats 2009, Keegan 2004, Leamer 1995, Lukacs 2000, MacDougall 1952, Means 2002, Morris 2003, Rosenberg 2003, Summers 1995, Taylor 2005, 권용립 2003a, 사루야 가나메 2007, 이구태 2006, 이보형 2005, 이주천 1999, 한국미국사학회 2006

"진주만을 기억하라!"
일제의 하와이 진주만 폭격

독일 파시즘과 일본 파시즘의 상호 상승작용

1941년 초 일제는 미국, 영국, 중국 그리고 네덜란드령 동인도로 구성된 ABCD(America, Britain, China, Dutch) 연합에 의해 포위되었다. 절망감에 빠진 일본은 1941년 4월 13일 소련과 불가침조약을 체결했다. 이로써 러시아는 동부에 대해서는 안심하고 서구에 대처할 수 있었고, 일본은 러시아에 대해선 안심하고 태평양 지역에 전념할 수 있었다. 조약 체결식에서 일본 외상 마쓰오카 요스케(松岡洋右, 1880~1946)는 축배를 들면서 "우리는 아시아인"이라고 했고, 스탈린도 "우리 두 사람 모두 아시아인이지요"라고 맞장구를 쳤다.

만약 히틀러가 2차 세계대전을 일으키기 직전의 1938년에서 멈추었더라면 그는 인류 역사에 어떻게 기록되었을까? 그랬더라면 비스마르크 이래 독일 최고의 지도자로 추앙받았을 것이라고 생각하는 사람들도 적지 않다. 그러나 그건 어리석은 가정이며, 멈춰야 할 지점에서

1941년 4월 13일 일본 외상 마쓰오카 요스케가 소련과의 불가침조약에 서명하고 있다.

멈추지 못하는 것이 바로 히틀러의 특성이었고 이는 일제의 군부 지도자들에게서도 똑같이 나타났다.

1940년 히틀러의 연전연승에 흥분한 일제는 나치식 일국일당의 실현을 목표로 정당 등을 해산시켰고 10월에 유일정당인 대정익찬회(大政翼贊會)를 발족시켰다. 또한 노동조합을 해산시키고 파업 등을 전면 금지시키는 동시에 전쟁협력을 목표로 하는 '대일본 산업 보국회'를 설립했다. 독일 파시즘과 일본 파시즘의 상호 상승작용이었다고나 할까.

1941년 6월 22일 히틀러는 소련을 침공했다. 이때 영국 수상 처칠은 훗날 국제정치학 교과서에 '세력균형'의 대표적 사례로 거론되는 유명한 말을 남겼다. 처칠은 그간 자신이 맹렬히 비난해온 스탈린과 동맹을 맺어야 한다고 주장하면서 "만약 히틀러가 지옥을 침공했다면 나는 의회에서 악마에 대해 적어도 호의적으로 말했을 것이다"라고 했다.

처칠의 '세력균형론'도 흥미롭지만 더욱 흥미로운 건 미국 공산당의 태도였다. 스탈린이 1939년 히틀러와 독소불가침조약에 서명했을 때 이를 지지했던 미국 공산당은 히틀러가 소련을 침공하자 미국 내에서 벌어지는 모든 파업에 반대하고 나섰다. 파업 행위가 전쟁 수행 노력에 방해가 되리라는 게 그 이유였다. 미국 공산당은 "공산주의는 100퍼센트 미국주의(Americanism)다"라고 변명했다.

1941년 7월 일본군은 프랑스 식민지였던 베트남의 수도를 장악했으며, 이어 네덜란드가 지배하던 동인도 제도를 정복하고자 했다. 암호를 입수하여 해독한 미국은 이에 대해 엄중히 경고했지만 일본은 듣지 않았다. 이에 미국은 7월 25일 미국 내의 모든 일본 자산을 동결하는 조치를 취했으며 8월 2일 일본에 석유 수출을 금지했다.

루스벨트는 1941년 8월 9일부터 12일까지 대서양의 뉴펀들랜드 오거스타 만에 있던 미국 함정 위에서 처칠과 2차 세계대전 발발 이래 처음으로 회담을 갖고 8월 14일 공동성명을 작성해 발표했다. '대서양헌장(Atlantic Charter)'으로 알려진 이 헌장은 영토의 불확대, 불침략, 무역과 자원에서의 기회균등, 경제협력, 공포와 결핍에서의 자유, 해양의 자유, 군비 축소, 집단안전보장체제의 확립 등 8개항을 내세웠다. 이게 바로 얼마 후 탄생할 유엔헌장의 전신이 된다.

일제의 하와이 진주만 폭격

점점 참전 쪽으로 다가가는 미국을 과연 일본이 당해낼 수 있을까? 일

1941년 12월 7일 하와이 진주만에서 일본의 기습공격을 받은 미국 전함이 가라앉고 있다. 태평양전쟁의 시작이었다.

본 정부는 미국과 협상하려는 자세를 취하기 시작했다. 이에 일본 내 강경파가 들고 일어났다. 10월 도쿄의 호전파는 온건파 수상을 축출하고 군부 지도자인 도조 히데키(東條英機, 1884~1948)를 내세웠다. 전쟁의 길로 일로매진하겠다는 발악이었다. 절망감으로 이성을 잃은 일제는 도박 심리에 빠져들었고 이는 일제의 하와이 진주만 기습으로 나타났다.

1941년 12월 7일 일요일 아침 7시 55분, 일본은 하와이의 진주만에 정박하고 있던 미 제7함대와 군사시설을 기습 공격했다. 태평양전쟁의 발발이다. 일본 해군의 항공모함 6척에서 발진한 비행기 350대는 기습공격으로 미군에 큰 타격을 입혔다. 이때 일본 항공부대 총지휘

관이 진주만 상공에서 "우리는 기습에 성공했다"고 전한 암호전문이 '도라(トラ; 호랑이) 도라 도라'다. 미국은 전함 8척 중 4척이 침몰했고 3척이 큰 손상을 입었다. 비행기 570대 중 475대가 완전 파괴되었다. 미 해군과 육군 사망자는 2897명에 이르렀고, 시민 사망자도 68명이나 되었다.

다음 날인 12월 8일 미국 상하 양원이 합동으로 개회한 가운데 미국 대통령 프랭클린 루스벨트는 연설을 통해 의회에 선전포고를 요청했다. 당일 상원은 만장일치(82대 0), 하원은 1표의 기권(388대 1)만으로 선전포고안을 통과시켰다. 미국은 이날을 '치욕의 날'로 선포하고 일본에 대하여 선전포고를 했다. 진주만 기습 직전까지 미국 여론은 전쟁에 반대했지만 이젠 사태가 역전되었다. "진주만을 기억하라! (Remember Pearl Harbor!)"는 구호가 미국인을 단결시켰다.

영국의 처칠은 이제 "미국과 한 배를 탔다"며 기뻐했다. 그는 전시 내각의 동의를 가볍게 얻어 역시 일본에 선전포고를 했다. 히틀러도 환호했다. 그는 "우리는 지려야 질 수가 없다. 3000년 동안 한 번도 정복당하지 않은 나라를 동맹국으로 얻었다"고 말했다. 일본이 참전하면 미국은 태평양에 발이 묶이게 되고 극동에 식민지를 둔 영국도 심각한 타격을 받으리라는 계산 때문이었다.

일본의 진주만 기습 4일 후인 1941년 12월 11일 일본의 유럽 동맹국인 독일과 이탈리아도 미국과의 전쟁을 선포하고 나섰다. 앞서 말한 계산과 더불어 일본과 맺은 3국동맹 제3조에 의거하여 내린 결정이었다곤 하지만, 소련 침공이 교착 상태에 빠져 고민하던 히틀러도 절망감에 몸부림치다가 그야말로 '미친' 결정을 내린 셈이었다. 미 의회도 같은 날 대독일 선전포고를 했는데, 상하원에서 각각 88대 0, 393대 1로 통과되었다. 대이탈리아 선전포고도 상하원에서 각각 압도적 표차로 통과되었다.

태평양전쟁의 발발은 아시아전선과 유럽전선을 하나로 통합시켰으며 이듬해인 1942년 1월 1일에는 미국·영국·소련·중국·캐나다 등 26개국의 '연합국 선언' 이 발표되면서 이른바 반(反)파시즘 연합전선이 형성되었다. 이와 관련, 영국의 역사가 에릭 홉스봄(Eric Hobsbawm 1997)은 이렇게 말한다.

"파시즘은 공공연하게, 다양한 종류의 자유주의자들, 사회주의자들, 공산주의자들, 모든 종류의 민주주의체제, 소비에트체제를 똑같이 파괴해야 할 적으로 다루었던 것이다. 오래된 영국 격언의 표현을 빌리자면 '따로따로 교수형 당하지 않으려면 모두가 단결해야 했다.(They had all to hang together if they did not want to hang separately.)'"

"진주만을 기억하라!"

루스벨트는 진주만 침공 직후 '전쟁정보국(OWI; Office of War Information)' 을 만들어 방송 저널리스트 엘머 데이비스(Elmer Davis, 1890~1958)가 이끌게 함으로써 이후 홍보전에서 대성공을 거두게 된다. OWI는 모든 매체에 일종의 보도지침을 내리는 한편 자체적으로 전쟁용 방송 프로그램, 영화, 포스터 등을 생산해냈다. 또한 여론공학을 비롯한 각종 심리전을 위해 학계 전문가들을 대거 활용했다.

1차 세계대전 때처럼 할리우드 스타들이 전쟁 채권을 파는 데에 앞장섰는데, 이들이 판매한 채권 액수만 1942년 10억 달러에 이르렀다.

전쟁 채권 홍보 전단. 채권 판매에는 할리우드 스타들도 동원됐으며 어린이들이 사들인 채권만도 수십억 달러에 이르렀다. ⓒ Atomicsteve

어린이들도 이 운동에 동참해 수십억 달러에 이르는 채권을 사들여, 연간 어린이 한 명당 21달러를 지출한 것으로 나타났다. 고위 경영인들이 자원하여 연간 1달러의 급료를 받고 전시체제 전환에 열심히 일조한다고 해서 생겨난 '원 달러 맨(One Dollar Man)'이라는 말이 시사하듯, 전 국민 총동원체제가 자리를 잡았다.

모든 매체를 뒤덮다시피 한 "진주만을 기억하라!"는 구호는 오늘날까지도 미국인들이 반일감정의 상징으로 사용하고 있는 슬로건이다. 바로 이 슬로건의 파괴력이 미국의 '기습 유도설'이 나오는 배경이기도 하다. "왜 당시 하와이 주둔 미 해군 사령관 허즈번드 킴멜 제독과 육군의 월터 쇼트 장군이 기습을 당한 책임에도 불구하고 군사재판에 회부되지 않았는가?"라는 의문에서부터 시작하여 수많은 의문들이 제기되었다. 실제로 이를 규명하기 위한 청문회가 세 차례나 열렸지만 미국이 과연 일본의 기습을 유도했는가는 지금도 미스터리로 남아 있다.

미국은 이미 한 달 전인 11월에 일본의 암호문을 입수함으로써 전쟁이 임박했다는 사실을 알고 있었지만, 공격지점을 정확히 알 수는 없었기 때문에 하와이의 진주만과 필리핀의 마닐라 기지에 경계명령만을 내리고 있었다는 게 그간의 정설이었다. 1961년 발행된 『웹스터 영영사전(Webster English/English Dictionary)』이 'Pearl Harbor'에 '진주만'을 의미하는 명사 외에 '경고 없이 갑자기 공격하는'이라는 동사의 용법을 덧붙여 소개한 것도 그런 의외성에 무게를 둔 것으로 볼 수 있다. 그러나 최근 비밀이 해제된 문건 등은 미국의 '기습 유도설' 쪽을 더 뒷받침해주고 있다. 몇 가지 내용을 살펴보자면 다음과 같다.

루스벨트는 이미 11월 25일 육군장관 스팀슨에게 다음 주 월요일쯤 일본의 진주만 공습이 있을 것이라고 말하고, 이어 너무 큰 피해를 입지 않으면서 일본의 침략성을 부각시켜 국민들로부터 전폭적인 전쟁 지지를 얻어낼 방안을 강구하라고 지시했다. 11월 26일 영국의 처칠 수상은 "일본 항공모함이 하와이 동쪽으로 이동 중"이라는 내용의 긴급전문을 루스벨트에게 보냈으며, 같은 날 코델 헐(Cordell Hull, 1871~1955) 국무장관은 두 나라 사이의 호혜 평등을 요청한 일본 천황의 서신을 들고 온 주미 일본 대사에게 의도적으로 모욕적인 언사를 퍼부었다. 일본의 전쟁도발을 부추긴 게 아니냐는 것이다. 또 헐 국무장관은 11월 29일 처칠의 전문을 UP통신 기자 조 레이브에게 보여주며, 일본의 진주만 공격이 12월 7일에 있을 것이라고 말했다. 이에 관해 『뉴욕타임스』는 일본의 진주만 공격 다음 날 보도한 "공격 미리 알았다"라는 헤드라인 기사에서 "미국 정부는 최소 일주일 전부터 일본의 진주만 공습 계획을 정확히 알고 있었다"며, 헐 국무장관으로부터 이 정보를 전해들은 사람이 레이브 기자 외에도 여럿이라고 보도했다.

12월 5일 녹스(Frank Knox, 1874~1944) 해군장관은 국무회의에서 일본의 진주만 공습이 임박했음을 전군에 알려야 한다고 건의했으나, 루스벨트는 이미 다 알고 있다며 함구하라고 지시했다. 12월 6일 오후 9시 반, 루스벨트는 34명의 손님이 참석한 만찬 자리에서 "내일 전쟁이 터진다"고 밝혔다. 12월 7일 아침 진주만 공습 보고를 받은 루스벨트는 '위대한 구원(great relief)'이라며 반겼다. 마침 루스벨트의 집무실에 있다가 이 모습을 지켜본 해리 홉킨스 기자는 "국가적인 충격이었음에도 마치 오랫동안 기다리기라도 한 것 같았다"고 술회했다. 루스벨트는 같은 날 오후 3시에 개최된 국무회의에서 "우리의 적은 일본이 아니라 히틀러인데, 일본이 우리에게 참전 기회를 주었다"고 말했다. 그날 밤 루스벨트와 회견을 가진 CBS 방송의 기자 에드워드 머로(Edward R. Murrow, 1908~1965)는 "국가적 재난과 다름없는 진주만 피습을 맞은 루스벨트의 태도가 상식 밖으로 태연했으며 오히려 환영하는 표정이었다"고 전했다.(황성환 2006)

일국의 대통령에게서 어찌 마키아벨리즘이 없기를 기대할 수 있으랴만, 루스벨트의 경우엔 그 솜씨가 발군의 경지에 이르렀다. 역사가 제임스 맥그리거 번스(James MacGregor Burns 1956)가 자신의 책 제목을 『루스벨트: 사자와 여우(Roosevelt: The Lion and the Fox)』라고 붙인 것도 그런 이유 때문이었다. '여우'라는 표현은 좀 심하다고 생각한 걸까? 루스벨트에게 호의적인 역사가 토머스 베일리(Thomas A. Bailey, 1902~1983)는 "루스벨트는 진주만 사건이 일어나기 전부터 미국 국민들을 여러 번 속여왔다. …… 그는 마치 환자 자신의 이익을 위해 거짓말을 해야 하는 의사와도 같았다"고 말한다.(Zinn 2001a)

루스벨트는 미국의 고립주의자들을 설득해 미국 참전을 유도하기 위해 고의로 일본의 진주만 기습이 가능하도록 경계태세를 허술하게 했다. 1948년 역사가 찰스 비어드(Charles Beard, 1874~1948)가 이런 주장을 편 이후로 다양한 '루스벨트 음모설'이 제기되었다. 피츠버그 대학의 도널드 골드스타인(Donald Goldstein) 교수는 "루스벨트 대통령과 그의 참모들은 당시 전쟁에 개입하기 위해 재난이 필요했다. 그것도 작은 피해가 아니라 큰 피해가 필요했다"고 주장한다. 해군 출신 언론인 로버트 스티네트(Robert Stinnett)도 『거짓의 날(Day of Deceit)』(1999)이라는 책에서 루스벨트와 그의 참모들은 공습 전 하와이 주변 해상정찰을 중지시켜 일본의 대규모 공격을 유도했다고 주장한다.

진주만이 모든 걸 바꿨다

기습 유도설의 진실 여부에 관계없이, 진주만 기습 이전엔 반전(反戰) 여론이 매우 높았다는 건 분명한 사실이다. 1941년 6월의 여론조사에선 미국 국민의 29퍼센트만이 참전을 지지했다. 그러나 영국에 물자를 공급해준다든가 하는 다른 대안들과 함께 설문이 제시된 조사에선 참전 지지율이 6퍼센트로 떨어졌다.

그런데 '진주만'이 모든 걸 바꾼 것이다. 다른 파괴는 제쳐놓더라

'진주만'은 미국민의 애국심을 끓어오르게 만드는 강력한 상징이 되었다. 1942년에 제작된 포스터. ⓒ Allen Saalberg

도 3000명에 가까운 미국인이 순식간에 목숨을 잃었다는 건 그 어떤 미국인도 묵과할 수 없는 대사건이었다. 강력한 고립주의자였던 공화당 상원의원 아서 반덴버그(Arthur H. Vandenburg, 1884~1951)는 진주만 기습 직후에 쓴 일기에서 "오늘 모든 현실주의자들에게 있어서 고립주의는 끝났다"고 말했다. 그건 곧 당시 절대 다수의 미국인이 갖게 된 생각이었다. 몇몇 상원의원을 포함하여 많은 미국인들이 우선 모든 병력을 집중시켜 일본을 공격하자고 주장했다. 그렇게 하는 게 국민 정서상 당연한 일이었지만, 루스벨트는 독일에 대한 전쟁이 우선이라는 생각을 관철시켰다.

'진주만'이 모든 걸 바꾸었듯이, 오늘날에도 대다수 미국인에게 '진주만'은 애국심을 끓어오르게 만드는 강력한 상징이다. 12월 7일은 반드시 기억해야 할 날이다. 적어도 선거에 출마한 공직자라면 말이다. 1988년 대통령 선거운동에서 조지 부시(George H. W. Bush)는 연설 중 12월 7일을 '9월 7일'로 잘못 말했다가 3대 방송의 집중공격을 받아야 했다. CBS 앵커맨 댄 래더(Dan Rather)는 "부시가 한 연설은 엉뚱한 실수 때문에 그 의미를 잃게 되었다"고 했으며, 다른 앵커들도 이와 비슷한 말을 했다.

2001년 5월 25일 개봉된 영화 〈진주만(Pearl Harbor)〉은 평화로운 일요일 아침의 주부와 아이들을 일본군의 폭격과 대비시키며 미국인의 애국심을 고취시키는 데에 일조했다. 이 영화에 대해 전국 일본계시민협회(JACL)는 "반아시아 감정을 부추길 수 있다"고 비판 성명을 발표했다.

이와 관련, 송문홍(2001)은 "영화 〈진주만〉은 할리우드가 만든 올 여름 최대의 블록버스터다. 제작비로 1억 4500만 달러라는 거액을 폭탄처럼 쏟아부은 이 영화는 1941년 일본군의 진주만 공습 장면만 30분 이상 실감나게 보여준다. 이 영화는 또 얼마 전 하와이의 진주만 해상에 정박한 미 항공모함 존 스테니스호의 갑판에서 거창한 시사회를 가진 것으로도 화제를 모았다"며 다음과 같이 말한다.

" '진주만'으로 대표되는 요즘 미국의 애국주의도 아름답게만 보이지는 않는다. 조무래기 불량국가들에 대응한다며 지구적 차원에서 추진을 선언한 미사일방어(MD), 우주공간에까지 '팍스 아메리카나'를 확장한다는 신군사전략 등 부시(George W. Bush) 행정부의 일방주의적 외교안보정책이 지구촌 식구들을 불안하게 만들고 있기 때문이다. 영화 〈진주만〉이 미국의 현충일(5월 28일) 직전에 개봉했다는 사실, 그 시사회가 미군 당국의 적극적인 협조 아래 항공모함 갑판 위에서 치러졌다는 사실 등이 그래서 예사롭지 않게 보인다."

진주만 공습 60주년인 2001년 12월 7일에 맞춰 가정용 비디오를 출시함으로써 상징성을 극대화한 이 영화는 미국에서 2억 달러, 해외에서 4억 5000만 달러를 벌어들인 대박상품이 되었다.

일본계 이민자들에 대한 보복

치욕과 분노는 이성의 눈을 멀게 하는가? 일제의 하와이 진주만 폭격에 분노한 미국의 한 하원의원은 "나는 현재 미국, 알래스카, 하와이에 살고 있는 모든 일본인들을 붙잡아서 강제수용소에 처넣는 데 동의합니다. 그들을 박멸합시다"라고 외쳤다. 그의 외침은 다수의 정서였다. 1942년 2월 루스벨트는 군대에게 서부해안(태평양 연안)에 살고 있던 남녀노소를 불문한 일본계 미국인들을 체포할 수 있는 권한을 주었다. 12만 명의 일본계 이민자들 가운데 4분의 3은 미국에서 태어난 미국 시민들이었는데도 말이다.

일본계 이민자들은 태평양전쟁의 전세가 미국 쪽으로 한참 기울어진 1944년 12월 17일까지 감옥과도 같은 강제수용소에서 2년 반 동안 갇혀 지내야 했다. 미국 정부는 나치 독일이 만든 유대인 강제수용소와 같은 표현인 'concentration camp'라고 불리길 꺼려 단순한 주거이전이라는 의미가 강한 'relocation camp'라고 불렀지만 '강제수용소' 인 건 분명했다.

'진주만 공격'으로 미국 내 일본계 이민자들에 대한 분노가 폭발했다. 1942년 2월 발행된 『샌프란시스코 이그재미너』의 헤드라인에도 이런 국민들의 정서가 반영됐다.

일본계의 젊은 남성 이민자들에겐 수용소를 벗어날 수 있는 길이 있었으니, 그건 유럽의 최전선으로 나가는 것이었다. 모두 3만 3000명의 일본계 미국인으로 구성된 442부대는 유럽의 최전선에 배치돼 '애국심 입증'을 위해 미친 듯이 싸웠다. 2차 세계대전 때 가장 많은 훈장을 받은 부대가 바로 442부대로, 이 부대가 받은 무공훈장만 1만 8143개에 이른다. 442부대에서 가장 맹활약한 전설적인 인물은 한국계 2세인 김영옥 대령이다.(장태한 2004)

1988년 대통령 로널드 레이건은 생존한 일본계 피수용자들과 유족들에게 모두 16억 달러의 배상금을 지급하고 사과하는 법안에 서명했다. 법안은 일본계 미국인들을 억류한 것이 "인종적 편견, 전쟁 공포

3만 3000명의 일본계 미국인으로 구성된 442부대. 유럽의 최전선에 배치된 그들은 '애국심 입증'을 위해 미친 듯이 싸워야 했다.

그리고 정치적 리더십의 실패"에서 비롯된 미국 정부의 과오였다고 밝혔다.

 이는 자발적으로 나온 것은 아니었다. 전국 일본계시민협회의 끈질긴 노력이 있었다. 여기에 비밀문서로 보관되었다가 1970년대 일본계 3세대 변호사들의 끈질긴 추적 끝에 발견된 '먼슨 보고서'가 미친 영향이 컸다. 진주만 기습 이전부터 일본과의 전쟁이 불가피하다고 본 루스벨트는 일본과의 전쟁이 터지면 일본계 미국인들이 어느 나라에 충성심을 보일지 알고 싶어 했다. 이에 대해 조사한 보고서가 '먼슨 보고서'인데, 진주만 기습 한 달 전에 나온 이 보고서는 "일본계 미국인은 미국에 절대적인 충성심을 갖고 있다"고 결론 내렸다. 그럼에도 일본계 미국인들을 수용소에 감금했으니 미국 정부로선 사과를 하지 않으려야 않을 수가 없게 된 셈이었다.

미국 법무부가 당시의 피해자들을 찾아 나선 결과 약 6만 5000여 명이 아직 생존해 있는 것을 확인했다. 미 정부는 이들이 모두 고령임을 감안해 고령순으로 매년 약 2만 5000여 명씩 3년 동안 배상을 실시키로 하는 한편 배상이 결정된 1988년 이후 사망한 피해자에 대해서는 유족에게 배상금을 주기로 했다.

1990년 10월 9일 미 법무부 강당에서 열린 배상금 전달식에서 법무장관 딕 손버그(Dick Thornburgh)는 "우리로 하여금 역사를 다시 한번 되돌아보게 만든 당신들은 미국을 더 강하고 긍지 있는 나라로 만들었습니다. 모든 미국 국민들은 당신들에게 빚을 지고 있습니다"라고 말했다. 조지 허버트 워커 부시 대통령도 사과문에서 "돈이나 몇 마디의 위로로 과거의 쓰라린 상처가 가실 수는 없을 것"이라며 "비록 우리가 과거에는 잘못을 저질렀어도 지금은 분명히 정의 편에 서 있다"고 말했다. 이와 관련, 문창극(1994)은 "일제 때 강제징용 당하거나 정신대로 끌려가 학대받았던 한국인들을 외면하고 있는 일본 정부가 이 장면을 보았다면 과연 무엇을 생각했을까"라고 말했다.

이탈리아계 이민자들에 대한 보복

흥미로운 건 전쟁 당시 하와이 일본인들은 큰 차별을 받지 않았다는 사실이다. 하와이 주정부는 "하와이 일본인들의 충성심은 의심의 여지가 없다"고 발표하기까지 했다. 일본인들이 하와이 경제를 좌지우지할 정도의 힘을 갖고 있었기 때문이다. 오히려 당한 건 하와이 한인들이었다. 비록 수용소에 갇히진 않았지만, 하와이 한인들은 부동산의 매매 혹은 이전, 증권·자본의 거래를 할 수 없었으며, 한 달에 생활비로 200달러 이상을 은행에서 인출하지 못하게 하는 등 갖가지 제약을 받아야 했다.

패터슨(Patterson 2003)에 따르면 "일본을 적이라고 거침없이 말하는 것으로 잘 알려진 한인 1세대는 진주만 공격 후 형성된 보안조치에 자신들이 옭아매이게 될 줄은 거의 예상하지 못했다. 그들이 더욱 화가 난 것은 자신들이 보통 미국인들보다도 일본을 더 반대해왔고 여전히 반대하고 있는데도 적국인 일본인들과 같은 대우를 받은 탓이었다."

이탈리아계 이민자들의 인권도 침해당했다. 2001년 11월, 미국 의회가 '전시 중 이탈리아계 시민 자유침해에 관한 법'을 통과시킴에 따라 법무부가 1년여의 조사 끝에 내놓은 보고서에 따르면, 60만 명의 이탈리아계가 전시 중 '외국계 적'으로 분류돼 개인재산을 징발당했고 여행에 제한을 받았다. 미국 서해안 인근에 살았던 이탈리아계 10만여 명은 거주를 이전하도록 강요받았으며 서해안으로의 복귀가 금지됐다. 이탈리아계에 대한 차별은 이민공동체를 파괴했으며 그 영향은 오늘까지 짙게 드리워져 있다고 보고서는 결론지었다. 그러나 이탈리아계 수십만 명이 미국을 위해 봉사했으며 수천 명이 미국의 병사로 2차 대전에서 전사했다고 보고서는 덧붙였다.

이탈리아계 이민자들은 영국에서도 보복을 당했다. 1940년 6월, 이탈리아가 2차 대전에 참전하자 처칠은 영국에 거주하고 있는 수천 명의 이탈리아인들을 '체포하라'는 명령을 내렸다. 이탈리아인들은 체포·격리 되었고, 이탈리아인 상점과 식당의 유리창은 애국적 폭도들에 의해 박살났다. 이탈리아 수용자들을 캐나다로 실어 나르던 영국 선박 한 척이 독일 잠수함에 의해 격침돼 전원이 물에 빠져 죽은 사건도 있었다.

에즈라 파운드 사건

진주만이 바꾼 것 중엔 미국의 시인 에즈라 파운드(Ezra Pound, 1885~1972)의 운명도 포함되었다. 미국 서부 아이다호 주의 광산촌에서 태어나 뉴욕에서 성장한 파운드는 해밀턴대학에서 학사, 펜실베이니아대학에서 석사 학위를 받은 후 시인으로 활동하면서 세계적인 명성을 떨쳤다. 그의 인생이 꼬이기 시작한 계기는 1930년부터 1939년까지의 이탈리아 거주 기간이었다.

파운드는 이탈리아에서 사회신용 이론에 심취해 1935년 『사회신용론: 그 영향(Social Credit: An Impact)』이라는 책까지 출간했다. 이 이론은 1918년 영국인 클리포드 더글러스(C. H. Douglas, 1879~1952)가 처음 발표한 것으로, 국가의 진정한 부는 국민이 필요한 재화를 생산하고 필요한 용역을 제공하는 능력에 있지만 정부의 도움으로 금융단체가 생산과 관계없이 화폐를 찍어내는 권한이 있는 현실을 비판하는 내용이었다. 따라서 재정적 신용은 고리대금업을 하는 큰 금융기관에 의해 통제되고 대부분이 영향력 있는 유대인 자본주의에 의해 지배당하는데, 이 유대인들이 음모를 꾸며 강자를 도와 경제공황을 낳고 전쟁을 부추기는 자금을 댄다는 게 사회신용론의 주장이다.

사회신용론은 원초적으로 반유대주의를 내장한 것이며 부분적으로 무솔리니의 파시즘과 맥을 같이하는 것이었다. 실제로 파운드는 무솔리니의 지지자가 되었다. 그는 1933년 무솔리니를 만났으며 『사회신용론』을 출간한 해에 『제퍼슨 그리고/또는 무솔리니(Jefferson and/or Mussolini)』라는 책을 내기도 했다. 은행가들의 이윤에 대한 탐욕이 전쟁의 원인이라고 생각한 파운드는 1939년 미국의 참전을 막을 목적으로 미국을 방문하지만, 자신의 뜻이 통하지 않는 것에 소외감을 느껴 다시 이탈리아로 돌아갔다.

친(親)파시즘 언론활동으로 12년간 연금을 당한 에즈라 파운드. 역설적이게도 오랜 연금생활과 그에 대한 논란으로 파운드의 문학적 명성은 더욱 높아졌다.

1930년대 내내 미국 정부는 무솔리니를 긍정하고 그에게 찬사까지 보냈으므로 파운드의 무솔리니 지지가 문제될 건 없었다. 그러나 미국에도 전쟁 기운이 감돌면서 그의 친(親)파시즘 언론활동과 명성이 문제가 되었다. 미국의 유명 시인이 무솔리니는 물론 히틀러까지 지지한다는 건 미국 정부의 정책 고려와는 다른 문제로 간주되었다. 1941년 파운드는 미국으로 귀국하려고 했지만, 입국금지 당했다. 그러자 파운드는 로마의 라디오 방송에서 연합군에 대항하는 방송을 했다. 진주만 사건이 일어나자 파운드는 미국으로 돌아가는 걸 염두에

두고 방송을 중단했지만, 다시 입국금지 당하자 1941년 1월 29일부터 방송을 재개했다.

파운드는 1943년 7월에야 방송을 중단하지만, 7월 26일 미국 검찰총장에 의해 반역죄로 기소되었다. 그가 "미국이 이탈리아나 유럽에 선전포고한다는 것은 어불성설이다. 루스벨트는 어떤 사람보다 책임이 더 크다. 이번 전쟁에서 미국은 전혀 승산이 없다"고 발언한 것 등이 기소의 근거가 되었다. 파운드는 1945년 5월 24일 미군에 체포되어 6개월간 이탈리아 피사의 미육군교도소에 군사범으로 감금되었다가 1945년 10월 재기소되어 11월 17일 재판을 받기 위해 워싱턴으로 압송되었다.

파운드는 '표현의 자유'를 주장했지만 그게 먹혀들 수 있는 상황은 아니었다. 적대적인 사회 분위기에 압도된 파운드는 정신이상이 아니었음에도, 유죄판결을 받고 명예에 손상을 입느니 차라리 '정신이상' 판정으로 정면대결을 피하는 게 낫겠다는 생각으로 '정신이상'을 주장하고 나섰다. 결국 그는 1946년 2월 13일 재판을 받기에 부적합한 정신이상 판정을 받아 워싱턴의 성 엘리자베스 병원으로 이송돼 1958년 5월까지 12년간 연금상태에 처해졌다.

파운드의 연금이 풀린 건 1954년부터 어니스트 헤밍웨이, 아치볼드 매클리시(Archibald MacLeish, 1892~1982), T. S. 엘리엇(Thomas S. Eliot, 1888~1965), 로버트 프로스트(Robert L. Frost, 1874~1963) 등의 문인들을 비롯해 미국과 유럽에서 그를 석방시키려는 캠페인이 왕성하게 일어난 덕분이다. 당시 이탈리아 대사로 있던 클레어 루스(Clare B. Luce, 1903~1987)와 그의 남편인 헨리 루스의 『라이프』가 연금해제를 주장하고 나선 것도 큰 도움이 되었다. 역설이지만, 오랜 연금생활과 더불어 이를 둘러싼 논란이 파운드의 문학적 명성을 높이는 데엔 크게 기여했다. 파운드는 연금이 풀린 뒤 이탈리아로 돌아가 1972년 87세의 나이로 그곳에서 사망했다.

파운드 사건은 일관성이 늘 미덕은 아님을 말해준다. 파시즘에 혹했던 많은 미국인들이 상황 변화에 따라 파시즘을 공산주의보다 더 위험한 적으로 여김으로써 애국의 대열에 선 반면, 행동이 굼떴거나 소신(또는 고집)이 강했던 파운드는 반역자로 간주돼 12년간의 연금이라는 시련을 당했으니 말이다.

참고문헌 Bender 2006, Brinkley 1998, Burns 1956, Chafe 1986, Englert 2006, Hobsbawm 1997, Howard & Louis 2000, Kershaw 2010, Kutler 1982, Lane & Sears 1964, Laqueur 1997, Mineta 1984, Morris 1949, Neale 2004, Needell 2004, Nye 2000, Patterson 1999, Patterson 2003, Zinn 2001a, Zinn & Stefoff 2008, 고정휴 2005, 권오신 2000, 김영민 1998, 김정열 2001, 김학준 1979, 문창극 1994, 민병두 2001, 박영배 1999, 사루야 가나메 2007, 손세호 2007, 손제민 2009, 송문홍 2001, 양재열 2005, 요미우리 1996, 이덕주 2003, 이주영 1995, 이창위 2005a, 이하원 2009, 장태한 2004, 정일성 2005, 한국미국사학회 2006, 한중일3국공동역사편찬위원회 2005, 황성환 2006

'백인종 대 황인종의 인종전쟁' 인가?
조선의 '의식 분열현상'

'미국은 무어고 영국은 다 무어드냐'

이성을 잃은 일제는 진주만 기습 이후 전쟁 참가 열기를 고양시키고 여론을 조작하기 위하여 조선에서 연일 대대적인 군중대회와 시가행진을 열었다. 국민학교조차 전쟁 선전 기지로 변모했다. 당시 국민학교 2학년생이었던 최정호(1999)의 회고에 따르면 다음과 같다.

"그날 점심시간에는 교실의 마이크 방송으로 일본의 잠수함대와 항공대가 하와이의 진주만에 있는 미국 태평향함대 기지를 쑥대밭으로 만들어버린 대전과를 거뒀다는 일본 군부의 '대본영' 발표를 듣고 온 교실이 떠나가라고 박수치며 환호했다. 이 전투에서 희생된 5척의 잠수함에 타고 있던 9명의 승무원은 그날로 군신(軍神)으로 축성되었다. 한 척의 잠수함에 둘씩 타고 있으면 10명의 군신이 승천해야 될 터인데, 한 명이 2차 대전에 일군(日軍) 포로 1호가 되었다는 사실은 전쟁이 끝날 때까지 숨겨지고 있었다. 진주만의 기습공격 사흘 후, 일본

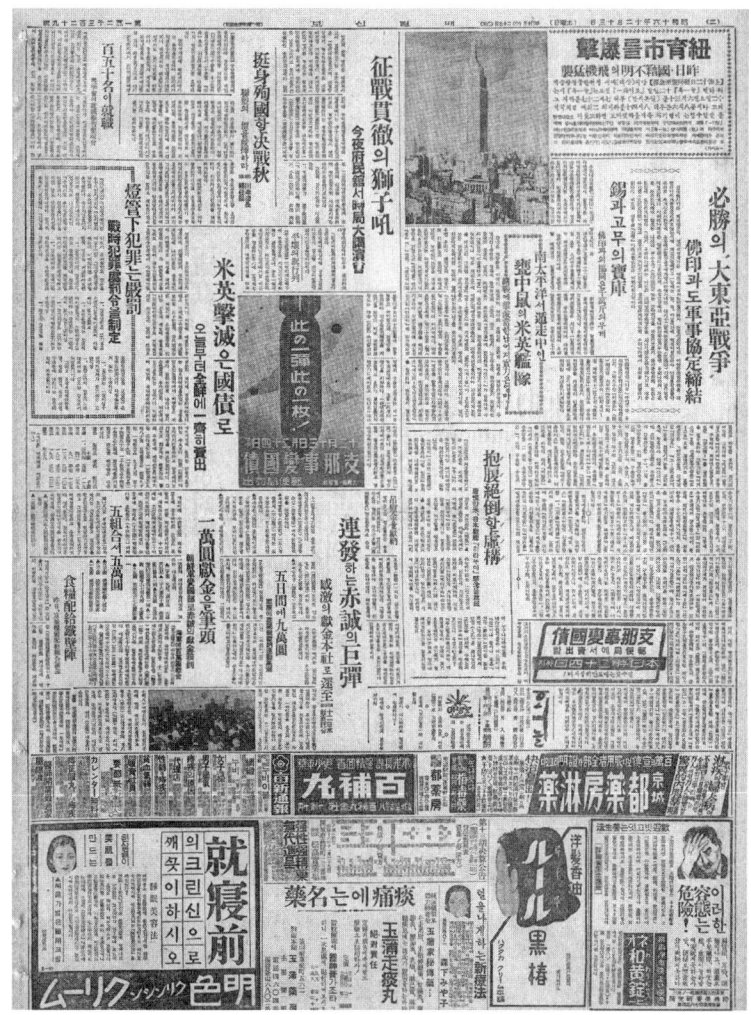

일제는 언론매체를 이용해 전쟁열기를 고양하고 참전을 선동했다. '승리의 날'을 다짐하며 전쟁을 선동하는 기사가 실린 『매일신보』 1941년 12월 13일자(한국언론진흥재단 소장).

은 태평양과 인도양을 지키는 영국의 무적전함이라던 '프린스 오브 웰스' 호를 격침시켜, 점심시간에 마이크 방송과 박수 환호가 반복되었다."

국민학교에서까지 그 지경이었으니, 학교 밖의 풍경이 어떠했을지는 상상하기 어렵지 않으리라. 조선총독부 기관지인 『매일신보』 1941년 12월 13일자는 "'승리의 날'은 마침내 눈앞에 가까웠다. 미국은 무어고 영국은 다 무어드냐. 한 번 정의를 위하여 '심판의 탄환'을 보내자!"고 선동하고 나섰다. "그렇게도 방약무쌍한 태평양의 영미함대는 모조리 격멸의 비명을 올리고 있는 것이다. 각각으로 들어오는 우리 육해군의 전첩(戰捷) 뉴스는 명일의 승리를 약속하는 환희의 사절이 아닐 수 없다. 개전 제5일 설한풍이 내려치는 장안 가두에 백만 부민의 저 함성과 저 만세 소리는 축승(祝勝)의 깃발과 함께 자못 감격의 분류(噴流)를 이루고 있는 역사적 광경이다."

'백인종에 대한 황인종의 인종전쟁'

"미국은 무어고 영국은 다 무어드냐"라는 말이 시사하듯, 일제는 이 전쟁을 '서양 대 동양', '백인종 대 황인종'의 대결로 몰아갔다. 이 대결 구도는 일부 조선인들로부터도 호응을 얻었다. 윤치호는 1941년 12월 8일, 11일자 일기에 이렇게 썼다.

"구세대에 진실로 새로운 새벽이 도래했다. 이것은 백인종에 대한 황인종의 본래적인 의미의 인종전쟁이다. …… 나는 일본이 앵글로색슨족의 인종적인 편견과 불공평과 거만함의 풍선에 구멍을 뚫을 뿐만 아니라 이 풍선을 완전히 터뜨리는 것에 성공해서 그들에게 수세기간 황색인종에게 복종과 굴욕을 강요한 너희들이 자신했던 과학과 발견, 발명을 갖고 지옥에 가라고 말할 수 있게 되길 원한다."

주요한은 1941년 12월 14일 조선임전보국단 주최 '미영(美英) 타도

대강연회'에서 '루스벨트여 답하라'는 제목으로 강연하면서 미국의 루스벨트 대통령과 영국의 처칠 총리를 '위대한 어릿광대'라고 지칭하고는 "반도의 2400만은 혼연일체가 되어 대동아 성전(聖戰)의 용사 되기를 맹세하고 있다"고 주장했다.

윤치호(2001)의 인종주의적 한(恨)풀이는 1941년 12월 26일자 일기에서도 발휘된다. "오늘 조간신문이 기쁜 소식을 전했다. 최근 18일 동안 일본군의 맹공에 맞서 홍콩을 끈질기게 방어해왔던 영국군 사령관이 어제 오후 5시 50분에 끝내 항복했다는 것이었다. 이로써 동양에서 참기 힘든 인종적 편견과 고만함을 지녀왔던 영국 제국주의의 최후 거점이 함락되었다. 난 이것이 영원하길 빈다. 일본은 동양에서 백인의 지배를 무너뜨렸다는 점에서 모든 유색인종의 찬사를 받을 자격이 충분하다."

임시정부와 이승만의 활동

반면 중경의 대한민국 임시정부는 태평양전쟁의 발발 소식을 듣고 곧바로 국무회의를 개최하여 "본 정부도 3000만 인민을 동원하여 민주국 및 반(反)침략 진선(陣線)에 참가하여 공동분투할 것"을 결의했다. 1941년 12월 10일에는 주석 김구(1876~1949)와 외무부장 조소앙(1887~1958)의 명의로 발표한 '대일선전(對日宣戰) 성명서'를 통해 일본과의 합병조약 및 일체의 불평등조약이 무효임을 선언하는 동시에 "한반도와 중국 및 서태평양에서 '왜구(倭寇)'를 완전 구축(驅逐)하기 위하여 최후승리까지 혈전(血戰)한다"고 선포했다.

이어 김구는 1942년 충칭에서 열린 3·1절 기념대회에서 중국, 미국, 영국, 소련에 ①한국의 독립 보장 ②임시정부 승인 ③한국을 27번째 참전국으로 인정 등을 요구했다. 중국 측이 맨 처음 반응을 보여 이를 지지하고 공개적으로 미국과 영국에 그 승인을 요청했다. 김구는 1942년 5월 김원봉(1898~1958)의 조선의용대를 광복군 제1대로 편입시켰고, 10월에는 의정원에 김규식(1881~1950) · 김원봉의 민족혁명당 등 좌파 정당 및 단체들을 참여시켰으며, 헌법도 개정하여 임시정부를 좌우연합의 '연합정부'로 개편키로 합의했다.

한편, 미국 교포들은 1941년 재미한족연합위원회를 결성하여 독립운동을 재개했는데 1940년 미국 정부에 파악된 미국 내 한인의 총수는 8562명(하와이 6851명, 미 본토 1711명)이었다. 임시정부는 주미외교위원부를 워싱턴에 설치하기로 하고, 이승만(1875~1965)을 위원장에 임명했다. 이승만은 1933년 『만주의 한국인』, 1941년 『일본 내막기(Japan Inside Out)』 등의 저서를 출간하는 등 외교활동 중심의 독립운동을 벌여왔다. 이승만이 진주만 폭격이 일어나기 불과 몇 달 전 뉴욕에서 간행한 『일본 내막기』에서 한 다음과 같은 예언은 적중했다.

"당신네들은 아직도 산불이 먼 곳에 있다고 생각할 수 있겠는가? 당신네들은 이래도 아직 한국인과 만주인과 중국인들로 하여금 '자신의 싸움을 하라고 하라. 그것은 우리의 일이 아니다'라고 말할 수 있을 것인가? 동양에서의 미카도(일본 군국주의자)와 서양에서의 나치스와 파시스트가 세계를 정복하려고 하기 때문인 것이다."

태평양전쟁이 터지자 이승만은 미국의 정계 · 언론계 · 학계 및 종교계 인사들로 구성된 한미협회와 기독교인친한회(親韓會)의 지원을 받으며 미 국무부 · 군부 · 정보기관 들과 접촉했다. 비록 실패로 돌아가긴 했지만 1942년에는 3·1절을 맞이하여 백악관 바로 앞에 위치한 라파예트호텔에서 '한인자유대회(Korean Liberty Conference)'를 개최해 한국 임시정부의 승인을 요구하는 청원서를 미 대통령과 의회에 제출할 것 등을 결의했다.

일제의 싱가포르 점령

진주만 공습 4시간 뒤에 일본군은 필리핀을 비롯한 곳곳에 공습을 시작했으며, 개전 후 보름도 못 되어 괌, 웨이크, 홍콩 등이 일본군의 수중에 떨어졌다. 개전 2개월여 후인 1942년 2월 16일 일본군의 싱가포르 점령은 일제 환상극의 최고조를 이루었다. 일왕 히로히토는 "우리 황군은 어쩌면 그리도 훈련이 잘되어 있느냐"느니 "전과가 너무 빨리 올라간다"느니 하면서 중신들 앞에서 기쁨을 감추지 못했다. 전 일본이 흥분의 도가니에 빠져들었다. 2월 18일부터 3일간에 걸쳐 제1차 전첩(戰捷) 기념행사를 열었던바, 낮에는 기(旗)행렬, 밤에는 제등(提燈)행렬로 광기의 극치를 선보였다.

일본군에게 패배한 영국의 처칠은 "영국 역사상 최악의 사태이며 최대의 항복"이라고 신음했다. 처칠의 지도력에 대한 불만이 처음으로 터져나왔다. 신바람이 난 일제는 힘이 남아돌았던 걸까? 3일 후인 2월 19일 오전 10시 일본 해군기 242대가 호주 북부에 있는 인구 5000명의 작은 군사도시 다윈(Darwin)을 습격해 243명이 사망하고 300여 명이 부상을 당하는 사건이 벌어졌다. 이 습격은 '호주 본토에서 일어난 사상최대의 참극'으로 '호주의 진주만'으로 불렸다.

처칠의 신음이 시사하듯, 일제의 싱가포르 점령은 처음엔 아시아인

1942년 2월 15일 일본의 싱가포르 점령이 가시화되면서 일본과 영국의 대표가 협상 테이블에 앉았다.

들에게 자긍심을 심어준 점도 없지 않았다. 당시 싱가포르에서 살고 있었으며 후일 총리가 된 리콴유(李光耀 1999)는 "일본군의 70일간의 대담한 속공전과 영국군의 우둔한 대응으로 식민지 사회는 산산조각이 났다. 그리고 그와 함께 백인들의 우월성에 대한 신화도 여지없이 무너졌다"고 했다. 그러나 처음에만 그랬을 뿐, 일제는 영국보다 더 악독한 면을 보임으로써 그간 외쳐온 '대동아공영권'이 사기극임을 스스로 폭로했다. 리콴유의 증언이다.

"하지만 우리들은 곧 새로운 지배자가 된 일본군이 영국인보다 더 잔혹하고 더 난폭하며 더 부당하고 더 악의적으로 같은 아시아 민족인 우리들을 다룬다는 사실을 알게 되었다. 3년 반 동안의 일본군 점령 시절, 일본군이 우리를 구타하거나 가혹하게 다루는 모습을 목격

할 때마다 나는 차라리 영국에게 지배받는 편이 더 낫겠다고 생각했다. 우리는 같은 아시아 민족인 일본인에 대해 환멸을 느꼈다."

일본군을 따라온 한국인들은 어떠했던가? 리콴유는 다음과 같이 말했다. "내가 처음 본 한국 사람들은 일본 군복을 입고 있었다. 그 때문인지 한국인에 대한 나의 첫인상은 그렇게 좋은 편은 아니었다. 그 한국인들은 일본군이 싱가포르를 점령할 당시 이끌고 온 두 외인부대 중 하나였으며, 다른 외인부대는 타이완인들로 구성됐었다. 일본군을 돕고 있던 한국인들은 몹시 거칠게 행동했고 일본 군인들만큼이나 고압적인 태도를 보였다."

이와 관련, 윤해동(2007)은 "'대영제국'을 제압하는 '대일본제국'의 힘에 압도될 때 조선의 피지배 식민지인들은 제국 속의 '이등국민'이 될 수 있는 가능성을 엿보았다"며 "자신의 의지와는 상관없이 제국 일본의 침략전쟁에 동원된 조선인은 어떻게 해서든지 자신의 내면에서 일어나는 의식의 분열현상을 극복해야만 했다"고 주장한다.

그런 '의식의 분열현상'은 이른바 '남방(南方)담론'으로 나타나기도 했다. 싱가포르 점령을 기점으로 언론은 물론 문학에서도 남방 열기가 들끓었다. 1938년을 전후로 급증한 남방담론은 1941~1943년에는 조선의 매체를 장악하다시피 했다. 싱가포르 함락 후 나온 남방관련 보도는 100편이 넘어 친일성향의 잡지 『조광』조차 "너무 지나치지 않은가 염려된다"고 보도할 정도였다. 대개의 보도는 남방 원주민들을 '더럽고 게으른 야만인'이라는 열등한 존재로 묘사하는 동시에 남방을 '무진장한 자원'의 고장으로 부각시켰다.

권명아(2005)는 당시의 이러한 태도에 대해 "남방의 방대한 자원을 착취함으로써 조선 경제가 발전할 수 있을지도 모른다는 욕망을 적나라하게 드러낸 인식이자 새로 편입된 식민지들로 인해 상대적으로 구식민지인 조선의 정체성이 취약해질지 모른다는 콤플렉스가 혼재한 양상이었다"고 분석한다. 남방 열기는 한국인의 저항의지마저 약화시켰다. 1938년 10월 이후 많은 문인들이 친일의 길에 들어서 내선일체의 황민화를 부르짖을 때에 여기에 동의하지 않았던 서정주도 일제의 싱가포르 점령 직후 친일로 빠지게 된다.

참고문헌 Pearson 1992, 고정휴 2005, 교과서포럼 2008, 권명아 2005, 권오신 2000, 권재현 2004, 김재용 2004, 리콴유 1999, 손정목 1992, 신동준 2004, 신용하 2007, 양현혜 1994, 요미우리 1996, 윤치호 2001, 윤해동 2007, 정병준 2005, 정운현 1998, 최인진 1992, 최정호 1999, 허동현 2009

'교쿠사이 광란'
'미드웨이 해전'과 '과달카날 전투'

미드웨이 해전

싱가포르 점령 후 일본은 오만해졌을 뿐 아니라 더욱 잔인해졌다. 1942년 4월 일본군이 필리핀 바탄반도를 점령했을 때 발생한 이른바 '죽음의 행진'을 보자. 이는 일본군이 포로로 잡힌 미군, 필리핀군, 난민 10만 명가량에게 제대로 물도 주지 않고 며칠 동안 걷게 하여 3만 명의 사상자를 낸 사건이다. 필리핀의 팔라완 섬에서 140명의 미군 포로를 참호에 들어가게 해놓고 휘발유를 뿌려 산 채로 화형시킨 '파라완 대학살'도 일본의 잔인성을 유감없이 드러내 보여준 사건이었다.

그러나 잔인하다고 해서 늘 이길 수 있는 건 아니었다. 일본군은 1942년 6월 4일부터 3박 4일간 벌어진 미드웨이 해전에서 패배했다. 미드웨이섬은 하와이 서북서 약 2000킬로미터, 도쿄에서 약 4200킬로미터 동쪽에 위치한 섬으로 미국과 필리핀의 중간에 있는 중요한 거점이다. 일본 해군은 정규 항공모함 6척 중 4척, 비행기 322기를 이 해

1942년 6월 6일 미드웨이 해전에서 피격된 일본의 전함이 불타고 있다.

전에서 잃었다. 반면 미국의 비행기 손실은 150기에 그쳤다. 전사자는 미국 307명, 일본은 3500명이었다.

미국의 전쟁사가 빅터 데이비스 핸슨(Victor Davis Hanson 2002)은 미드웨이 해전을 '해전의 역사상 최대 규모의 항공모함 전투' 이자 '서구의 세계 제패에 기여한 9개의 전투' 중 하나로 꼽았다. 미국이 미드웨이 해전에서 승리할 수 있었던 결정적인 이유는 미국 해군이 일본군의 암호화된 통신문을 해독한 것이었으며, 그 주역은 슬리퍼와 실내복 차림으로 근무한 해군 중령 조셉 로치포트(Joseph Rochefort, 1900~1976)였다. 핸슨은 "미드웨이 해전을 진지하게 연구하는 사람들은 미국이 승리할 수 있었던 이유의 상당 부분이 로치포트의 노력 덕분이었다고 주저 없이 말한다"며 다음과 같이 주장한다.

"로치포트와 그의 집단이 누린 개인주의 아울러 미국 군대 내에서 성공적으로 기능할 수 있었던 그들의 능력과 자유는 표현의 자유와 창의성을 강조해온 서구의 오랜 전통을 나타내는 것이었으며 그것들은 또한 법치, 시장자본주의, 개인적 자유의 당연한 귀결이었다. (중략) 그와 달리 일본은 과거 2500년 동안 서구의 적들이 대개 그랬듯이 철석같은 복종심에만 의존했다. …… 중앙집권적이고 통치이념이 집중화되면 잘 훈련되고 사기가 높은 대규모 군대를 육성할 수 있지만, 이는 수많은 자유로운 개인들의 집단적 지혜에 의존하는 국민군의 역공 앞에는 취약함을 드러냈다."

핸슨의 주장엔 서구 중심주의적 시각이 농후하지 않느냐고 의심할 수도 있겠지만, 일본군이 자율성이라곤 눈곱만큼도 없는 로보트 같은 전쟁기계라는 건 분명한 사실이었다. 이는 곧 '교쿠사이(玉碎; 명예로운 자결)'라는 집단적 광란으로 입증된다.

과달카날 전투

1942년 8월 7일 미국 해병대의 과달카날(Guadalcanal)섬 상륙을 시작으로 미국의 대반격이 시작되었다. 과달카날은 호주의 동북쪽 솔로몬군도의 최남단에 있는 섬이다. 동서 80마일(약 129km), 남북 25마일(약 40km)의 전체가 정글로 뒤덮인 섬에는 원주민인 폴리네시아인 4000명이 원시생활을 하고 있었다. 일본은 호주령인 이 섬을 1942년 5월 2일 점령해 비행장을 건설 중이었는데 8월 21일 일본군은 전멸에 가까운 참패를 당했다.

1943년 2월 일본은 구축함 20척을 동원해 육군 9800명과 해군 830

과달카날에 상륙한 미국 해병대가 진군하고 있다. 일본 육군은 이 전투에서 미국에 처음으로 패했다.

명을 과달카날에서 철수시켰다. 이곳에서 일본 육군은 전사, 병사, 행방불명 등으로 2만 2000명을 잃었으며, 해군은 전함 24척 13만 5000톤을 잃고 항공기 893기 조종사 2300명을 잃었다.

해군 패배의 기점이 미드웨이 해전이라면 일본 육군이 지상전에서 미국에 처음으로 패배한 곳은 과달카날이다. 일본군 보급선의 최전방이었던 과달카날은 태평양전쟁 지상전의 전환점이다. 미 해군 역사가 새뮤얼 모리슨(Samuel E. Morison, 1887~1976)은 "과달카날은 섬 이름이 아니라 감동 그 자체다"라고 한 반면, 일본 군사평론가 이토 마사노리는 "과달카날은 제국 육군의 묘지 이름이다"라고 했다.

그럼에도 일제는 '대동아공영권'의 망상에서 아직 벗어나지 못하고 있었다. 1943년 11월 도조 히데키 수상은 일제의 아시아 점령을 과시하기 위해 '대동아공영권'의 대표들을 도쿄로 소집하여 대동아 회의를 열었다. 일본군 점령지에 만들어진 괴뢰 정부, 즉 만주국, 중국(난징의 왕징웨이 정권), 타이, 미얀마, 필리핀, '자유인도 임시정부'의 대표들이 참석한 회의에서는 다음과 같은 '대동아 공동 선언'이 발표되었다.

"미국과 영국은 자국의 번영을 위해 타민족을 억압하고 대동아에 대해서는 침략, 착취를 자행하여 대동아를 예속화하고 안정을 해치려고 했다. 이것이 대동아전쟁의 원인이다. 대동아 각국은 제휴하여 대동아전쟁을 완수하고 대동아를 미국과 영국의 속박으로부터 해방시켜 공존공영, 자주독립, 인종적 차별이 없는 공영권을 건설함으로써 세계 평화의 확립에 이바지하고자 한다."

일종의 정신착란(精神錯亂)이었다. 일제는 이미 곳곳에서 무너지고 있었다. 일본군은 1943년 2월 과달카날 해전에서 패하고 4월에는 연합함대 사령관 야마모토가 추락사를 당했으며 5월에는 아츠츠섬에서 일군이 전멸을 당했다. 이에 일제는 광분하여 모든 조선인의 각 가정에 가미다나(神棚; 일본 귀신상자)라는 것을 설치케 하여 집 안의 제일 높은 곳에 올려놓고 아침마다 두 손을 딱딱 치며 절을 하도록 했다. 일본경찰은 수시로 탐방 감시를 하곤 했다.

미드웨이 해전부터 밀리기 시작한 일본군은 1942년 12월 파푸아뉴기니 섬의 옥쇄(玉碎)를 시작으로 본토에 이르는 각 섬들에서 옥쇄를 명령했다. 일본인들은 이를 '교쿠사이'라 했다. 과달카날 섬에선 일본군 2만 4000명이 '교쿠사이'했다. 이것을 시작으로 알류샨열도의 아투섬에서 2500명, 다음 해엔 사이판섬에서도 괌섬에서도 '교쿠사이' 했다. 일본 영토인 이오(硫黃) 섬에 미군이 상륙했을 때엔 2만 3000명이 '교쿠사이' 했고 오키나와 섬 전투 때엔 일본 군인과 도민의용군 9만 명 그리고 비전투원 10만 명이 '교쿠사이' 했다.

최정호(2007)에 따르면 "요즈음 사람에겐 낯선 말일 수도 있는 '교쿠사이(옥쇄)' 란 말은 우리가 국민학교 5~6학년 시절(1944~1945년)엔 '가미카제(神風)' 란 말과 함께 자주 듣던 일제 말기의 신조어였다"며 "패색이 완연한 일본군이 태평양의 섬을 미군의 반격으로 빼앗길 때마다 '용맹무쌍' 한 일본군은 구차하게 포로가 되지 않고 구슬이 부서져 가루가 되듯 모든 장병이 장려하게 죽음을 택한다는 것. '교쿠사이' 한다는 말은 곧 '전멸' 한다는 뜻이었다."

'미국의 소리' 밀청사건

1940년 남미를 나치 선전에서 지켜낸다는 명분에 따라 국무부 산하 미주조정국에서 남미권에 방송을 내보내기 시작했던 미국은 1942년 1월 군가 격인 '양키 두들(Yankee Doodle)' 을 막간에 집어넣으며 뉴스를 전하는 VOA(Voice of America; 미국의 소리) 단파방송을 공식 출범시켰다. VOA는 1942년 8월 29일 30분 길이의 〈자유의 종은 울린다〉란 프로그램으로 한국어 방송을 시작했다. 이 라디오 단파방송의 본부는 미국전쟁정보부의 샌프란시스코 사무소였다.

일제는 전쟁상황에 대한 일체의 보도를 금지했기 때문에 당시 조선인들은 비밀리에 라디오 단파방송에 의존해 전황을 파악할 수 있었다. 초기에는 하루 15분씩 한국어와 영어로 방송을 시작했으나 1944년 전쟁이 막바지에 이르면서 하루 1시간 또는 1시간 30분으로 시간을 늘렸을 뿐 아니라 방송내용도 뉴스에서 해설, 라디오 드라마까지 다양하게 변화시켰다. 특히 〈자유의 소리〉(10분)와 〈세계뉴스〉(5분) 등을 통해 VOA는 일제하 한국인들에게 2차 대전의 전황 등 최신정보를 제공했다. 이는 한국 내의 일부 수신자를 중심으로 일반에게 확산되었으며, 중국의 중경 임시정부와의 연락도구가 되기도 했다. 또 조선의 여성 청취층을 겨냥, 정보와 선전을 가미해 제작된 〈보신각종〉이란 라디오 드라마가 1년 이상 방송되기도 했다.

미국의 독립운동 세력들도 VOA를 적극 활용했다. 워싱턴 소재의 한인회(회장 이승만) 등 여러 한인단체들이 방송에 참여했으며, 현지 신문인 『신한민보』는 VOA 대본과 중경방송을 수신한 내용을 기사화해 알렸다. 이승만은 여러 차례 영문 및 한국어 녹음연설을 VOA에 전해주기도 했다.

이승만은 본격적인 한국어 방송 시작 이전인 1942년 6월 13일부터 7월까지 몇 주에 걸쳐 고국 동포들에게 일본의 패망을 예고하는 육성방송을 했다. 몇 주일 동안 매일 반복해서 방송된 연설에서 이승만은 "싸워라! 우리가 피를 흘려야 자손만대의 자유 기초를 회복할 것이다. 싸워라. 나의 사랑하는 2300만 동포들이여"라고 외쳤다. 이승만의 '미국의 소리' 방송은 국내에서 그의 명성을 높여주는 효과를 냈다. 정병준(2005)은 "단파방송은 이승만의 명성을 제고시켰을 뿐만 아니라 지도자로서의 신비감, 민족해방의 희망과 우상으로 자리 잡게 했다"고 평가했다.

1942년 말에 발생한 이른바 '단파방송 밀청사건'은 당시 일제가 정보 통제에 얼마나 큰 신경을 썼는지 잘 보여준다. 1941년 12월 태평양전쟁이 일어나자 총독부는 '외국 단파방송 청취 금지령'을 공포하고 그 단속을 강화했다. 나중에는 외국인이 가지고 있던 단파 라디오마저 모두 압수해버렸다.

그래도 방송국에서 근무하는 한국인 직원들은 위험을 무릅쓰고 미국 샌프란시스코에서 발신되는 '미국의 소리' 방송을 듣곤 했다. 일제는 1942년 12월 경성방송국에 근무하던 기술직원 성기석과 이이덕이 단파방송을 청취하다 고등계형사에 발각된 것을 계기로 이듬해 초까지 대대적인 검거를 해 150명 가까운 방송인들과 정객, 민간인 150명 등 300여 명이나 되는 한국인을 체포해 이 가운데 75명에게 유죄판결을 내렸다. 이 사건의 의미에 대해 정진석(1995)은 다음과 같이 주장한다.

"이 사건은 일제하의 방송이 일본인들의 주도로 시작되었고 1930년대로 넘어오면서는 일본의 식민지 정책을 대변하고 침략의 도구로도 활용되었으나 방송국에 종사하던 사람들은 민족의식을 지니고 있었으며 일제에 대한 저항 정신이 살아 있었음을 보여주는 것으로 일제하의 방송도 한국방송사에 포함시켜야 한다는 주장을 뒷받침해주는 것으로 평가받는다."

참고문헌 Hanson 2002, 구정은 2010, 노나카 이쿠지로 외 2009, 박중현 2005, 송건호 2002, 심지연 1994, 이덕주 2003, 이창위 2005a, 이한우 1995, 정병준 2005, 정진석 1995, 진성호 1994, 최정호 2007, 한중일3국공동역사편찬위원회 2005

한국의 신탁통치?
카이로회담

미국·영국·중국 3국 수뇌회담

히틀러는 제2의 나폴레옹이었던가? 히틀러의 소련 침공은 100만 명의 병사와 시민을 희생시킨 채 2차 세계대전의 판세를 갈랐다. 한때 소련 도시의 90퍼센트까지 점령해 소련 정복이 가능한 듯 보였지만, 노동자와 여자들까지 총을 든데다 소련의 악명 높은 동장군(冬將軍)까지 가세하는 바람에 스탈린그라드에 갇힌 10만여 독일군이 1943년 2월 2일 항복하고 말았다. 이제 전쟁의 향방이 분명해지면서 전후처리 문제가 서서히 논의되기 시작했다.

2차 세계대전 중 한국의 독립 문제가 연합국 지도자들 사이에서 최초로 논의된 것은 1943년 3월 미국 대통령 프랭클린 루스벨트와 국무장관 코델 헐이 워싱턴에서 영국 외상 앤소니 이든(R. Anthony Eden, 1897~1977)과 가진 회합 때였다. 이때 루스벨트는 "한반도를 일정 기간 동안 미국, 중국 및 소련 등 3국의 '신탁통치(trusteeship)' 아래 두었

1943년 11월 22일 카이로회담에 참석한 각국 수뇌부(왼쪽부터 장제스, 루스벨트, 처칠). 미국의 한국에 대한 신탁통치가 구체화되자 장제스는 한국의 조기독립을 강력히 요청했다.

다가 독립시킨다"는 의견을 처음으로 밝혔으며 이든은 호의적인 반응을 보였다.

신탁통치안은 이미 2차 세계대전 전부터 루스벨트가 미국의 이익을 지키기 위해 구상해둔 방안이다. 식민지 상태에서 독립시켰을 경우, 좌익이 정권을 잡을 위험이 높은 지역에선 신탁통치를 실시함으로써 그 기간 동안 친미(親美)정권을 수립할 수 있는 여건을 조성해놓겠다는 것이었다.

그 후 한국문제가 본격적으로 공식 논의된 건 1943년 11월 22일 카이로(Cairo)에서 열린 미국(루스벨트), 영국(처칠), 중국(장제스) 등 3국 수뇌회담에서였다. 11월 27일에 발표된 '카이로선언'은 제3항에서 "한국인의 노예 상태에 유의, 한국을 해방하여 적당한 시기에(in due course) 독립시킬 것"을 결의했다. 이는 장제스가 23일 루스벨트와의 회담에서 한국의 조기독립을 강력히 요청하여 이루어진 것이었는데, 루스벨트는 24일 처칠과의 회담에서 만주와 한국의 점령을 포함해서 중국이 큰 야심을 가지고 있는 것은 의심할 여지가 없다고 말했다.

일제는 한반도 내에서 카이로회담에 대한 보도를 엄격히 통제하면서 그 내용을 유언비어로 매도했지만, 단파방송이나 망명정객과 접촉했던 소수 사람들은 카이로선언의 내용을 알게 되었다. 다만 '적당한 시기에'가 제대로 번역되지 않아 해방이 되면 즉시 독립할 것으로 기대하고 있었다.

김구와 임시정부의 외교활동

왜 장제스는 루스벨트와의 회담에서 한국의 조기독립을 강력히 요청했던 걸까? 여기엔 김구의 숨은 노력이 있었다. 1943년 3월 27일, 영국의 처칠 총리는 전후 식민지 독립이 인도 독립을 고취할 것을 염려해 외교장관을 루스벨트 대통령에게 보내 종전 후 한국에는 완전독립을 승인하지 않고 신탁통치를 한다는 합의를 끌어냈다. 이 소식은 『시카코 선(Chicago Sun-Times)』에 보도돼 백범과 임시정부도 알게 됐다.

김구와 임시정부는 1943년 6월경 루스벨트 대통령이 장제스에게 미영중소의 연합국 정상회담을 제의해온 것을 알고 장제스에게 접근했다. 1943년 7월 26일 장제스는 김구의 요청에 응해 김구를 포함한 한국 요인 6명을 비밀리에 공관으로 초빙했다. 참석자는 김구, 조소앙, 김규식, 이청천(1888~1957), 김원봉 그리고 통역으로 참석한 안원생 등이었다. 이 자리에서 김구는 종전 후 한국의 완전독립을 주장하고 국제 공동관리의 신탁통치를 반대하며 중국 측의 지지와 지원을 요청했다. 장제스는 그러겠노라고 약속을 했고 바로 이 약속이 카이로회담에서 이행된 것이다.

절반의 성공이었다. 장제스의 약속이 이행되긴 했지만 '적당한 시기'라는 문구가 마음에 걸린 김구는 1943년 12월 5일 기자회견을 열고 "'적당한 시기'가 어떻게 해석되든지 간에 이 표현을 반대하며, 일본이 패전하면 한국은 즉시 독립돼야지 그렇지 않을 때는 상대가 누구든지 역사적인 독립전쟁을 계속하겠다"는 성명을 발표했다.

이와 관련, 신용하(2007)는 "카이로회담에서 열강의 한국 국제 공동 신탁통치 합의가 사전 봉쇄되고 도리어 '카이로선언'에 한국 독립이 보장된 것은 백범과 임시정부의 외교 활동이 쟁취한 대성과였다"고 평가했다.

임시정부 활동과 테헤란회담

그러나 '대성과'라고 하기엔 이후의 상황전개가 영 좋지 않았다. 이후 임정은 전후 한국의 즉각적이며 절대적인 독립을 요구했지만, 연합국 열강은 이를 수용하지 않았다. 그 이유에 대해 고정휴(2005)는 다음과 같이 말한다.

"임정의 전시외교가 벽에 부딪힌 이유는 인적 · 물적 기반이 충분하지 못했기 때문이었다. 1940년대 초반 중경 거주 한국인은 300~400명 정도였다. 이들 대부분은 임정과 관계를 맺고 있던 독립운동가와 그 가족들이었다. 이들은 중국 정부로부터 거처와 생활필수품을 제공받았다. 미주(美洲) 한인사회로부터의 자금 지원은 임정 유지비로 충당

되었는데, 이마저 1944년에 중단되었다. 따라서 임정은 재정적·군사적으로 중국에 의존하지 않을 수 없었고 이러한 상황은 임정의 승인 외교에 불리하게 작용했다. 대외적으로 임정은 중국에 종속된 것처럼 보였기 때문이다."

이어 고정휴는 "또 태평양전쟁 발발 후 임정은 좌·우 연립정부를 구성하는 데 성공하지만, 이는 중경 지역에 국한된 것이었다"며 다음과 같이 말한다.

"미국은 중국의 국민당 정부가 임정을 승인할 경우, 소련 또한 그들의 영향력하에 있는 조선인을 동원하여 임시정부를 구성할 수 있다고 보았다. 사실 미국은 임정 승인 문제에 있어 소련의 반발을 가장 우려했다. 그것은 자칫 미국이 구상하는 대일 연합전선 구축에 균열을 가져올 뿐만 아니라 전후 동아시아의 안전보장에도 좋지 않은 영향을 미칠 수 있다고 판단했다. 또한 미주 한인사회는 태평양전쟁 발발 이후 주미 외교부의 개조 문제로 분열되었다. 미국 국무부는 한인 그룹들에 대한 '공평한 대우'를 내세워 은근히 미주 한인단체 및 지도자들 간의 분열을 조장하고 필요한 정보를 얻어냈다. 그러고는 경쟁적인 한인 그룹 중 어떤 그룹도 인정할 수 없다는 태도를 취했다. 중경의 미국 대사관도 김구의 한국독립당과 김원봉의 조선민족혁명당을 동등하게 대우했다. 결국 이런 안팎의 요인들이 겹쳐서, 임정의 전시외교는 커다란 의욕을 가지고 시작됐지만 거기에 상응하는 성과를 거두지는 못하고 말았다."

카이로회담이 끝나자마자 루스벨트와 처칠은 이란의 수도 테헤란으로 장소를 옮겨 소련의 스탈린을 만났다. 11월 28일, 이번엔 중국의

루스벨트와 처칠은 카이로회담이 끝나자마자 테헤란에서 스탈린(왼쪽)을 만났다. 장제스가 빠진 이 자리에서 한국의 신탁통치가 결정됐다.

장제스가 빠진 채 이루어진 미·영·소 3개국 정상회담에서 루스벨트는 "한국인이 완전한 독립을 얻기 전에 약 40년간의 수습기간(apprenticeship)을 필요로 한다"고 말했고 스탈린은 이에 구두로 동의를 표했다. 해방 후의 한국에 엄청난 분노와 더불어 극심한 내부 분열을 가져올 씨앗이 이미 이때에 발아하고 있었다.

참고문헌 Greenstein 2000, 고정휴 2005, 권홍우 2010, 김창훈 2002, 김학준 1995, 신용하 2007, 양동주 1987, 이완범 1987, 정운현 1999, 한국정신문화연구원 현대사연구소 1999, 히라야마 타쯔미 1999

참고문헌

Frederick Lewis Allen, 『Only Yesterday: An Informal History of the Nineteen-Twenties』, New York: Bantam Books, 1931.
F. L. 알렌(Frederick Lewis Allen), 박진빈 옮김, 『원더풀 아메리카』, 앨피, 2006.
F. L. 알렌(Frederick Lewis Allen), 박진빈 옮김, 『빅 체인지』, 앨피, 2008.
Robert C. Allen & Douglas Gomery, 『Film History: Theory and Practice』, New York: Alfred A. Knopf, 1985.
로버트 앨런(Robert C. Allen) & 더글러스 고메리(Douglas Gomery), 유지나·김혜련 옮김, 『영화의 역사: 이론과 실제』, 까치, 1998.
허버트 알철(J. Herbert Altschull), 양승목 옮김, 『현대언론사상사: 밀턴에서 맥루한까지』, 나남, 1993.
케이티 앨버드(Katie Alvord), 박웅희 옮김, 『당신의 차와 이혼하라』, 돌베개, 2004.
보니 앤젤로(Bonnie Angelo), 이미선 옮김, 『대통령을 키운 어머니들』, 나무와숲, 2001.
폴 애브리치(Paul Avrich), 하승우 옮김, 『아나키스트의 초상』, 갈무리, 2004.
Erik Barnouw, 『Tube of Plenty: The Evolution of American Television』, New York: Oxford Univ. Press, 1982.
로버트 바스키(Robert Barsky), 장영준 옮김, 『촘스키, 끝없는 도전』, 그린비, 1998.
장 보드리야르(Jean Baudrillard), 이상률 옮김, 『소비의 사회: 그 신화와 구조』, 문예출판사, 1991.
잭 비어티(Jack Beatty), 유한수 옮김, 『거상: 대기업이 미국을 바꿨다』, 물푸레, 2002.
앤터니 비버(Antony Beevor), 김원중 옮김, 『스페인 내전: 20세기 모든 이념들의 격전장』, 교양인, 2009.
존 벨튼(John Belton), 이형식 옮김, 『미국영화/미국문화』, 한신문화사, 2000.
피터 벤더(Peter Bender), 김미선 옮김, 『제국의 부활: 비교역사학으로 보는 미국과 로마』, 이끌리오, 2006.

모리스 버만(Morris Berman), 심현식 옮김, 『미국문화의 몰락: 기업의 문화지배와 교양문화의 종말』, 황금가지, 2002.
에드워드 버네이스(Edward Louis Bernays), 강미경 옮김, 『프로파간다: 대중심리를 조종하는 선전 전략』, 공존, 2009.
Daniel J. Boorstin, 『The Image: A Guide to Pseudo-Events in America』, New York: Atheneum, 1964.
다니엘 J. 부어스틴(Daniel J. Boorstin), 이보형 외 옮김, 『미국사의 숨은 이야기』, 범양사출판부, 1991.
Waldo W. Braden & Earnest Brandenburg, 「Roosevelt's Fireside Chats」, 『Speech Monographs』, 22(November 1955), pp.290~302.
Alan Brinkley, 『Voices of Protest: Huey Long, Father Coughlin & the Great Depression』, New York: Vintage Books, 1983.
앨런 브링클리(Alan Brinkley), 황혜성 외 공역, 『미국인의 역사(전3권)』, 비봉출판사, 1998.
Denis W. Brogan, 『The Era of Franklin D. Roosevelt: A Chronicle of the New Deal and Global War』, New Haven: Yale University Press, 1950.
데이비드 브룩스(David Brooks), 김소희 옮김, 『보보스는 파라다이스에 산다』, 리더스북, 2008.
빌 브라이슨(Bill Bryson), 정경옥 옮김, 『빌 브라이슨 발칙한 영어산책: 엉뚱하고 발랄한 미국의 거의 모든 역사』, 살림, 2009.
James MacGregor Burns, 『Roosevelt: The Lion and the Fox』, New York: Harcourt Brace, 1956.
엘리스 캐시모어(Ellis Cashmore), 정준영 옮김, 『스포츠, 그 열광의 사회학』, 한울아카데미, 2001.
Harry Castleman & Walter J. Podrazik, 『Watching TV: Four Decades of American Television』, New York: McGraw-Hill, 1982.
CCTV 다큐멘터리 대국굴기 제작진, 소준섭 옮김, 『강대국의 조건: 미국』, ag, 2007.
William H. Chafe, 『The Unfinished Journey: America Since World War II』, New York: Oxford University Press, 1986.
에드워드 챈슬러(Edaward Chancellor), 강남규 옮김, 『금융투기의 역사: 튤립투기에서 인터넷 버블까지』, 국일증권경제연구소, 2001.
노암 촘스키(Noam Chomsky), 오애리 옮김, 『507년, 정복은 계속된다』, 이후, 2000.
노암 촘스키(Noam Chomsky), 박수철 옮김, 『노암 촘스키의 미디어 컨트롤』, 모색, 2003a.
노암 촘스키(Noam Chomsky), 황의방 · 오성환 옮김, 『패권인가 생존인가: 미국은 지금 어디로 가는가』, 까치, 2004.
노암 촘스키(Noam Chomsky) & 데이비드 바사미언(David Barsamian), 이성복 옮김, 『프로파간다와 여론: 촘스키와의 대화』, 아침이슬, 2002.
데이비드 크리스천(David Christian), 김서형 · 김용우 옮김, 『거대사: 세계사의 새로운 대안』, 서해문집, 2009.
Raymond Clapper, 「Why Reporters Like Roosevelt」, 『Review of Reviews and World's

Work」, June 1934, pp.14~17.
Peter Corrigan, 이성룡 외 옮김, 「소비의 사회학」, 그린, 2001.
앨프리드 W. 크로스비(Alfred W. Crosby), 이창희 옮김, 「태양의 아이들: 에너지를 향한 끝없는 인간 욕망의 역사」, 세종서적, 2009.
Merle Curti, 「The Changing Concept of "Human Nature" in the Literature of American Advertising」, 「Business History Review」, 41(Winter 1967), pp.335~357.
Daniel J. Czitrom, 「Media and the American Mind: From Morse to McLuhan」, Chapel Hill: University of North Carolina Press, 1982.
케네스 데이비스(Kenneth C. Davis), 이순호 옮김, 「미국에 대해 알아야 할 모든 것, 미국사」, 책과함께, 2004.
해리 S. 덴트(Harry S. Dent), 최태희 옮김, 「버블 붐: 세계경제 대예측 2005~2009」, 청림출판, 2005.
밥 돌(Bob Dole), 김병찬 옮김, 「대통령의 위트: 조지 워싱턴에서 부시까지」, 아테네, 2007.
Ashley Dukes, 「Televised Drama So Far」, 「Theatre Arts Monthly」, 22(April 1938), pp.256~263.
Roger Eatwell, 「Fascism: A History」, New York: Penguin Books, 1995.
Verne E. Edwards, Jr., 「Journalism in a Free Society」, Dubuque, Iowa: Wm.C.Brown, 1970.
마크 엘리어트(Marc Eliot), 원재길 옮김, 「월트 디즈니: 할리우드의 디즈니 신화」, 우리문학사, 1993.
윌리엄 엥달(William Engdahl), 김홍옥 옮김, 「파괴의 씨앗 GMO: 미국 식량제국주의의 역사와 실체」, 길, 2009.
질비아 엥글레르트(Sylvia Englert), 장혜경 옮김, 「상식과 교양으로 읽는 미국의 역사」, 웅진지식하우스, 2006.
마르크 페로(Marc Ferro), 주경철 옮김, 「역사와 영화」, 까치, 1999.
요아힘 C. 페스트(Joachim C. Fest), 안인희 옮김, 「히틀러 평전(전2권)」, 푸른숲, 1998.
리처드 플로리다(Richard Florida), 이길태 옮김, 「창조적 변화를 주도하는 사람들」, 전자신문사, 2002.
프랭클린 포어(Franklin Foer), 안명희 옮김, 「축구는 어떻게 세계를 지배했는가」, 말글빛냄, 2005.
Jean Folkerts & Dwight L. Teeter, Jr., 「Voices of a Nation: A History of Mass Media in the United States」, 3rd ed. Boston, Mass.: Allyn and Bacon, 1998.
Lynn Francis, 「The Empire State Building: The Construction and Aging of a Metaphor」, 「Journal of American Culture」, 10:2(Summer 1987), pp.83~90.
Frank Freidel, 「Franklin D. Roosevelt: The Triumph」, Boston, Mass.: Little, Brown, 1956.
데이비드 프리드먼(David Friedman), 김태우 옮김, 「막대에서 풍선까지: 남성 성기의 역사」, 까치, 2003.

에리히 프롬(Erich Fromm), 이상두 옮김, 『자유에서의 도피』, 범우사, 1988.
하워드 가드너(Howard Gardner), 이종인 옮김, 『20세기를 움직인 11인의 휴먼 파워』, 살림, 1997.
호세 오르테가 이 가세트(Jose Ortega y Gasset), 황보영조 옮김, 『대중의 반역』, 역사비평사, 2005.
Louis D. Giannetti, 『Understanding Movies』 2nd ed., Englewood Cliffs, N.J.: Prentice-Hall, 1976.
L. 쟈네티(Louis Giannetti), 김진해 옮김, 『영화의 이해: 이론과 실제』, 현암사, 1990.
크리스틴 글레드힐(Christine Gledhill) 엮음, 조혜정 · 박현미 옮김, 『스타덤: 욕망의 산업』, 시각과언어, 1999.
도리스 굿윈(Doris Goodwin), 「프랭클린 D. 루스벨트: 강한 의지 · 확고한 신념-미소의 리더십」, 로버트 A. 윌슨(Robert A. Wilson) 외, 형선호 옮김, 『국민을 살리는 대통령 죽이는 대통령』, 중앙M&B, 1997, 13~48쪽.
존 스틸 고든(John Steele Gordon), 강남규 옮김, 『월스트리트제국: 금융자본권력의 역사 350년』, 참솔, 2002.
존 스틸 고든(John Steele Gordon), 안진환 · 황수민 옮김, 『부의 제국: 미국은 어떻게 세계 최강대국이 되었나』, 황금가지, 2007.
고든 그레이엄(Gordon Graham), 이영주 옮김, 『인터넷 철학』, 동문선, 2003.
안토니오 그람시(Antonio Gramsci), 이상훈 옮김, 『그람시의 옥중수고(전2권)』, 거름, 1999.
프레드 그린슈타인(Fred I. Greenstein), 김기휘 옮김, 『위대한 대통령은 무엇이 다른가』, 위즈덤하우스, 2000.
A. James Gregor, 「A Modernizing Dictatorship」, Roger Griffin ed., 『International Fascism: Theories, Causes and the New Consensus』, London: Arnold, 1998.
Daniel Guerin, 『Fascism and Big Business』, New York: Monad Press Book, 1974.
John Gunther, 『Roosevelt in Retrospect: A Profile in History』, New York: Harper & Brothers, 1950.
David Halberstam, 『The Powers That Be』, New York: Dell, 1979.
테드 할스테드(Ted Halstead) & 마이클 린드(Michael Lind), 최지우 옮김, 『정치의 미래: 디지털시대의 신정치 선언서』, 바다출판사, 2002.
빅터 데이비스 핸슨(Victor Davis Hanson), 남경태 옮김, 『살육과 문명: 서구의 세계 제패에 기여한 9개의 전투』, 푸른숲, 2002.
크리스 하먼(Chris Harman), 천경록 옮김, 『민중의 세계사』, 책갈피, 2004.
스티븐 F. 헤이워드(Steven F. Hayward), 김장권 옮김, 『지금 왜 처칠인가』, 중앙M&B, 1998.
조지프 히스(Joseph Heath) & 앤드류 포터(Andrew Potter), 윤미경 옮김, 『혁명을 팝니다』, 마티, 2006.
로버트 L. 하일브로너(Robert L. Heilbroner), 장상환 옮김, 『세속의 철학자들: 위대한 경제사상가들의 생애, 시대와 아이디어』, 이마고, 2005.
Ernest Hemingway, 『The Old Man and the Sea』, New York: Charles Scribner's Sons,

1952.
아돌프 히틀러(Adolph Hitler), 서석연 옮김, 『나의 투쟁』, 범우사, 1989.
에릭 홉스봄(Eric Hobsbawm), 이용우 옮김, 『극단의 시대: 20세기 역사(전2권)』, 까치, 1997.
로버트 D. 호매츠(Robert D. Homats), 조규정 옮김, 『자유의 대가』, 미래사, 2009.
마이클 하워드(Michael Howard) & 로저 루이스(Roger Louis), 차하순 외 옮김, 『20세기의 역사』, 가지않은길, 2000.
마이클 헌트(Michael H. Hunt), 권용립·이현휘 옮김, 『이데올로기와 미국외교』, 산지니, 2007.
Sut Jhally, 「The Political Economy of Culture」, Ian Angus & Sut Jhally, eds., 『Cultural Politics in Contemporary America』, New York: Routledge, 1989, pp.65~107.
폴 존슨(Paul Johnson), 이희구 외 옮김, 『세계현대사(전3권)』, 한마음사, 1993.
폴 존슨(Paul Johnson), 김욱 옮김, 『위대한 지식인들에 관한 끔찍한 보고서』, 한·언, 1999.
Alva Johnston, 「Television's Here」, 『The Saturday Evening Post』, May 6, 1939, pp.8~48.
Joon-Mann Kang, 「Franklin D. Roosevelt and James L. Fly: The Politics of Broadcast Regulation, 1941~1944」, 『Journal of American Culture』, 10:2(Summer 1987), pp.23~33.
조지 카치아피카스(George Katsiaficas), 이재원·이종태 옮김, 『신좌파의 상상력: 세계적 차원에서 본 1968』, 이후, 1999.
Eugene A. Kelly, 「Distorting the News」, 『The American Mercury』, 34(March 1935), pp.307~318.
이언 커쇼(Ian Kershaw), 이희재 옮김, 『히틀러(전2권)』, 교양인, 2010.
로널드 케슬러(Ronald Kessler), 임홍빈 옮김, 『벌거벗은 대통령 각하』, 문학사상사, 1997.
John Maynard Keynes, 김두희 옮김, 『고용·이자 및 화폐의 일반이론』, 민중서관, 1970.
Linda Killen, 『The Russian Bureau: A Case Study in Wilsonian Diplomacy』, Lexington: The University Press of Kentucky, 1985.
찰스 P. 킨들버거(Charles P. Kindleberger), 박명섭 옮김, 『대공황의 세계』, 부키, 1998.
귀도 크놉(Guido Knopp), 신철식 옮김, 『히틀러의 뜻대로: 히틀러의 조력자들』, 울력, 2003.
가브리엘 콜코(Gabriel Kolko), 지소철 옮김, 『제국의 몰락: 미국의 패권은 어떻게 무너지는가』, 비아북, 2009.
Frederic Krome, 「From Liberal Philosophy to Conservative Ideology?: Walter Lippmann's Opposition to the New Deal」, 『Journal of American Culture』, 10:1(Spring 1987), pp.57~64.
월터 레이피버(Walter Lafeber), 이정엽 옮김, 『마이클 조던, 나이키, 지구 자본주의』, 문학과지성사, 2001.
바바라 랜드(Barbara Land) & 마이크 랜드(Myrick Land), 문현아 옮김, 『생각의 혁신, 라스베이거스에 답이 있다』, 살림, 2009.
Robert E. Lane & David O. Sears, 『Public Opinion』, Englewood Cliffs, N.J.: Prentice-

Hall, 1964.
월터 C. 랑거(Walter C. Langer), 최종배 옮김, 「히틀러의 정신분석」, 솔, 1999.
Walter Laqueur, 「Fascism: Past Present Future」, New York: Oxford University Press, 1997.
로렌스 리머(Laurence Leamer), 정영문 옮김, 「케네디가의 신화(전3권)」, 창작시대, 1995.
T. J. Jackson Lears, 「From Salvation to Self-Realization: Advertising and the Therapeutic Roots of the Consumer Culture, 1880~1930」, Richard Wightman Fox and T. J. Jackson Lears, eds., 「The Culture of Consumption: Critical Essays in American History, 1880~1980」, New York: Pantheon Books, 1983, pp.1~38.
Alfred McClung Lee & Elizabath Briant Lee, 「The Fine Art of Propaganda: Prepared for the Institute for Propaganda Analysis」, New York: Harcourt Brace & C., 1939.
William E. Leuchtenburg, 「The Perils of Prosperity, 1914~32」, Chicago: The University of Chicago Press, 1958.
존 루카치(John Lukacs), 「세계의 운명을 바꾼 1940년 5월 런던의 5일」, 중심, 2000.
Curtis D. MacDougall, 「Understanding Public Opinion: A Guide for Newspapermen and Newspaper Readers」, New York: Macmillan, 1952.
마거릿 맥밀런(Margaret MacMillan), 권민 옮김, 「역사사용설명서: 인간은 역사를 어떻게 이용하고 악용하는가」, 공존, 2009.
데이비드 마크(David Mark), 양원보·박찬현 옮김, 「네거티브 전쟁: 진흙탕 선거의 전략과 기술」, 커뮤니케이션북스, 2009.
폴 메이슨(Paul Mason), 김병순 옮김, 「탐욕의 종말」, 한겨레출판, 2009.
Ernest R. May, 「An American Tradition in Foreign Policy: The Role of Public Opinion」, William H. Nelson, ed., 「Theory and Practice in American Politics」, Chicago: The University of Chicago Press, 1964, pp.101~122.
앵거스 맥래런(Angus McLaren), 임진영 옮김, 「20세기 성의 역사」, 현실문화연구, 2003.
하워드 민즈(Howard Means), 황진우 옮김, 「머니 & 파워: 지난 천년을 지배한 비즈니스의 역사」, 경영정신, 2002.
밸러리 멘데스(Valerie Mendes) & 에이미 드 라 헤이(Amy de la Haye), 김정은 옮김, 「20세기 패션」, 시공사, 2003.
Norman Y. Mineta, 「An American Tragedy: The Internment of Japanese-Americans During World War II」, 「USA Today」, May 1984, pp.89~93.
에드윈 무어(Edwin Moore), 차미례 옮김, 「그 순간 역사가 움직였다: 세계사를 수놓은 운명적 만남 100」, 미래인, 2009.
딕 모리스(Dick Morris), 홍수원 옮김, 「파워게임의 법칙」, 세종서적, 2003.
Lloyd Morris, 「Not So Long Ago」, New York: Random House, 1949.
쿠르트 뫼저(Kurt Möser), 김태희·추금혼 옮김, 「자동차의 역사: 시간과 공간을 바꿔놓은 120년의 이동혁명」, 이파리, 2007.

테드 네이스(Ted Nace), 김수현 옮김, 『미국의 경제 깡패들』, 예지, 2008.
조너선 닐(Jonathan Neale), 정병선 옮김, 『미국의 베트남 전쟁: 미국은 어떻게 베트남에서 패배했는가』, 책갈피, 2004.
앨런 A. 니들(Allan A. Needell), 「트로이 프로젝트와 냉전이 사회과학에 미친 영향」, 브루스 커밍스(Bruce Cumings) 외, 『대학과 제국: 학문과 돈, 권력의 은밀한 거래』, 당대, 2004, 41~83쪽.
H. G. Nicholas, 「Roosevelt and Public Opinion」, 『Forthnightly』, 163(May 1945), pp.303~308.
Reinhold Niebuhr, 『Moral Man and Immoral Society』, New York: Charles Scribner's Sons, 1932.
라인홀드 니버(Reinhold Niebuhr), 이한우 옮김, 『도덕적 인간과 비도덕적 사회』, 문예출판사, 1992.
Ernst Nolte, 『Three Faces of Fascism: Action Francaise/Italian Fascism/National Socialism』, New York: Mentor Book, 1969.
에른스트 놀테(Ernst Nolte), 유은상 옮김, 『유럽의 시민전쟁 1917~1945: 민족사회주의와 볼셰비즘』, 대학촌, 1996.
헬레나 노르베르-호지(Helena Norberg-Hodge), 이민아 옮김, 『허울뿐인 세계화』, 따님, 2000.
조지프 나이(Joseph S. Nye), 양준희 옮김, 『국제분쟁의 이해: 이론과 역사』, 한울아카데미, 2000.
리처드 오버리(Richard J. Overy), 조행복 옮김, 『독재자들: 히틀러 대 스탈린, 권력작동의 비밀』, 교양인, 2008.
찰스 패너티(Charles Panati), 이용웅 옮김, 『문화와 유행상품의 역사(전2권)』, 자작나무, 1997.
토머스 패터슨(Thomas E. Patterson), 미국정치연구회 옮김, 『미디어와 미국선거: 이미지 정치의 명암』, 오름, 1999.
웨인 패터슨(Wayne Patterson), 정대화 옮김, 『아메리카로 가는 길: 한인 하와이 이민사, (1896~1910)』, 들녘, 2002.
웨인 패터슨(Wayne Patterson), 정대화 옮김, 『하와이 한인 이민 1세: 그들 삶의 애환과 승리(1903~1973)』, 들녘, 2003.
로버트 O. 팩스턴(Robert O. Paxton), 손명희 · 최희영 옮김, 『파시즘: 열정과 광기의 정치혁명』, 교양인, 2005.
존 피어슨(John Pearson), 김기도 옮김, 『윈스턴 처칠가의 숨겨진 이야기들』, 고려원, 1992.
스토 퍼슨즈(Stow Persons), 이형대 옮김, 『미국지성사』, 신서원, 1999.
시어도르 피터슨(Theodore Peterson) & 카네히라 쇼노스케, 전영표 · 금창연 편역, 『미국잡지 경영전략』, 독자와함께, 1996.
Glenn Alan Phelps, 「The "Populist" Films of Frank Capra」, 『Journal of American Studies』, 13:3(1979), pp.377~392.
케빈 필립스(Kevin Phillips), 오삼교 · 정하용 옮김, 『부와 민주주의: 미국의 금권정치와 거대

부호들의 정치사」, 중심, 2004.
James E. Pollard, 「Franklin D. Roosevelt and the Press」, 「Journalism Quarterly」, 22(1945), pp.196~206.
Glenn Porter, 손영호·연동원 편역, 「미국 기업사: 거대 주식회사의 등장과 그 영향」, 학문사, 1998.
조프리 리건(Geoffrey Regan), 장동현 옮김, 「세계사의 대실수」, 세종서적, 1996.
로버트 라이시(Robert B. Reich), 형선호 옮김, 「슈퍼 자본주의」, 김영사, 2008.
랄프 게오르크 로이트(Ralf Georg Reuth), 김태희 옮김, 「괴벨스, 대중 선동의 심리학」, 교양인, 2006.
제레미 리프킨(Jeremy Rifkin), 전영택·전병기 옮김, 「바이오테크 시대」, 민음사, 1999.
제러미 리프킨(Jeremy Rifkin), 이희재 옮김, 「소유의 종말」, 민음사, 2001.
제러미 리프킨(Jeremy Rifkin), 이원기 옮김, 「유러피언 드림: 아메리칸 드림의 몰락과 세계의 미래」, 민음사, 2005.
데이비드 로빈슨(David Robinson), 지현 옮김, 「찰리 채플린: 희극이라는 이름의 애수」, 시공사, 1998.
Charles E. Rogers, 「The Newspaper in Government」, 「Journalism Quarterly」, 12:1(March 1935), pp.1~8.
에밀리 로젠버그(Emily S. Rosenberg), 양흥석 옮김, 「미국의 팽창: 미국 자유주의 정책의 역사적인 전개」, 동과서, 2003.
Leo C. Rosten, 「President Roosevelt and the Washington Correspondents」, 「The Public Opinion Quarterly」, 1(January 1937), pp.36~52.
조지 세이빈(George H. Sabine) & 토마스 솔슨(Thomas Landon Thorson), 성유보·차남희 옮김, 「정치사상사(전2권)」, 한길사, 1983.
앤써니 샘슨(Anthony Sampson), 김희정 옮김, 「석유를 지배하는 자들은 누구인가」, 책갈피, 2000.
볼프강 쉬벨부시(Wolfgang Schivelbusch), 차문석 옮김, 「뉴딜, 세 편의 드라마: 루스벨트의 뉴딜·무솔리니의 파시즘·히틀러의 나치즘」, 지식의풍경, 2009.
Arthur M. Schlesinger, Jr., 「The Coming of the New Deal」, Cambridge, Mass.: Houghton Mifflin, 1958.
Arthur M. Schlesinger, Jr., 「The Politics of Upheaval」, Boston, Mass.: Houghton Mifflin, 1960.
에릭 슐로서(Eric Schlosser), 김은령 옮김, 「패스트푸드의 제국」, 에코리브르, 2001.
David Schoenbrun, 「America Inside Out: At Home and Abroad from Roosevelt to Reagan」, New York: McGraw-Hill, 1984.
라이너 M. 슈뢰더(Rainer M. Schröder), 이온화 옮김, 「개척자·탐험가·모험가」, 좋은생각, 2000.
볼프 C. 슈바르츠벨러(Wulf C. Schwarzwäller), 이미옥 옮김, 「히틀러와 돈: 권력자는 어떻게 부를 쌓고 관리하는가」, 참솔, 2002.

안나 마리아 지크문트(Anna Maria Sigmund), 홍은진 옮김, 「영혼을 저당잡힌 히틀러의 여인들」, 청년정신, 2001.
Page Smith, 「America Enters the World: A People's History of the Progressive Era and World War I」, New York: McGraw-Hill, 1985.
John Spanier, 「Games Nations Play: Analyzing International Politics」, New York: Praeger, 1972.
하인츠 스폰젤(Heinz Sponsel), 정복희 옮김, 「권력자와 무기력자」, 예영커뮤니케이션, 1998.
Ronald Steel, 「Walter Lippmann, 1889~1974」, 「New Republic」, December 28, 1974, p.6.
Ronald Steel, 「Walter Lippmann and the American Century」, Boston, Mass.: Little, Brown, 1980.
리처드 스텐걸(Richard Stengel), 임정근 옮김, 「아부의 기술: 전략적인 찬사, 아부에 대한 모든 것」, 참솔, 2006.
Christopher H. Sterling & John M. Kittross, 「Stay Tuned: A Concise History of American Broadcasting」, Belmont, Ca.: Wadsworth, 1978.
앤터니 서머스(Anthony Summers), 정형근 옮김, 「조작된 신화: 존 에드거 후버(전2권)」, 고려원, 1995.
카스 R. 선스타인(Cass R. Sunstein), 박지우·송호창 옮김, 「왜 사회에는 이견이 필요한가」, 후마니타스, 2009.
W. A. Swanberg, 「Citizen Hearst: A Biography of William Randolph Hearst」, New York: Charles Scribner's Sons, 1961.
W. A. Swanberg, 「Luce and His Empire」, New York: Charles Scribner's Sons, 1972.
커윈 C. 스윈트(Kerwin C. Swint), 김정욱·이훈 옮김, 「네거티브, 그 치명적 유혹: 미국의 역사를 바꾼 최악의 네거티브 캠페인 25위~1위」, 플래닛미디어, 2007.
크리스토퍼 실베스타(Christopher Sylvester) 편저, 서지영·변원미 옮김, 「인터뷰」, 현일사, 1994.
피터 J. 테일러(Peter J. Taylor), 「헤게모니 순환으로서의 '미국의 세기'」, 백승욱 편저, 「'미국의 세기'는 끝났는가?: 세계 체계 분석으로 본 미국 헤게모니의 역사」, 그린비, 2005, 52~82쪽.
Evan Thomas, 「카트리나 경제학: 미국의 허점이 드러났다」, 「뉴스위크 한국판」, 2005년 9월 14일, 15~26면.
크리스틴 톰슨(K. Thompson) & 데이비드 보드웰(D. Bordwell), 주진숙 외 옮김, 「세계영화사(전2권)」, 시각과언어, 2000.
Robert Thompson, 「American Politics on Film」, 「Journal of Popular Culture」, 20:1(Summer 1986), pp.27~45.
Richard Thurlow, 「Fascism」, Cambridge: Cambridge University Press, 1999.
Time-Life 북스 편집부, 한국일보 타임-라이프 편집부 옮김, 「이탈리아('세계의 국가' 시리즈)」, 한국일보 타임-라이프, 1987.
Time-Life 북스 편집부, 한국일보 타임-라이프 편집부 옮김, 「미국('세계의 국가' 시리즈)」, 한국일보 타임-라이프, 1988.
존 터먼(John Tirman), 이종인 옮김, 『미국이 세계를 망친 100가지 방법』, 재인, 2008.
Rexford G. Tugwell, 『Roosevelt's Revolution: The First Year-A Personal Perspective』, New York: Macmillan, 1977.
래리 타이(Larry Tye), 송기인 외 옮김, 『여론을 만든 사람, 에드워드 버네이즈: 'PR의 아버지'는 PR을 어떻게 만들었나?』, 커뮤니케이션북스, 2004.
폴 비릴리오(Paul Virilio), 이재원 옮김, 『속도와 정치: 공간의 정치학에서 시간의 정치학으로』, 그린비, 2004.
드미트리 안토노비치 볼코고노프(D. Volkogonov), 김일환 외 옮김, 『크렘린의 수령들: 레닌에서 고르바초프까지(전2권)』, 한송, 1996.
존 A. 워커(John A. Walker), 정진국 옮김, 『대중매체시대의 예술』, 열화당, 1987.
T. H. Watkins, 「Boiling Over」, 『The New York Times Book Review』, April 13, 1997, p.34.
브루스 왓슨(Bruce Watson), 이수영 옮김, 『사코와 반제티: 세계를 뒤흔든 20세기 미국의 마녀재판』, 삼천리, 2009.
데이비드 웰시(David A. Welch), 최용찬 옮김, 『독일 제3제국의 선전정책』, 혜안, 2001.
Graham J. White, 『FDR and the Press』, Chicago: University of Chicago Press, 1979.
마리나 휘트먼(Marina Whitman), 조명현 옮김, 『변화하는 미국경제, 새로운 게임의 룰』, 세종서적, 2001.
게리 윌스(Gary Wills), 곽동훈 옮김, 『시대를 움직인 16인의 리더: 나폴레옹에서 마사 그레이엄까지』, 작가정신, 1999.
B. H. Winfield, 「Franklin D. Roosevelt's Efforts to Influence the News during His First Term Press Conferences」, 『Presidential Studies Quarterly』, Spring 1981, pp.189~199.
John K. Winkler, 『William Randolph Hearst: A New Appraisal』, New York: Hastings House, 1955.
나오미 울프(Naomi Wolf), 김민웅 옮김, 『미국의 종말: 혼돈의 시대, 민주주의의 복원은 가능한가』, 프레시안북, 2008.
하워드 진(Howard Zinn), 조선혜 옮김, 『미국민중저항사(전2권)』, 일월서각, 1986.
하워드 진(Howard Zinn), 이아정 옮김, 『오만한 제국: 미국의 이데올로기로부터 독립』, 당대, 2001a.
하워드 진(Howard Zinn), 이재원 옮김, 『불복종의 이유』, 이후, 2003.
하워드 진(Howard Zinn), 문강형준 옮김, 『권력을 이긴 사람들』, 난장, 2008.
하워드 진(Howard Zinn) & 레베카 스테포프(Rebecca Stefoff), 김영진 옮김, 『하워드 진 살아있는 미국역사』, 추수밭, 2008.
강만길, 『회상의 열차를 타고: 고려인 강제이주 그 통한의 길을 가다』, 한길사, 1999.
강준막 편저, 『재미있는 야구사전』, 북카라반, 2009.
강준만 외, 『권력과 리더십(전6권)』, 인물과사상사, 1999~2000.

강준만 외, 『시사인물사전(전20권)』, 인물과사상사, 1999~2003.
고나무, 「나는 상담한다, 고로 존재한다: 출판·방송가 강타한 팝 사이콜로지 열풍」, 『한겨레』, 2009년 5월 21일자.
고범서, 『라인홀드 니버의 생애와 사상』, 대화문화아카데미, 2007.
고정휴, 「실록 대한민국림시정부」제3부 (3)美·中의 승인을 위한 戰時외교」, 『조선일보』, 2005년 4월 20일자.
교과서포럼, 『대안교과서 한국 근·현대사』, 기파랑, 2008.
구정은, 「[어제의 오늘]1947년 '미국의 소리' 소련에 러시아어 방송」, 『경향신문』, 2010년 2월 17일자.
권명아, 『역사적 파시즘: 제국의 판타지와 젠더 정치』, 책세상, 2005.
권오신, 『미국의 제국주의: 필리핀인들의 시련과 저항』, 문학과지성사, 2000.
권용립, 『미국의 정치문명』, 삼인, 2003.
권용립, 「미국 민족주의의 본질: 반사와 투영」, 『역사비평』, 통권64호(2003a년 가을), 82~108쪽.
권재현, 「이준식-권명아 교수 논문 "中日전쟁 결과가 親日지식인 양산"」, 『동아일보』, 2004년 5월 22일자.
권홍우, 『99퍼센트의 롤모델: 오늘의 부족한 1퍼센트를 채우는 역사』, 인물과사상사, 2010.
권희영, 『한국과 러시아: 관계와 변화』, 국학자료원, 1999.
김관욱, 『굿바이 니코틴홀릭』, 북카라반, 2010.
김동춘, 『미국의 엔진, 전쟁과 시장』, 창비, 2004.
김민아, 「[어제의 오늘]1935년 독일, 베르사유조약 파기 선언」, 『경향신문』, 2009년 3월 16일자.
김민웅, 『밀실의 제국: 전쟁국가 미국의 제국 수호 메커니즘』, 한겨레신문사, 2003.
김봉중, 『카우보이들의 외교사: 먼로주의에서 부시 독트린까지 미국의 외교전략』, 푸른역사, 2006.
김삼웅, 『역사를 움직인 위선자들』, 사람과사람, 1996.
김성곤, 『문학과 영화』, 민음사, 1997a.
김승채, 「제2장 중국혁명과 농민」, 서진영 외, 『모택동과 중국혁명: 중국혁명의 전개와 사상적 노선』, 태암, 1989.
김영민, 『에즈라 파운드: 포스트모던 오디세이아』, 건국대학교출판부, 1998.
김영진, 『할리우드의 꿈』, 영화언어, 1997.
김예림, 「전시기 오락정책과 '문화'로서의 우생학」, 『역사비평』, 통권 73호(2005년 겨울).
김용관, 『탐욕의 자본주의: 투기와 약탈이 낳은 괴물의 역사』, 인물과사상사, 2009.
김유조, 『어네스트 헤밍웨이: 생애와 작품세계』, 건국대학교출판부, 1994.
김유조, 『스타인벡: 환경론에 눈뜬 저널리스트』, 건국대학교출판부, 1997.
김재용, 『협력과 저항: 일제 말 사회와 문학』, 소명출판, 2004.
김재중, 「[책과 삶]과연 공정한 재판이었나」, 『경향신문』, 2009년 9월 12일자.
김정열, 『미국에서 본 팍스 아메리카나』, 이슈투데이, 2001.
김진기, 「제5장 모택동의 혁명전략과 전술」, 서진영 외, 『모택동과 중국혁명: 중국혁명의 전개와 사상적 노선』, 태암, 1989.

김진송, 『서울에 딴스홀을 허(許)하라: 현대성의 형성』, 현실문화연구, 1999.
김진우, 「어제의 오늘」, 『경향신문』, 2009년 6월 11일~2009년 10월 22일자.
김창훈, 『한국외교 어제와 오늘』, 다락원, 2002.
김학준, 『러시아혁명사』, 문학과지성사, 1979.
김학준, 「분단의 배경과 고정화 과정」, 송건호 외, 『해방전후사의 인식 1』, 한길사, 1995.
김현수, 『수상으로 읽는 영국이야기』, 청아출판사, 1999.
김형인, 「마이너리티, 흑인의 삶」, 김형인 외, 『미국학』, 살림, 2003, 309~354쪽.
김형인, 『두 얼굴을 가진 하나님: 성서로 보는 미국 노예제』, 살림, 2003a.
김형인, 『미국의 정체성: 10가지 코드로 미국을 말한다』, 살림, 2003b.
김혜경, 『식민지하 근대가족의 형성과 젠더』, 창비, 2006.
나윤도, 「미국의 대통령 문화(21회 연재)」, 『서울신문』, 1997년 11월 22일~1998년 5월 7일자.
남종호, 「모택동 자서전의 시대배경」, 해방군문예출판사 편, 남종호 옮김, 『모택동 자서전』, 다락원, 2002.
노나카 이쿠지로 외, 『일본제국은 왜 실패하였는가?: 태평양전쟁에서 배우는 조직경영』, 주영사, 2009.
도재기, 「[어제의 오늘]1938년 미국 듀폰사 나일론 개발」, 『경향신문』, 2009년 9월 21일자.
리콴유, 류지호 옮김, 『리콴유 자서전』, 문학사상사, 1999.
마에마 다카노리, 박일근 옮김, 『세계자동차전쟁』, 시아출판사, 2004.
문원택 외, 『헨리 포드에서 정주영까지』, 한·언, 1998.
문창극, 『미국은 살아 있다: 문창극 특파원 미국 리포트』, 고려원, 1994.
민병두, 「워싱턴통신」, 『문화일보』, 2001년 11월 10일~2001년 11월 30일자.
민웅기, 『그래도 20세기는 좋았다 1901~2000』, 오늘, 1999.
박경재, 『미국 대통령 이야기(전2권)』, 이가책, 1995.
박광희, 「왜 미국은 이들을 '전기의자'에 앉혔나」, 『한국일보』, 2009년 9월 12일자.
박민영, 「제2장 러시아」, 한국근현대사학회 엮음, 『한국독립운동사강의』, 한울아카데미, 1998.
박상익, 「그때 오늘」, 『중앙일보』, 2009년 7월 2일~9월 22일자.
박성희, 『미디어인터뷰』, 나남출판, 2003.
박영배, 『미국, 야만과 문명의 두 얼굴: 주미특파원 박영배 리포트』, 이채, 1999.
박재선, 『제2의 가나안 유태인의 미국』, 해누리, 2002.
박중현, 「오키나와 주민의 피맺힌 깨달음」, 『한겨레』, 2005년 4월 20일, 8면.
박중현, 「책갈피 속의 오늘」, 『동아일보』, 2008년 9월 6일~2008년 10월 6일자.
박진빈, 『백색국가 건설사: 미국 혁신주의의 빛과 그림자』, 앨피, 2006.
박한용, 「'공황기' 국내 민족해방운동의 고양과 민족통일전선운동의 굴절」, 강만길 외, 『통일지향 우리민족해방운동사』, 역사비평사, 2000.
사루야 가나메, 남혜림 옮김, 『검증, 미국사 500년의 이야기』, 행담출판, 2007.
사토 쇼닌, 「국민국가 일본의 영토와 주변」, 강덕상·정진성 외, 『근·현대 한일관계와 재일동포』, 서울대학교출판부, 1999.
서의동, 「어제의 오늘」, 『경향신문』, 2009년 7월 14일~10월 6일자.

손대범, 『농구의 탄생: 그 역사와 에피소드』, 살림, 2007.
손동우, 「[어제의 오늘]1935년 미국 듀폰사, 나일론 발명」, 『경향신문』, 2009년 2월 16일자.
손세호, 『하룻밤에 읽는 미국사』, 랜덤하우스, 2007.
손영호, 『마이너리티 역사 혹은 자유의 여신상』, 살림, 2003.
손정목, 『한국지방제도·자치사연구 (상): 갑오경장~일제강점기』, 일지사, 1992.
손제민, 「[어제의 오늘]1944년 미국, 일본계 이민자들 석방 발표」, 『경향신문』, 2009년 12월 17일자.
송건호, 『송건호 전집(전10권)』, 한길사, 2002.
송문홍, 「애국주의」, 『동아일보』, 2001년 6월 1일, 4면.
송원섭, 「신비주의」, 『중앙일보』, 2009년 8월 29일자.
신동준, 『근대일본론: 군국 일본의 국가제도와 그 운용자들』, 지식산업사, 2004.
신용하, 「[다시 보는 한국역사]10·끝]카이로선언과 김구」, 『동아일보』, 2007년 6월 10일자.
신주백, 「해외이민의 사회사」, 한국역사연구회, 『우리는 지난 100년 동안 어떻게 살았을까 2』, 역사비평사, 1998.
심지연, 『허헌 연구』, 역사비평사, 1994.
안수찬, 「한·중·일 함께쓰는 역사 함께여는 미래」, 『한겨레』, 2005년 3월 9일~2005년 4월 20일자.
안윤모, 『미국 민중주의의 역사』, 이화여자대학교출판부, 2006.
양건열, 『비판적 대중문화론』, 현대미학사, 1997.
양동주, 「해방후 좌익운동과 민주주의민족전선」, 박현채 외, 『해방전후사의 인식 3』, 한길사, 1987.
양재열, 『한국인을 위한 미국사』, 혜안, 2005.
양종구, 「32년 LA올림픽 마라톤 보도도 일장기 지워」, 『동아일보』, 2007년 4월 2일, A17면.
양현혜, 『윤치호와 김교신: 근대조선에 있어서 민족적 아이덴티티와 기독교』, 한울, 1994.
연동원, 『영화 대 역사: 영화로 본 미국의 역사』, 학문사, 2001.
오치 미치오, 곽해선 옮김, 『와스프: 미국의 엘리트는 어떻게 만들어지는가』, 살림, 1999.
오치 미치오 외, 김영철 편역, 『마이너리티의 헐리웃: 영화로 읽는 미국사회사』, 한울, 1993.
요미우리 신문사 엮음, 이종주 옮김, 『20세기의 드라마(전3권)』, 새로운 사람들, 1996.
요시다 도시히로, 김해경·안해룡 옮김, 『공습』, 휴머니스트, 2008.
우에노 이타루 외, 『세계사를 지배한 경제학자 이야기』, 국일증권경제연구소, 2003.
우정제, 「종군기자의 영광 특종…죽음」, 『시사저널』, 1991년 2월 14일, 66~68면.
유석재, 「1930년대는 영화 한 회에 세 시간」, 『조선일보』, 2008년 4월 8일자.
유선영, 「황색식민지의 서양영화 관람과 소비의 정치, 1934~1942」, 공제욱·정근식 편, 『식민지의 일상, 지배와 균열』, 문화과학사, 2006.
유선영, 「대한제국 그리고 일제 식민지배 시기 미국화」, 김덕호·원용진 엮음, 『아메리카나이제이션』, 푸른역사, 2008, 49~84쪽.
유성운, 「[책갈피 속의 오늘]1939년 독일-소련 상호불가침 조약」, 『동아일보』, 2007년 8월 23일자.

유종선, 『미국사 100장면: 신대륙 발견에서 LA 흑인폭동까지』, 가람기획, 1995.
윤재설 외, 『교과서도 위인전도 알려주지 않는 세계의 사회주의자들』, 펜타그램, 2009.
윤치호, 김상태 편역, 『윤치호 일기 1916~1943: 한 지식인의 내면세계를 통해 본 식민지시기』, 역사비평사, 2001.
윤해동, 『식민지 근대의 패러독스』, 휴머니스트, 2007.
이구한, 『이야기 미국사: 태초의 아메리카로부터 21세기의 미국까지』, 청아출판사, 2006.
이덕주, 『식민지 조선은 어떻게 해방되었는가』, 에디터, 2003.
이보형, 『미국사 개설』, 일조각, 2005.
이상민·이주천, 「제7장 1920년대의 외교(1920~1930)」, 차상철 외, 『미국 외교사: 워싱턴 시대부터 루즈벨트 시대까지(1774~1939)』, 비봉출판사, 1999.
이상옥, 『이효석: 참여에서 순수로』, 건국대학교출판부, 1997.
이상원, 『라인홀드 니버: 정의를 추구한 현실주의 윤리학자』, 살림, 2006.
이선민, 「아듀… 20세기 (56) 1930년대 개관」, 『조선일보』, 1999년 4월 1일자.
이성형, 『콜럼버스가 서쪽으로 간 까닭은?』, 까치, 2003.
이완범, 「한반도 신탁통치문제 1943~46」, 박현채 외, 『해방전후사의 인식 3』, 한길사, 1987.
이이화, 『해방 그날이 오면: 한국사 이야기 21』, 한길사, 2004.
이재광·김진희, 『영화로 쓰는 20세기 세계경제사』, 혜윰, 1999a.
이전, 『애틀랜타 한인 이민사』, 푸른길, 2002.
이종호, 『세기의 악당: 악인은 왜 매력적일까』, 북카라반, 2010.
이주영, 『미국사』, 대한교과서, 1995.
이주천, 「제8장 1930년대의 외교(1930~1939)」, 차상철 외, 『미국 외교사: 워싱턴 시대부터 루즈벨트 시대까지(1774~1939)』, 비봉출판사, 1999.
이준식, 「문화 선전 정책과 전쟁 동원 이데올로기: 영화통제체제의 선전영화를 중심으로」, 방기중 편, 『일제 파시즘 지배정책과 민중생활』, 혜안, 2004.
이준호, 「아듀…20세기 (55) 대공황 서곡 뉴욕증시 폭락 1929년 10월 24일」, 『조선일보』, 1999년 3월 31일자.
이중연, 『'황국신민'의 시대』, 혜안, 2003.
이창위, 「패전 60년, 다시 불거진 일왕 전쟁책임론: 히로히토, 독가스 사용·731 부대 마루타 실험 허가했다」, 『신동아』, 2005년 8월호.
이창위, 『우리의 눈으로 본 일본제국 흥망사』, 궁리, 2005a.
이철희, 「책갈피 속의 오늘」, 『동아일보』, 2008년 9월 30일~2009년 3월 19일자.
이하원, 「6·25 60주년과 영화(映畵)」, 『조선일보』, 2009년 12월 24일자.
이한우, 『거대한 생애 이승만 90년(전2권)』, 조선일보사, 1995.
이현두, 「책갈피 속의 오늘」, 『동아일보』, 2008년 10월 24일~2008년 12월 30일자.
이훈성, 「정상진 북한 제1부상 출신 카자흐스탄 평론가 초청 강연: "70년 전 강제이주 가축용 열차에서 김동환 시 읊으며 고려인 설움 달래"」, 『한국일보』, 2007년 6월 16일자.
장석정, 『미국 뒤집어보기』, 살림, 2003.
장신, 「1930년대 언론의 상업화와 조선·동아일보의 선택」, 『역사비평』, 통권 70호(2005년 봄).

장태한, 『아시안 아메리칸: 백인도 흑인도 아닌 사람들의 역사』, 책세상, 2004.
전성원, 「윌리엄 보잉: 전쟁과 평화, 야누스의 두 얼굴을 가진 하늘의 거인」, 월간 『인물과 사상』, 제140호(2009a년 12월), 95~123쪽.
정근식, 「장애의 새로운 인식을 위하여: 문화비판으로서의 장애의 사회사」, 『당대비평』, 제14호(2001년 봄), 252~278쪽.
정명진, 「명저(名著)를 찾아서」, 『중앙일보』, 1994년 7월 11일, 17면.
정병준, 『우남 이승만연구: 한국 근대국가의 형성과 우파의 길』, 역사비평사, 2005.
정운현, 「'카이로선언' 막후에 백범 있었다」, 『대한매일』, 1999년 6월 22일, 6면.
정운현, 「한국 신문호외의 기원과 발달에 관한 연구」, 고려대학교 언론대학원 석사학위논문, 2000년 6월.
정일성, 『일본 군국주의의 괴벨스 도쿠토미 소호』, 지식산업사, 2005.
정진석, 『인물 한국언론사: 한국언론을 움직인 사람들』, 나남, 1995.
정진석, 『역사와 언론인』, 커뮤니케이션북스, 2001.
조선일보 문화부 편, 『아듀 20세기(전2권)』, 조선일보사, 1999.
조이영, 「책갈피 속의 오늘」, 『동아일보』, 2008년 9월 3일~2009년 2월 13일자.
조지형, 『헌법에 비친 역사: 미국 헌법의 역사에서 우리 헌법의 미래를 찾다』, 푸른역사, 2007.
조형근, 「식민지체제와 의료적 규율화」, 김진균·정근식 편저, 『근대주체와 식민지 규율권력』, 문화과학사, 1997.
조형근, 「'어린이기'의 탄생과 근대적 가족 모델의 등장」, 서울사회과학연구소, 『근대성의 경계를 찾아서: 기원의 전복, 역사의 비판』, 새길, 1997a.
조흡, 『영화가 정치다: 대중이 평론가인 포스트 시대 문화정치』, 인물과사상사, 2008.
진성호, 「"독립운동에 VOA(미국의 소리) 활용했다"」, 『조선일보』, 1994년 8월 31일자.
진인숙, 『영어 단어와 숙어에 담겨진 이야기』, 건국대학교 출판부, 1997.
천정환, 『끝나지 않는 신드롬: 친일과 반일을 넘어선 식민지시대 다시 읽기』, 푸른역사, 2005.
최웅·김봉중, 『미국의 역사』, 소나무, 1997.
최인진, 『한국신문사진사』, 열화당, 1992.
최정호, 『우리가 살아온 20세기(전3권)』, 미래M&B, 1999.
최정호, 「히로시마 나가사키와 '역사의 망각'」, 『동아일보』, 2007년 8월 9일자.
표상용, 「고려인 강제이주 70주년의 부끄러움」, 『조선일보』, 2007년 2월 7일, A35면.
하종대, 「난징대학살 70돌, 실리 앞에 숨죽인 反日」, 『동아일보』, 2007년 12월 15일자.
한겨레신문 문화부 편, 『20세기 사람들(전2권)』, 한겨레신문사, 1995.
한국미국사학회 엮음, 『사료로 읽는 미국사』, 궁리, 2006.
한국정신문화연구원 현대사연구소 편, 『격동기 지식인의 세가지 삶의 모습』, 한국정신문화연구원 현대사연구소, 1999.
한상준, 「영화이야기: 검열제도」, 『스포츠투데이』, 2000년 1월 4일, 33면.
한성숙, 「미국 대문호 헤밍웨이, 이중 스파이였다?」, 『한국일보』, 2009년 7월 14일자.
한중일3국공동역사편찬위원회, 『미래를 여는 역사: 한중일이 함께 만든 동아시아 3국의 근현대사』, 한겨레출판, 2005.

한홍구, 「한홍구의 역사이야기: 조선은 죽어라 달린다」, 『한겨레21』, 2002년 11월 28일자.
한홍구, 『대한민국사: 단군에서 김두한까지』, 한겨레신문사, 2003.
허동현, 「그때 오늘」, 『중앙일보』, 2009년 7월 29일~2009년 12월 7일자.
홍사중, 『근대시민사회사상사』, 한길사, 1997.
홍사중, 『히틀러』, 한길사, 1997a.
홍윤서, 『전쟁과 학살, 부끄러운 미국』, 말, 2003.
황성환, 『미 정부 비밀 해제 문건으로 본 미국의 실체』, 소나무, 2006.
황의봉, 「세계의 계획도시를 가다 (2) 미국 라스베이거스: 도박의 메카에서 엔터테인먼트의 수도로」, 『신동아』, 2003년 6월, 526~535쪽.
황호택, 「대학살 70주년 맞는 난징」, 『동아일보』, 2007년 7월 4일자.
히라야마 타쯔미, 이성환 옮김, 『한반도 냉전의 기원』, 중문, 1999.

A형 포드 38
AFL-CIO 253
RCA 9, 10, 12, 13, 101, 223, 224

가르보, 그레타 213, 218
가비, 마커스 82, 85
갤럽, 조지 184~187
갤브레이스, 존 케네스 252
『고용, 이자, 화폐에 관한 일반이론』 169, 170
공공사업진흥국(WPA) 171, 172
과달카날 전투 321~323
괴링, 헤르만 24, 128
괴벨스, 파울 요제프 119, 124, 133, 136, 213
그람시, 안토니오 285
그랜트, 매디슨 157
글래스-스티걸법(1933년 은행법) 102
'금붕어 통째로 삼키기' 242, 243
김구 313, 314, 329~331

나이, 제럴드 278
나일론 244~246
『난징의 강간』 259
네이스미스, 제임스 231, 232
노변담화 97, 99, 100, 176, 270, 281
『노인과 바다』 200
『누구를 위하여 종은 울리나』 198, 200
뉘른베르크법 156
뉴딜 93, 102, 103, 107, 108, 112, 153, 155, 169~172, 174, 175, 178, 181, 182, 252, 253
니그로리그 227~229
니부어, 라인홀드 78~81, 85, 86

달라디에, 에두아르 264
대공황 14, 49, 53, 55~60, 67, 70, 89, 91, 95, 100, 102, 175, 189, 191, 207, 214, 220, 222, 233, 235, 236, 239, 241
대한민국 임시정부 313~315, 325, 329~331
던, 조지 96
데이비스, 베티 212, 213
뎀프시, 잭 234
『도덕적 인간과 비도덕적 사회』 78
독소상호불가침조약 267

래시, 조지프 166, 167
래플린, 해리 158
레닌, 블라디미르 125, 271
리벤트로프, 요아힘 267
레이건, 로널드 235, 302
로빈슨, 재키 229
로젠월드, 줄리어스 64~66
로치포트, 조셉 320, 321
롱, 휴이 153~155
루스, 베이브 226, 227
루스, 헨리 182, 283~288, 308
루스벨트, 시어도어 92
루스벨트, 엘리너 92, 94, 95, 106, 164, 166~

찾아보기 349

168, 283
루스벨트, 프랭클린 24, 49, 68, 86, 90~100, 102~109, 112, 151~153, 155, 162~168, 170~176, 180~183, 186, 190, 209, 210, 224, 230, 231, 246, 253, 260, 266, 270, 274, 276~283, 291, 293, 294, 296~299, 301, 303, 308, 313, 327~329, 331, 332
루이스, 싱클레어 152
리프먼, 월터 91, 178~180, 182
리플리, 로버트 164
리플리, 윌리엄 48
린드버그, 찰스 15, 16, 18~21, 23~25, 152

마르크스, 카를 47, 125, 136, 169
마오쩌둥 272
마치 오브 다임스 253
만주사변 75
말로, 앙드레 195, 197, 200
맥아더, 더글러스 90, 96
머로, 에드워드 297
먼슨 보고서 303
메리엄, 프랭크 110, 111
메이어, 루이스 110, 207
멩켄, 헨리 루이스 9, 91
〈모던 타임스〉 210
몬터규, 윌리엄 108
몰라, 에밀리오 195
몰로토프, 뱌체슬라프 267
무기대여법 279~281, 283
무솔리니, 베니토 107, 108, 114, 129, 138~147, 151, 152, 174, 196, 210, 270~272, 275, 307
미국노동총연맹(AFL) 252, 253
미국산업부흥국 105, 171, 172
'미국의 세기' 283~288
미국의 소리(VOA) 324~326
미드웨이 해전 319, 320, 322, 323
민스, 가디너 88

〈**바**람과 함께 사라지다〉 213, 215
반제티, 바르톨로메오 26~30, 32
버네이스, 에드워드 60~63
벌리, 아돌프 88
베르사유조약 114, 115, 123, 135
벤야민, 발터 129
보너스 군대 90, 94

보드리야르, 장 59
『분노의 포도』 247~249
브래독, 제임스 235, 236

사르노프, 데이비드 13, 14, 223, 224
사코, 니콜라 26~30, 32
사회신용론 306, 307
산업별조직위원회(CIO) 235, 252
〈살인광시대〉 211
세븐 시스터스 245
셀데스, 조지 181
스미스, 앨 49, 51, 52, 70, 90
스타인벡, 존 247~249
스탈린, 이오시프 37, 196, 197, 257, 262, 268, 269, 289~291, 331, 332
스팀슨, 헨리 75, 76, 296
스페인내전 195, 196, 198, 200, 203, 257, 269
스피릿 오브 세인트루이스호 15
슬론, 앨프리드 39
시걸, 벅시 69
시민자원보존단 103
싱클레어, 업턴 28, 30, 109~111

아이젠하워, 드와이트 90, 165, 231
암스트롱, E. H. 100, 101
암흑의 목요일(검은 목요일) 56
엠파이어스테이트 빌딩 69~71
'오늘과 내일' 179
오언스, 제시 229~231
와그너, 로버트 252
웨트백(wetback) 159
웰스, 조지 오슨 220, 221
〈위대한 독재자〉 210
『위대한 인종의 소멸』 157
윌키, 웬델 277, 279
이승만 314, 325
2차 세계대전 24, 39, 80, 107, 138, 194, 203, 209, 224, 245, 259, 269, 274, 276, 284, 289, 291, 302, 305, 310, 325, 327, 328
인종개량재단 160

장, 아이리스 259
장제스 75, 257, 269, 272, 328~330, 332
전국노동관계법(와그너법) 252
전국부흥법(NRA) 105

전미유색인지위향상협회(NAACP) 82, 85
전미자동차노동조합(UAW) 250, 251
전쟁정보국(OWI) 294
제5열 195, 196
조선우생협회 160
존슨-리드 이민법 158
『좋은 사회』 178
중립법(Neutrality Act) 151, 260, 270
중일전쟁 258, 260~262
진주만 77, 203, 288, 292~294, 296~301, 303~307, 310, 315

채플린, 찰리 210~212
처칠, 윈스턴 266, 270~272, 274~276, 279, 281, 282, 290, 291, 293, 296, 305, 313, 315, 328, 329, 331
1927년 라디오법 12
체임벌린, 네빌 264~266, 270, 271, 276, 281
『친구를 얻고 사람을 움직이는 방법』 188~191

카네기, 데일 188~193, 240
카네기, 앤드루 66, 189
카스트로, 피델 69
카이로회담 329~331
카포네, 알 32~35
캐러더스, 윌리스 흄 244
캐프라, 프랭크 209
커글린, 찰스 154, 155
컬렌, 마이클 239
케네디, 조지프 103~105, 281~283
케인즈, 존 메이너드 159, 169, 170
콜리어, 랜돌프 41
쿨리지, 캘빈 12, 18, 48, 49, 52, 53
킹 컬렌 239

태평양전쟁 269, 292, 294, 301, 313, 314, 331
테네시강유역개발공사 103
템플, 셜리 214, 218
토인비, 아놀드 131

파운드, 에즈라 306~309
패튼, 조지 90
퍼킨스, 프랜시스 108
페스트, 요아힘 129, 131, 132, 134, 136, 145, 147
페이지, 새철 228, 229

펭귄북스 239, 240
포드, 에셀 46
포드, 헨리 21~24, 36, 37, 39, 46
포켓북스 240
폴크스바겐 137
프랑코, 프란시스코 138, 194, 197, 198
피셔, 어빙 52, 53

허스트, 윌리엄 랜돌프 90, 91, 182, 207
헤밍웨이, 어니스트 195, 196, 198~203, 239, 308
헤스, 루돌프 128
헤이즈 규정 208~210
헤이즈, 윌 208
헐, 코델 296, 327
홈스, 올리버 웬델 99, 159
홉킨스, 해리 로이드 171
〈화성인의 습격〉 220, 221
후버, 존 에드거 162~166, 168
후버, 허버트 14, 49~56, 70, 76, 77, 87, 88, 90, 93~95, 108, 162
후버댐 68
휴즈, 하워드 21
『희망』 197, 200
히로히토 260, 315
히틀러, 아돌프 23, 36, 37, 98, 107, 108, 111~117, 119~139, 141~147, 152, 155~157, 170, 173, 174, 176, 210, 222, 229, 230, 264~272, 274~276, 283, 289~291, 293, 297, 307, 327
힌덴부르크, 파울 폰 120, 121
힐, 조지 워싱턴 60, 61